죽음을 넘어선 33일

| 홍래기 지음 |

쿰란출판사

 추천의 글

About the Author

Pastor John Hong has been a pastor in the Seattle-area of the Pacific Northwest for the last seventeen years. It was near the beginning of this time that I met him. His testimony of how the Lord Jesus healed him is very real and important for today. God still heals, and even doctors are amazed when they encounter it.

Pastor Hong has an honorable life and lives out the love of the Lord Jesus. I have appreciated his ministry and personal support through the years. I highly recommend that you take the time to read this account of God's grace in the midst of a difficult trial and the power of believing prayer.

-Pastor Martin C. Bonner
Abundant Life Christian Fellowship
Everett, WA, USA

홍 목사님은 미국 (태평양 연안 북서부에 위치한) 시애틀 지역에서 지난 17년간 목회를 하셨고 그 초창기부터 저는 목사님과 잘 알고 지냈습니다. 목사님의 간증과 삶을 옆에서 지켜보면서 하나님께서 은혜로 인도하시고 역사하신, 그리고 예수님의 치유와 살아 역사하심을 생생하게 목격하였습니다. 그에게 베푸신 하나님의 치유는 의사들도 목격하고 놀라워하였습니다.

홍 목사님은 삶으로 예수님의 사랑을 실천하며 주님을 섬기는 분이십니다. 오랫동안 가까이에서 그분의 사역과 목회현장을 함께한 저는 그동안 개인적인 지원도 아끼지 않으셨음을 이 자리를 통해 감사드립니다.

목사님의 오랜 사역과 주님의 은혜를 담은 이 책을 추천해 드리며 어려움과 연단을 통해 기도의 힘과 그 능력을 믿는 자에게 역사하시는 하나님의 섭리와 은혜를 경험하시기를 축복합니다.

미국 워싱턴 주 에버렛에서
마틴 바너 목사

추천의 글

"왜 사람은 고난과 고통을 받는가?"

책의 제목은 '죽음을 넘어선 33일'이지만, 내가 읽은 홍래기 목사님의 간증 첫 부분의 주제는 이렇게 말할 수 있다. 어떻게 보면 쉽게 다루기 어려운 무거운 주제이다. 이는 지난 수천 년을 지나면서 많은 사람들이 해답을 얻으려고 끊임없이 던졌던 질문이라는 생각이 든다. 뿐만 아니라 구약성경에서, 특히 욥의 이야기를 통해 하나님께서 우리에게 말씀하고자 하시는 것이 바로 이 주제였다.

그동안 몸을 돌보지 않고 열심히 목양하고 섬기고 뛰어다니면서 막 오십을 넘긴 나이에 어느 날 갑자기 홍 목사님에게 찾아온 죽음의 그늘 앞에서 그는 지난날을 뒤돌아보게 되었다. 그때까지 그는 많은 시간을 성장하고 공부하는 데 사용하였고, 나머지는 목회하는 데 사용하였기에 그런 대로 후회는 없을 것이라는 생각이다. 그러나 뜻하지 않게 다가온 어려움을 당하면서 그는 마치 갑자기 몰아친 폭풍에 아직 채 익지 않은 과일이 떨어져 버리는 것과 같은 아쉬움을 느꼈다고 말한다. 건강은 한번 해치면 회복하기 매우 어렵다는 말을 너무나 잘 알면서도 그동안 자신의 건강에 대해 소홀히 하는 가운데 깊은 수렁으로 빠져버리고 말았다. 그 후 알 수 없는 깊은 터널 속으로 들어가고 있는 것처럼 느껴졌다고 그는 고백하고 있다.

이렇게 그냥 절망 가운데 쓰러져 버리는 생애일까? 그런데 홍 목사님의 간증을 계속 읽어내려가면서 나는 마치 캄캄한 동굴 속에서 헤매다가 찾은 조그마한 틈새를 통하여 환하게 들어오는 태양빛을 바라보는 것 같았다. 그리고 그것은 마치 구약성경의 욥기를 읽어내려가는 듯했다.

말로 표현하기 어려운 고난과 고통 가운데서, 홍 목사님은 하나님께 부르짖어 기도하고 감사하면서, 회개하면서, 그렇게 삶과 목회와 사역들을 뒤돌아보면서 하나님께서 일찍이 꿈을 통해서 보여주신 앞날에 대한 하나님의 계획을 믿음으로 바라보았다. 그리고 혼수상태에 있는 홍 목사님을 바라보면서 아내는 옆에서 끈기와 인내와 믿음으로 하나님께 매달렸다.

홍 목사님은 그러한 고통과 아픔 가운데서 십자가의 예수님을 생각했다고 고백하였다. "고난과 환난은 주님께서 인간에게 주시는 교훈이며 가르침이다. 즉 깨어서 자신을 보고 이웃을 볼 수 있는 눈이 열려야 한다. 고난을 고난답게 받아들이고 자신을 깨우치며 돌아보는 기회와 주님께 가까이 가려는 시도가 요구된다"라고 결론을 지었다. 마침내 홍 목사님은 "고난을 통해 믿음을 다시 발견했는데, 믿음은 자신의 신앙을 온전케 해주는 근본이며 동력이기 때문이었다"라고 고백한다.

하나님의 은총으로 새로운 생명을 찾은 것을 보고 담당 의사들이 '기적의 목사'라 부르고 있는 홍 목사님의 글은 다음과 같은 결론으로 이 단원을 맺는다. "탄소의 원료가 다이아몬드로 바뀌는 데는 그만큼의 압력과 고열이 필요한 것과 같이 고난과 어려움은 그를 통하여 믿음을 만들어낸다."

홍래기 목사님의 글을 읽으시는 모든 분들이 그의 간증을 통해서 지금도 살아 계셔서 역사하시며 고난 가운데서도 그의 뜻을 이루어가시는 하나님을 함께 만나게 될 것을 믿으며, 이 책의 출판을 축하드림과 동시에 독자들에게 기쁨으로 이 책을 추천해 드린다.

2018년 11월 말
샌디에이고에서
김기환 목사

추천의 글

인생은 생방송과 같다. 한번 연습해 보고 살 수 없는 것이 인생이다. 그러다 보니 실수가 많다. 뒤돌아보면 살아온 발자취가 내 예상과는 전혀 맞지 않게 어지럽혀져 있는 것을 보게 된다.

홍 목사님의 간증은 내가 겪지 않은 사건이지만 마치 내가 죽었다 다시 살아난 것 같은 경험을 얻는다. 죽음은 사실 누구에게나 반드시 필연적으로 다가오는 확실한 현실인데 마치 나와는 아무 상관없는 일처럼 대수롭지 않게 제쳐두고 살 때가 많다.

33일 동안 홍 목사님이 식물인간으로 보냈던 시간들은 죽음을 경험하지 못한 사람들에게 다른 것을 통해서는 얻을 수 없는 큰 교훈을 준다. 그의 경험을 통해 오늘까지 건강하게 살아온 나도 돈으로 살 수 없는 놀라운 은혜와 삶의 지혜를 얻게 되었다.

지혜로운 자는 남의 경험을 나의 경험으로 받아 나의 지식과 교훈으로 삼는 자일 것이다. 간접적으로나마 다윗이 고백한 '사망의 음침한 골짜기'의 의미를 다시 한 번 되새겨보며 하나님을 향한 나의 신앙의 옷깃을 다시 여밀 수 있는 기회가 되었다.

이 책을 통해 삶과 죽음의 지혜를 다시 얻게 되어 매순간 우리의 삶이 후회 없는 복된 삶이 되기를 기대한다.

2018년 10월 28일
손길성 목사(극동교회)

 **추천의 글**

　내 친구 홍래기 목사에게 기적이 일어났다. 미국 워싱턴 주 시애틀 워싱턴 대학병원에 33일 동안이나 의식 없이 식물인간으로 온갖 생명 보조기를 단 채 중환자실에 누워 있다가 깨어난 것이다. 식물인간 상태로 일주일이 지나고 보름이 지나고 한 달이 넘었다는 얘기를 전해 들었을 때 절망적으로 느껴졌다. 참으로 마음이 무겁고 안타까웠다. 복음에 대한 불타는 사명감으로 목회를 하던 친구였는데, 가장 목회를 성숙하게 할 수 있는 50대 초반에 그렇게 된 것이다.

　그런데 어느 날 홍 목사에게 의식이 돌아왔다는 얘기가 들렸다. 그러나 반신반의했다. 그리고 걱정했다. 재활을 한다고 해도 뇌와 모든 장기가 정상으로 돌아올 수 있을지, 아니면 심각한 장애가 남을지 알 수 없는 일이었기 때문이다.

　얼마 후에 재활을 통하여 많이 회복되었다는 반가운 소식이 들리더니, 한국을 방문하게 된 것이다. 정말 놀라지 않을 수 없었다. 이것은 하나님만이 하실 수 있는 기적이다. 홍 목사를 통하여 구약에서 선지자를 통해 죽은 사람을 살리신 하나님, 신약에서 죽은 사람을 살리신 예수님, 사도들을 통하여 죽은 자를 살리신 성령 하나님을 만나게 된다.

오늘날도 분명히 죽은 사람을 살리시는 살아 계신 하나님을 우리는 만날 수 있다. 또한 홍 목사를 아는 수많은 사람들의 중보기도가 응답을 받은 것이다. 이 중보기도가 얼마나 크고 놀랍게 역사하는지 보게 된다.

식물인간에서 다시 정상인으로 돌아온 홍 목사를 통하여 하나님께서 놀라운 일을 계획하시고 이루실 줄 믿는다. 질병과 어려움 앞에서 절망하고 낙심하는 수많은 사람들에게 소망과 용기를 줄 수 있는 이 책을 적극 추천한다.

2018년 11월
양재철 목사(광장교회)

# 서문

　간증문을 쓰게 된 동기는 전적으로 하나님께 영광을 돌리기 위함입니다. 33일 동안 식물인간 상태에서 죽음과 생을 넘나드는 기로에서 전적인 주님의 도움을 체험했기 때문입니다.
　그동안 사람들에게 간증을 하지 않았던 것은 혹시 내 자신의 자랑이나 교만이 섞여 주님의 영광이 가려질까 하여 주저했기 때문입니다.

　그러나 주위의 권면과 출판사의 권유로 결국 간증문을 쓰게 되었습니다. 주로 집 가까이 있는 린우드 도서관에서 몇 개월 동안 글을 썼습니다. 가장 큰 도움을 준 이는 아내와 가족이었습니다.
　나의 죽음의 그림자 밖에서 지켜보던 아내는 가장 많은 기도와 찬송을 했으며, 믿음을 가지고 지켜보면서 끝까지 기도 줄을 놓지 않고 살아 계신 하나님을 의지했습니다.
　아내의 적극적이 희생과 헌신이 없었다면 결코 내게는 지금과 같은 일도 일어나지 않았을 것입니다. 또한 워싱턴 대학 병원의 의사들과 간호사들, 그리고 물리치료사들의 극진한 수고에 다시 한 번 감사를 드립니다.
　나를 위해 가장 많은 수고와 기도와 간구로 후원했던 감사한 인교회 교인들께, 특히 장로님과 권사님, 그리고 집사님과 청년들에 이르기까지 모두가 하나같이 회복을 위해 중보기도했던 믿음의 용사들에게 진심으로 감사를 드립니다.

하나님의 성회 한국총회와 서북부지방회 소속 목사님들께도 지면을 빌어 다시 한 번 감사를 드립니다. Assemblies of God 교단 소속 Abundant Christian Life Fellowship Church 목사님과 성도들이 전 미국 네트워크를 통해 중보기도해 주셨습니다.

나 한 사람의 회복을 위해 많은 사람들이 수고와 헌신적인 기도를 해주었기에, 나는 다시 한번 복음에 빚진 자가 되었습니다.

주님께서 생명의 기회를 주신 것은 남은 삶을 복음과 선교에 헌신하도록 하신 뜻으로 받고, 죽도록 충성하는 마음을 새기도록 하셨습니다.

다시 한 번 감사한 이들은 아내와 가족, 그리고 형제들입니다. 끝으로 출판을 도와주신 관계자 여러 분께 감사드립니다.

2018년 11월
시애틀 워싱턴 린우드 도서관에서
홍래기 목사

추천의 글 마틴 바너 목사 … 2
       김기환 목사 … 4
       손길성 목사(극동교회) … 7
       양재철 목사(광장교회) … 8
서문 … 10

1부 2003년 1월 28일 시애틀 워싱턴에서

인간도 수리가 되어야 온전하다 16 / 2003년 1월 28일 18 /
몸의 경고사인 24 / 죽음 앞에서 29 / 미국의 건강보험제도 34 /
과로와 바이러스 침투 37 / 나는 식물인간이 되고 말았다 45 /
포기하는 것이 오히려 쉽다 49 / 비상대책 64 /
고난을 통해 듣는 주님의 음성 68 / 아주 생생한 특별한 꿈 70 /
33일 동안의 침묵 79 / 모니터에 큰 진동이 일어나다 83 /
의식이 돌아오다 85 / 투병생활 89 / 고난의 의미 93 /
중환자실 고참이 되다 100 / 간이식수술 102 /
어머니와 장모님의 별세 109 / 기도의 능력 112 /
고난의 유익 119 / 불순물 제거 과정 133 /
의의 길로 인도하심 135 / 어떻게 고난을 극복할 것인가 138 /
고난의 교훈 145

2부 기적처럼 찾아온 회복

치유의 여정 154 / 기억을 상실하다 159 / 회복의 단계 165 /
4월의 향기와 봄바람이 심령을 녹이다 168 / 재수술 174 /
특수 훈련을 받던 중 벼랑에서 떨어지다 187 / 월남 파병 200

목차 Contents

3부 무서울 만큼 정확한 하나님의 응답
서원기도 208 / 군목생활이 시작되다 213 / 유승하 소위 221

4부 살아 있는 말씀에 벼락을 맞다
나의 목적, 나의 사명 232 / 오산리 순복음기도원으로 239 / 방황이 끝나다 244 / 말씀을 만나다 249

5부 목회 일지

1. 목회 시작 – 한국 264
   개척교회를 시작하다 264 / 하나님의 섬세하신 손길 270

2. 유학과 목회 – 영국 275
   영국 유학길에 오르다 275 / 영주권을 받다 278 / 집을 구하다 280 / 박 형제를 만나다 284 / 학업에 열정을 쏟다 285 / 기도할 장소를 찾아서 287 / 에바다 한인교회를 세우다 288

3. 이민 목회 – 미국 294
   이민 목회가 시작되다 294 / 직장선교회를 인도하다 296 / 예배 중에 강도가 들어오다 35 / 이민 목회의 현주소 308

1부

:

2003년 1월 28일
시애틀
워싱턴에서

인간도 수리가 되어야 온전하다

•

　영어단어에 'wrecking'(렉킹)이란 말은 '파선, 파괴, 파멸되다'라는 뜻으로 사용된다. 특히 자동차에 이런 말을 붙이면, 사고가 난 차를 자동차 보험회사에서 수리비용이 너무 많으므로 아예 일정액의 보험금을 지불하고 경매로 팔아치우는 것을 말한다.
　당연히 차 값은 싸지만 수리비가 만만치 않다. 이런 차는 자동차 등록증에 'salvage'라는 도장이 찍힌다. 한마디로 온전한 것이 아님을 증명하는 것이다.
　망가지고 찌그러지고 깨어진 차들이 도열되어 있는 현장을 보게 되었다. 눈으로 보기에는 참으로 고급차이며 좋은 차들이었다. 멀리서 보면 멀쩡한데 가까이 가보면 어딘가 한쪽이 크게 손상된 부분을 볼 수 있다. 연식도 얼마 안 된 이런 고급차를, 주인은 어떤 상황에서 사고를 냈을까 하는 의문 아닌 의문을 가져본다.
　이런저런 차라 할지라도 사람의 기술과 장비, 그리고 폐차된 차로부터 부품을 조달받아 멀쩡하게 만들어 낸다. 두들기고, 붙이고, 자르고, 땜질해서 마지막 페인트칠까지 하면 멀쩡한 새차 같은 모양이 된다.

사람도 살다 보면 이런저런 일들로 인하여 많은 상처를 받게 되고, 세월이 지날수록 더 많은 아픔을 가슴에 안고 사는 사람들이 적지 않을 것이다.

인간의 내면과 외면의 손상들을 고치기 위해서는 병원과 의사들이 존재하고 있다. 그러나 죄로 인한 상처와 아픔은 어디에서도 치유 받을 곳이 없다. 오직 인간을 지으시고 만드신 분만이 그의 존재를 아시며 깊은 내면의 문제를 알고 고치실 수 있다.

그렇다면 어떤 방법과 방식을 따라야 삶의 깊은 아픔과 고통을 제거할 수 있을까?

성경은 우리에게 그 답을 제공하고 있다.

> "그러므로 너희가 회개하고 돌이켜 너희 죄 없이 함을 받으라 이같이 하면 새롭게 되는 날이 주 앞으로부터 이를 것이요"(행 3:19).

2003년 1월 28일

●

　시애틀은, 톰 행크스를 주인공으로 한 로맨스 영화 〈시애틀의 잠 못 이루는 밤〉으로 잘 알려진 도시이다.
　미국 서북부에 위치한 시애틀의 날씨는 온화한 편이다. 여름에는 그리 덥지 않고 겨울에도 그리 춥지 않은 곳이다. 그러나 어느 때는 날씨의 갑작스런 변동으로 눈이 꽤 오기도 한다.
　시애틀은 미국에서 살기 좋은 도시로 손꼽히는 곳이기도 하다. 흠이라면 우기철에는 비가 수개월 동안 내려서 사람들 중에 우울증 환자가 많을 것이라고 한다. 그러나 내 주위에 비로 인해 우울증을 겪고 있는 사람을 만나 본 적은 없다. 물론 지루하게 내리는 비와 구름 낀 날씨로 인해 사람들에게 미치는 마음의 영향이 없지는 않을 것이다. 그래서 그런지 시애틀은 스타벅스 커피의 본고장이라고 한다.
　비가 오는 날이면 꿀꿀하긴 해도 커피 한 잔의 낭만도 있다. 시애틀에 글 쓰는 작가가 많다는 이유에도 커피가 한몫 거들고 있다.
　내가 살고 있는 곳은 시애틀 북쪽이다. 보잉 비행기 제작소 근처라서 매일 새로운 시험 비행기의 이륙과 착륙을 교회 사무실 창문으로 보고 있다.

이제 나의 진솔한 간증을 쓰려고 한다.

그동안 식물인간으로서 내가 겪은 고통과 고난에 대해 아내는 세상에 알리지 않으려 했다. 하지만 결국 이 글은 아내의 적극적인 도움을 받아서 쓰게 되었다. 사실을 근거로 하고 진실을 담아, 있었던 일 그대로 간증문을 쓰기 시작했다.

이제 식물인간으로서 무엇보다도 장기의 손상으로 인해 회복이 불가능한 상태에서, 전적인 하나님의 능력과 역사를 통해 기적을 경험했던 나의 일을 쓰려고 한다.

내 삶의 곤고함은 구약에 등장하는 욥과 같이 급작스럽게 다가왔다. 전혀 예상치 못했던 일이 일어났다. 욥의 고난에 비하면 하찮은 일에 불과한 것이지만 말이다.

잔잔하던 호수에 커다란 물체가 떨어져 온통 파도로 일렁거려 사방으로 퍼져나가는 것과 같은 상황이라 하겠다. 물론 그 파장이 오랫동안 지속되는 것은 아니겠지만, 내 삶은 암울한 상태에 빠지고 있었다.

2003년 1월 28일은 나의 삶에 가장 큰 파장이 생긴 날이었다.

글의 제목에 '1월 28일'을 붙인 것은, 내 발로 걸어서 병원 응급실로 들어간 후 내가 나를 주장하는 자아라는 의지에서 떠난 날이기도 하기 때문이다. 식물인간… 나는 세상을 떠난 상태가 되었다. 그것이 현실임을 지각할 때 더더욱 곤고함과 절망감이 안개처럼 깔리고 있었다.

한 인간은 태어나 탯줄이 잘리고 성장하면서, 자아의 형성과 인격을 통해 자신이라는 세계관을 구축하며 살게 된다. 그 자신의 영역은 누구도 침노할 수 없는 오직 자신의 성이다. 그 성이 무너지면 아무런 존재가치도 인식도 하지 않는 것으로 바뀌지만, 오직 그 영혼을 만드신 하나님 앞에 서게 될 것이다.

사람이 태어나서 죽을 때까지의 과정은 개인마다 다르지만 위급한 상황에 처하는 일은 누구나 겪게 된다. 그런 급작스런 죽음의 늪에 빠진 나는 식물인간이란 이름으로 세상과 이별하는 순간을 맞았다.

피천득 시인은 '이 순간'이란 시를 남겼다.

이 순간

이 순간 내가
별들을 쳐다본다는 것은
그 얼마나 화려한 사실인가

오래지 않아
내 귀가 흙이 된다 하더라도
이 순간 내가
제9교향곡을 듣는다는 것은
그 얼마나 찬란한 사실인가

그들이 나를 잊고
내 기억 속에서 그들이 없어진다 하더라도
이 순간 내가
친구들과 웃고 이야기한다는 것은
그 얼마나 즐거운 사실인가

두뇌가 기능을 멈추고
내 손이 썩어가는 때가 오더라도
이 순간 내가
마음 내키는 대로 글을 쓰고 있다는 것은
허무도 어찌하지 못할 사실이다

갑작스런 죽음의 그늘이 내 앞에 닥쳐왔을 때, 내 나이는 막 오십을 넘기면서 목양에 열심을 가지려 할 즈음이었다. 산적한 일이 많이도 남아 있는데, 이 모든 것을 미완성으로 남기고 떠난다는 것은 애석하기 짝이 없었다.

인생의 많은 시간을 성장하고 공부하는 데 썼고, 나머지는 목회하는 데 사용하였다. 50 선상에서 볼 때 그런대로 반타작이 되었으니 후회는 없을 것이라고 하지만, 목회의 열매를 맺으려 할 때 마치 폭풍이 몰아쳐 선과일이 떨어지는 것과 같이 느껴졌다. 좀 더 좋은 열매를 맺기 위해 서둘러 부지런히 뒤돌아보지 않고 달렸더라면 하는 아쉬움이 남았다.

그러나 불현듯 닥친 이 큰 일은 나에게 더 이상 존재 가치도,

미래의 희망도, 그리고 그동안 해온 목양의 의미도 모두 헛되게 할 상황이 되었다.

　죽음은 갑자기 찾아오는 것이라고 했지만, 나에게는 예외 같았던 상황이 현실이 되어 찾아온 것이다.

　2003년 1월 28일, 이날은 나와 가정, 그리고 교인들에게 가장 어렵고 힘든 날의 시작이 되었다. 한창 목양의 일을 펼치고 주님의 사역에 열정을 쏟고 있을 때 쓰러지고 말았다. 나무가 쓰러지면 다시 제자리에 세울 수 없듯이 나의 상태는 가망이 전혀 없는 것 같은 상태였다.

　미국 서북부 도시 시애틀 북쪽 에버렛에서 목회를 하던 한 목사가 병원으로 옮겨져 순식간에 벌어진 일이다.

　코마(coma) 상태(식물인간, vegetable)가 시작되리라고는 아무도 예상하지 못한 일이다. 예상은 어느 정도 감각과 예지의 능력을 동반한 기대와 바람의 것들인 데 반해, 나는 낮과 밤이 바뀌듯 바뀌고 말았다.

　식물인간이란 육신의 기능이 전혀 없는 죽은 상태를 의미한다. 인간의 실존, 존재는 의식하고 판단하는 이성의 힘이 작동되고 있을 때이다. 현실과 미래는 연결된 고리이지만 다음 시간을 전혀 알 수 없는 것이 인간이다.

　그런데 병원으로 이송되기 전에 이런 증상이 예고되고 있었다.

　전 주간에 하와이 크리스찬교회에서 안수집사 시취를 마치고 시애틀로 돌아왔을 때였다. 몸에 이상이 감지된 것은 몇 주 전부터 약간의 기미가 보였고, 하와이에서부터 몸의 상태가 좋지 않음을 느끼기 시작하였다.

하와이 크리스찬교회 안수집사 시취가 있어 비행기에 올랐다. 시취를 마치고 황 목사님께서 좋은 식당까지 예약을 해놓고 갔지만 음식에 대한 몸의 거부반응이 일어나고 있었다. 목사님은 식당주인에게 가벼운 음식을 부탁했고 만들어준 죽을 억지로 먹고 힘을 내려고 애썼다.

그러나 곧 구토가 시작되었고, 어지럼 증세도 동반되어 간신히 진정을 하고 일정을 급히 마친 후 시애틀행 비행기에 몸을 실었다. 필경 그간의 무리한 여정 탓에 몸살감기가 겹친 것으로 간주하였다. 흔히 감기 정도는 대수롭지 않게 여기는 편이지만 이번에는 약간 달랐다고 느끼긴 했다. 억지로 주일 설교를 마치고 월요일 시카고행을 강행한 것은 무리였다. 나의 삶에 예고편이 있었다면 미리 준비하고 예방조치를 할 텐데 그렇지 못했다.

시카고 교단 총회가 있어, 이번에는 순서도 맡았고 미리 준비한 비행기 티켓도 있어서 약간 진정된 기미가 보이자, 월요일 아침 새벽 비행기편으로 SEATAC(시애틀) 비행장에 도착했다.

몸의 경고 사인

나의 무지함과 어리석음이 믿음으로 위장을 하고 현실의 나를 무시하고 나아간 행위였다. 다시 구토와 어지럼 증상과 정신이 몽롱함을 느끼면서도 그냥 무시해 버렸다.

어느 정도 시간이 지나면 진정이 되곤 했기 때문이다. 나는 워낙 체력이 강하고 단단하여 웬만한 일은 제치고 나아가는 타입이었다. 물론 낌새를 느낀 것은 몇 달 전부터였지만 웬만해서는 무시하는 나였다.

어리석은 자는 자신을 믿고 행동하는 것이다. 아무리 좋은 믿음이라도 어떤 상황에 이르면 자신의 몸을 챙기는 것이 우선일 텐데 말이다. 안타깝게도 나는 그렇지 않았다. 이상을 느낄 때에 즉시 병원의 점검을 받았다면 극한의 상황에 이르는 결과는 초래하지 않았을 텐데….

"돈을 잃는 것은 적은 부분을 잃는 것이고, 명예를 잃는 것은 인생의 많은 부분을 잃는 것이다. 하지만 건강을 잃는 것은 인생의 전부를 잃는 것이다"라는 말이 있다.

돈이야 잃으면 또 벌면 되고, 한 번 잃은 명예도 어려움이 있을지라도 열심히 노력해서 재평가를 받으면 다시 회복할 수 있지만, 건강은 한번 해치면 다시 회복하기가 매우 어렵다는 말이다.

또 "건강은 건강할 때 지켜야 한다"는 말도 있다. 모두 건강의 중요성을 강조하고 있는 말들이다. 이런 상식을 알면서도 귓전으로 흘렸고, 무지와 고집이 나를 수렁으로 밀어넣고 만 것이다. 전혀 알 수 없는 깊은 터널 속으로 들어가고 있다는 것을 조금도 예감하지 못했다.

택시를 타고 시카고 교회에 도착하는 순간 정신이 혼미해짐을 느끼면서, 내 몸에 커다란 홀이 생겨 어디론가 빠져나가는 것 같았다. 마치 천둥번개가 우르르 쾅쾅 하더니 전깃불이 깜빡거리는 현상과 같았다.
불이 잠시 나갔다 들어왔다 하는 과정이 나의 몸 상태가 어떤지를 경고하는 사인과 같은 현상이었다. 의식이라는 사리판단을 하는 기능이 나에게 무의미하게 여겨지기 시작한 것이다.
이제 내가 나로 느껴지지 않기 시작했다. 하늘이 노랗고, 사물이 흐려지며, 의식의 분간이 혼미해지는 것이 전에 없었던 상태였다. 몸에서 에너지가 서서히 빠져나가는 느낌을 받았다. 자동차의 가솔린이 거의 바닥나면 경고등이 켜지고 '삐' 하는 음이 나는 것과 같이, 나는 무엇인가 적색불의 사인이 오는 것을 느꼈다.
몸이 어디론가 구름을 타고 떠나가는 것 같은 느낌이었다. 무엇인가 잡힐 듯 말 듯하며 가물거리는 상태는 가지 끝에 매달린 고추잠자리를 잡으려 살금살금 다가가는 마음의 긴장과 같았다.
스스로 정신을 집중하려고 무단히 애를 쓰며 눈에 보이는 것들을 의식하려고 했다. 정신줄을 놓으면 끝장이라는 생각이 들었기 때문이었다. 팽팽하게 줄다리기를 할 때 두 팀이 있는 힘을 다해 당기지만 서서히 끌려가는 것처럼 더 이상 당길 힘이 없는 상태와 같았다. 도저히 더 이상은 버티지 못하겠다는 생각과 의지가 한계에 다다름을 느낀 나머지 다시 택시를 타고 시카고 오하레(O'HARE) 공항으로 향했다.

정신이 몽롱한 상태가 되면서 구토와 어지럼증, 그리고 몸이 점점 공중으로 떠가는 느낌과 혼미한 상태가 계속되었다.

공항까지 30분 정도의 시간은 마치 사형 집행을 멈추라는 어명을 받은 사신이 현장으로 내달리는 것과 같았다. 조금만 지체해도 억울하게 사형을 당할 자를 구할 수 없을지도 모른다는 생각으로 필사적인 힘을 다하는 사신의 마음이었다.

시애틀 집에 당도하면 곧바로 병원을 가야겠다는 굳은 마음도 가졌다. 체크인 카운터에서 항공사 직원이 나의 상태를 어느 정도 짐작했는지 "Are you ok?"라는 말로 거듭 질문을 했다. 나는 고개를 끄덕이면서 모기 소리만큼 작게 "오케이"라고 답했다.

시애틀로 가는 비행기 편은 몇 시간을 기다려야 한다고 했다. 공항 대합실에서 비행기 시간을 기다리는 동안 나는 생명의 불이 꺼져 감을 느끼며 야릇한 감정에 휩싸였다. 몸의 기능이 점점 죽음의 늪으로 흘러들어가는 느낌이었다.

나의 입술은 떨리고 있었다. 연신 "주여! 주여! 도우소서"라는 외침으로 가느다란 실타래 같은 희망을 의지하고 있었다.

수많은 승객들이 내리고 오르고 보딩에 대한 안내 방송이 쉼 없이 흘러나오고, 조잘거리며 지나가는 승객들이 부러웠다. 그러나 그런 소리들은 나의 마음 한쪽에 지나치는 하잘것없는 소리에 불과

했다.

의자에 거의 눕다시피 한 상태에서 가쁜 숨을 몰아쉬면서 "주여 주여"라는 말 외에 어떤 소리도 낼 수 없었다. 순간의 시간이 이렇게 괴롭고 답답한 마음은 전에 없었다.

'왜 나는 시애틀로 가야 하는가'에 대한 답은 가족이 있고 집이 있기 때문이다. 돌아갈 집이 있고 가족이 있다는 것이 얼마나 위로가 되는 일이며 행복인가!

쉼도 있고 위로도 있고 함께 나눌 기쁨과 즐거움, 그리고 어려우면 함께 울 수 있는 공유의 유일한 기관이 가정이다. 비행기에 착석하고 심호흡도 해가면서 4시간을 버틸 생각으로 굳은 각오와 의지의 힘을 내어보았다.

승무원이 나의 사색이 된 모습을 보고 약이 필요하냐고 물었다. 나는 고개를 저으면서 물을 원했다. 얼음물을 단숨에 들이키면서 정신을 잃지 않으려고 애썼다.

그리고 주님께 기도하기를 "주님, 나의 어리석음을 용서해 주세요. 미련하게 선교한답시고 무리한 여정과 교회를 돌아보지 않았던 것들을 용서해 주소서"라는 기도를 계속 반복하며 주님의 도움을 요청하였다.

눈을 살며시 떠 창밖을 보니 로키산맥 위로 비행하고 있었다. 하얀 눈들이 거대한 봉우리들을 뒤덮고 있었다. 여느 때 같으면 멋진 장면을 그냥 지나칠 리 없었다. 카메라로 아름다운 장면을 찍어댈 텐데 지금은 그럴 상황이 아니었다. 오직 몸이 식어지지 않고 의식을 가지고 시애틀에 무사히 도착하는 것만이 간절한 소원이었다.
　시간이란 누구에게나 소용가치이다.
　나는 이 순간 비행시간이 소용없는 가치로 바뀌었으면 했다. 순간적으로 몰려드는 생각이 마치 늑대들이 먹잇감을 발견하고 달려들려고 할 때, 필사적으로 뛰어 도망하는 한 마리의 임팔라 같은 느낌이었다.
　'훌쩍 건너 뛰어가는 시간은 없을까?' 얼마나 괴롭고 고통스러우면 이런 생각까지 했을까 싶다.
　누가 공항에 와서 나를 픽업했는지 기억조차도 없다. 억지로 시애틀 집에 도착했을 때, 아내는 갑자기 돌아온 나를 보자 사색이 되어 교회 집사님을 부르고 급히 나를 가까운 병원으로 옮겼다.
　시카고로 가기 전 아내는 병원에 가는 것이 먼저라며 우겼지만 나의 고집을 꺾지는 못했다. 그런 내가 사색이 되어 왔을 때 미안함이 적지 않았다.
　병원에 도착했을 때, 이제는 나의 의지로 할 수 있는 사명을 다 했다고 여겼다.

죽음 앞에서

•

의사는 나의 상태를 점검하기 시작했다.

"지금의 미국 대통령이 누구냐?", "지금이 몇 월이며 며칠이냐" 등등의 질문에 벌써 나는 의식의 혼동을 일으키고 있었다.

나의 답은 정상적이지 않았다. 장기의 기능이 제대로 움직이지 않으니 암모니아가 뇌로 올라와 의식을 혼돈케 만들기 시작했다. 이미 나의 의식은 점점 소멸되고 있었다.

간 기능과 콩팥 기능이 중지된 상태가 되어 암모니아가 머리로 올라오면서 의식은 사라지는 상황이 되었고, 배는 동산처럼 부어오르기 시작했다. 죽음의 늪으로 빠져 들어가는 입문의 상태가 된 것이다.

의사는 큰 병원으로 속히 이송해야 한다며 서둘렀다. 가까운 큰 병원으로 이송되었지만, 내 정신은 불꽃이 사라지듯 서서히 꺼져 가고 있었다.

주위에서 큰 소리로 나의 의식을 확인했지만 나는 응답이 되지 않는 상태로 서서히 침몰하고 있었다.

죽음이란 말만 들었지 실제로 죽음이 어떻게 되어가는지 그 과정을 전혀 알 리 없었던 나는, 이것이 죽음으로 연결된 선상임을 마음으로 영으로 느꼈다.

교인들의 장례 집례를 했던 내가 이제는 나 자신의 장례 과정을 밟고 있는 것이다.

특별한 소수의 사람을 제외하고는 죽음을 반기는 사람은 거의 없다.

조선에 처음 복음이 들어왔을 때 서양 선교사들은 천국에 대한 설교를 많이 했다. "예수 믿으면 천당 갑니다. 천당 가기를 원하는 사람 손들어보세요" 하자 부흥회에 참석한 모든 성도들이 손을 들었다.

"그러면 지금! 바로 지금! 천국 가고 싶은 사람 손들어 보세요" 하자 거의 손을 든 사람이 없었다.

죽음은 당연히 오는 것이지만 지금 가고 싶은 사람은 없다는 것이다. 죽음은 모든 사람에게 찾아오는 순리이지만, 때가 아닌 사람이 죽음을 맞는 것은 매우 애석한 일이다.

죽음을 미리 준비해두고 사는 사람도 있다. 매일 죽음을 준비하고 사는 사람이 있다면 그는 참으로 지혜로운 자다. 우리 교회 장로님 한 분은 기도 중에 조용히 주님의 품으로 가는 것이 소원이라고 했다.

숯불도 활활 붙는 때가 있고 서서히 사그라지는 때가 있다. 서서히 불의 힘이 약해지고 있는 것은 곧 꺼질 것을 예고하는 것이다. 자신의 의지로는 살리고 죽이는 능력이 없다.

하나님께서 한계를 정한 인간의 수명은 누구도 바꿀 수 없고 거역할 수 없다. 다만 그 섭리의 뜻에 순응하는 것만이 인간이 할 수 있는 최선이다.

죽음도 연수가 차서 맞이하는 사람도 있고, 중도에 병이나 사고로 맞이하는 사람도 적지 않을 것이다.

나의 경우는 예고된 죽음의 시차를 가지고 있었다. 증세가 예고하고 있었다. 예고를 무시하거나 묵살하는 행위는 더 큰 문제를 일으키는 원인이 된다. 그런데 나는 예고를 무시하고 건너뛰었다.

새해 들어 나의 목회 계획의 중심은 교회 건축이었다. 이러한 뜨거운 감동을 안고 있었던 때에 뜻하지 않은 일이 일어나게 된 것이다. 교회 건축에 관하여 카운티에서 미팅(meeting)도 하고, 조닝(zoning) 변경을 위해 소방당국과 협의를 하는 중요한 시기였다.

그러나 인간은 자신이 만들어 놓은 미래의 계획이 있을지라도 그 성취는 알 수 없고 보장도 없다.

> "사람이 마음으로 자기의 길을 계획할지라도 그의 걸음을 인도하시는 이는 여호와시니라"(잠 16:9).

좋은 계획을 세우고 있다 해도 몸이 무너지면 모든 것이 허사임을 알게 되었다. 매사에 자신감을 가지고 도전하면서 사는 것도 중요하지만 자신의 몸을 보살피면서 사는 것이 더 중요한 일이다.

기도하는 사람들은 예지, 즉 어떤 예감이 있다는 것을 성령의 도움을 통해 감지하는 때가 있다.

기도의 맛

기도에 맛을 느끼는 것은
기도가 익어지는 과정이다
기도는 집을 짓는 것처럼
기초부터 쌓아올려야 한다
기도가 비워지면
마음은 공허하고
기도가 채워지면
마음이 즐겁다
기도는 주님과 만남이어서
인격이 다듬질 된다
기도는 불이어서
마음을 뜨겁게 하여
열정의 사람으로 만든다
기도는 풍부한 영적 자원을
끌어오는 통로이다
기도가 분명해질수록
믿음은 자리를 잡는다

기도의 사람은
입술과 자신을 다스리는 힘이 있어
시험에도 걸리지 않는다
기도의 사람은

자신을 비워

주님이 쓰시기에 합당하다

기도의 사람은

세속의 때를

쉽게 닦아내고

거울을 보듯

자신을 본다

기도의 사람을 만나면

용기와 힘을 얻으나

아닌 사람을 만나면

마음은 돌짝과 가시덤불로

변한다

기도의 사람은

하나님과

사귀고 있다는 증거이다

미국의 건강보험제도

●

신앙인에게 이런 예지의 능력을 주시는 것은 다음을 준비하라는 의미이다. 말씀을 읽는 중에 혹은 기도 중에 감동이 오는 경우를 체험하게 된다. 나에게도 순간순간 몸을 챙겨야 한다는 예지의 감동이 있었지만, 바쁘고 할 일이 태산이라는 핑계로 차일피일 미루거나 무시한 적이 많았다. 사실 미룬다는 것은 핑계에 불과하고 게으른 탓으로 돌리는 것이 맞다.

급작스런 사고가 아닌 이상 몸의 증상은 이미 예고되고 있었다. 몸은 매우 예민하여 그 증상을 그때그때 고통을 통해 신호를 보낸다.

몇 달 전부터 구토 증세가 있었고, 속이 울렁거렸을 때 몸의 이상 신호임을 감지하고 병원을 찾았거나 쉼을 가져야 했다. 핑계 중에 하나는 건강보험이 없다는 것이었다. 보험 없이 병원을 찾으면 갖가지 검사와 진료비가 만만치 않게 부과되기 때문에 쉽게 병원 문을 두드리기가 어렵다.

미국 내 병원 문턱은 확실히 한국보다 높다. 미국은 공공보건(public health) 의료 사각지대에 놓여 있는 무보험자가 너무 많다. 건강보험이 비싸다는 이유로 무덤덤하게 지내는 경향이 적지 않다.

미국은 일반인에게 보험제도가 잘되어 있지 않은 곳이다. 기업체들은 단체로 보험가입이 되어 있지만, 개인으로는 보험비가 매우 비싸다. 가까운 홈닥터를 통해야만 진료를 받는 체제가 되어 있어 웬만해서는 엄두를 내지 못한다. 물론 건강보험제도가 있지만 그 금액이 목회자에게는 만만치 않다. 교회에 부담을 주지 않으려는 마음도 없지 않기 때문이다.

한동안 미국 대통령 오바마의 '오바마 케어'라는 정책으로 모든 미국인들에게 이런 보험을 의무적으로 들라고 했던 때가 있었다.

미국은 돈이 많거나 아예 없는 자에게는 혜택이 주어진다. 돈이 있는 사람은 돈을 많이 내서라도 병원의 혜택이 주어지지만, 아예 없는 사람에게는 정부에서 그 혜택을 대신 제공한다. 감기 정도는 처방 없이 약국에서 구입할 수 있지만, 병원에서 진단을 받으려면 복잡한 과정을 거쳐야 하는 어려움이 있다.

그러나 나 같은 경우는 워낙 위급했기에 앰뷸런스로 큰 병원인 워싱턴 대학병원(Washington University Hospital)로 이송되었다.

미국은 위급한 사람에게는 조건을 따지지 않고 생명을 먼저 구하는 것을 원칙으로 하고 있다. 큰 병원에서는 어려운 사람을 위해 사회보장국의 사무원이 환자의 재정 능력을 알아본 뒤 정부에 신청해서 뒷감당을 해주는 편이다.

사람의 생명은 끈질긴 노끈 같기도 하지만 때론 촛불 같아서 바람이 불면 꺼지는 상황에 이르기도 한다. 인간의 생명은 그 어떤 방법으로도 보장되지 않기 때문에 스스로 담보 잡고 사는 것이다.

그러나 하나님을 믿는 사람은 천국이 보장되어 있어 세상 살 때에 죽음에 대한 두려움에서 해방되어 살게 된다. 그런데 사람이 가장 망각하는 것 중에 하나가 죽음에 대한 것이다. 자신의 죽음에 대한 것을 잊고 살고 있다. 아니 생각도 하지 않으려 한다. 그만큼 죽음은 가장 큰 부담이 되는 일이기 때문이다. 죽음이 순식간에 다가올 텐데도 그에 대한 대책이 없이 살고 있다. 영원히 이 땅에 산다는 착각 속에 있기 때문이다. 그러나 인간의 삶의 현주소는 영원하지 않다.

죽음은 이 땅의 주소를 어느 순간에 말소하고, 새로운 나라에 등록되는 시점과 같은 것이다. 하나님의 종이라고 특권이 주어지는 것은 아니다. 자신의 몸을 관리하고 지키는 것은 스스로의 책임이다. 하나님의 일이라도 무리하게 한다면 누가 나의 건강을 책임져 주는 것이 아니다.

과로와 바이러스 침투

나는 분명히 무리했었다. 건강을 믿고 많은 선교 여정들을 무리하게 진행했다. 과로가 가장 큰 병의 원인이 됨을 무시한 탓이다.

시애틀 북쪽에 위치한 스웨디쉬(Swedish)에서 워싱턴 병원까지는 약 25분 정도 걸린다. 서북부에서 가장 붐비는 5번 고속도로를 타고 앰뷸런스가 병원에 도착했을 때 응급실 의사들은 분주하게 움직였고, 의식을 잃어가던 나는 응급실로 옮겨졌다. 의사들은 고압 산소 호흡기를 연결하고, 아이비 주사를 끼우고 응급처치를 시도했지만 이미 가망이 없다는 것을 알아챘다.

의사는 나의 의식을 깨우며 지금 어디에 있는지, 이름은 무엇인지, 병원 이름 등등을 물었지만 나는 겨우 고개만 끄떡거렸다. 불이 꺼지기 전에 공명현상이란 것이 있다. 즉 꺼지는 순간 약간 환하다가 곧 꺼지는 현상이 나의 상태였다.

심장은 뛰고 있었지만 벌써 의식불명 상태에 이르렀다. 간과 콩팥이 거의 일하지 않는 상태로 마치 헐크 같은 모습으로 변하고 있었다고 했다. 거기에 뇌졸중까지 겹쳐 도무지 회생할 가능성이 희박했다. 혼미한 상태에서 나는 아무 의식이 없었다. 간혹 무엇인가 불빛이 나갔다 들어왔다 하는 정도였다. 결국 그것마저도

꺼져 버렸다. 응급병실로 이송된 내 상태를 보고, 의사는 가족들에게 마음을 단단히 준비하고 있으라고 일러 주었다.

과로와 알 수 없는 바이러스로 인해 장기손상으로 이어졌고, 뇌졸중으로 인해 심각한 상태에다 의식불명으로 살 소망이 없음을 진단한 것이다. 심한 과로가 누적되면서 면역력이 약해졌고, 그 틈으로 들어온 바이러스로 인해 생명이 꺼져 가고 있는 상황인 것이다.

이 정도 상태에서 지금까지 살아 있다는 것이 기적이라고 했다. 의사들은 지금까지 생명이 유지된 것이 놀라울 뿐이라고 했다. 간 수치도 정상이 40인 데 반해 나는 2,000으로 뛰어올랐다. 이런 상태가 나의 현실이었고, 이런 일은 순식간에 벌어졌다. 한 주일 전에는 멀쩡하게 살아 있었지만 지금은 아닌 것이다. 실은 벌써부터 증상이 보이기 시작했다. 구토 증세와 어지럼 등이었다. 식물인간으로 거의 33일 동안 지내게 되리라고는 상상도 할 수 없었다.

그러나 현실은 그렇게 되었고, 인정하고 받아들일 수밖에 없었다. 생과 사의 갈림길에 놓여 있었다. 순간이 이쪽이고 순간이 저쪽인데, 나는 어디를 선택할 수 있는 권한이 없었다.

생의 욕망은 인간에게 가장 큰 비중을 차지하지만 누구도 그 선택을 스스로 할 수 없는 것이다. 식물인간이란 말만 들었지 내가 그런 상태가 되리라고는 상상도 하지 못했다. 몸은 지쳤고 의지는 그렇지 않았다. 마음도 그렇지 못했다. 몸과 마음이 함께 가야 무슨 일을 해도 균형이 맞는데 나는 무지하게 몸을 혹사시킨 것이다.

사람의 몸을 무너지게 하는 힘은 또 다른 것에 있다. 그것은 보이지 않는 세균이다. 이 세상에는 세균덩어리들이 무수하다.

세균을 잡아먹는 몸 안의 기능이 있는데, 바로 면역이라는 힘이 있어 늘 이기는 것이다. 그러나 힘이 모자라고 면역력이 약해지면 바이러스가 침투하게 된다.

나는 과로하면서까지 무리한 일정을 소화시키기 위해 분주했지만 면역력은 날로 떨어지고 있었다. 몸이 쳐들어오는 적들을 소탕하기에는 역부족이 된 셈이다. 우군의 지원도 있었겠지만 그나마 마지막 교두보가 함락을 당한 꼴이 된 것이다. 사전에 무장하고 적의 공격에 대비해 힘을 길렀어야 함에도 불구하고 방관하다가 적의 손에 넘어가고 만 것이다.

신앙인에게도 사탄이 깔아놓은 악령의 바이러스가 침입하면 신앙이 무너질 수 있다. 죄가 인간의 삶을 무너지게 하는 주범이기 때문이다.

급성 간염과 바이러스, 그리고 뇌졸중까지 겹치면서 의식은 물론이고 몸의 상태는 급속도로 악화되었다. 몸을 무너지게 하는 갖가지 요소들이 힘을 합쳐 급속도로 진행되었기 때문이다.

의사들은 나의 병세가 어떻게 시작되었는지를 추적하기에 이르렀다. 가족력에서부터 그간의 행적을 추적해보니, 간염이라는 가족력과 과로와 중남미 지역에서 창궐하고 있는 바이러스가 문제임을 발견하게 되었다.

본질적인 것은 가족력이었다. 간염은 부친에서부터 이어진 B형 바이러스였다. 간염은 평상시는 활동이 멈춰 있지만 피로와 다른 바이러스에 의해서 급격하게 진행된다는 것이다. 거기에 외부에서 쳐들어오는 바이러스와 합세하여 급속도로 몸을 무너뜨리는 원인이 되었다.

부친도 53세 나이에 급성 간암으로 세상을 떠나셨다. 물론 사업을 하시는 분이어서 자주 술자리를 했고 과로 탓이 있었다.

의사는 내가 시애틀 워싱턴에서 한인교회를 담임하고 있는 목사요, 해외선교위원장으로 선교를 위해 수없이 중남미를 다니는 목사임을 알게 되었다. 하나님의 성회 한국총회 해외선교위원장을 10년 동안 하면서 수많은 중남미 국가로 선교사역차 다녀왔다.

특히 미전도 종족 찾기를 위해 브라질, 칠레, 멕시코, 과테말라, 온두라스, 코스타리카, 엘살바도르 등의 나라와 미전도 종족, 그리고 교역자 수련회 인도 등 바쁜 여정이 쉼 없이 지속되었다.

비행기로 이동하는 것도 쉽지는 않다. 긴 여정에 현지 선교사들과 함께 원주민을 만나고 현장을 보기 위해서 산악을 넘고, 시차 적응도 힘들고, 음식도 맞지 않았다.

그러나 이 지구상에 존재하고 있는 미전도 종족과 복음을 접하지 못한 가난한 원주민들을 보면 절로 열정이 살아났다.

선교는 지금이 아니면 때를 놓치기 쉽고 다음이라는 기약이 없다. 영혼들이 언제 이 땅을 떠날지 아무도 모르기 때문이다.

나보다 현지에서 수고하는 선교사들은 더할 나위 없이 불철주야 고군분투하고 있음을 볼 때 지체할 이유가 없었다. 그들에게 조금이라도 버팀목이 되어주어야 했다.

그렇게 다닐 수 있었던 것은 교회 후원이 있었지만, 미국의 큰 항공사 직원인 집사님 내외가 나에게 가족 패스를 내어 주었기 때문이었다. 해외선교를 하는 데 이만한 큰 도움이 없었다. 예약 없이 공항 항공사 창구에 가서 목적지를 밝히면 즉시 발권을 해 주었고 주로 일등석으로 배정해 주었다. 극히 적은 수수료를 지급하는 것으로 큰 혜택을 입을 수 있었다.

그런 특권을 힘입어 수시로 선교현장을 찾을 수 있었고, 복음이 확장되도록 열정을 쏟았다. 여러 가지 어려움을 극복하면서 전력투구를 하였다.

선교가 복음 사역의 중심이라는 명명 하에 사역에 힘을 실은 것이었다. 그런데 과로는 더 이상 버틸 데 없는 텅 빈 은행구좌와 같이 마이너스로 가는 과정이었다. 몸이 무너지면 그 어떤 것도 할 수 없을 뿐 아니라 희망도 사라지고 만다. 특히 가장이 무너지면 그 가족이 얼마나 힘든 삶을 살게 되는지는 뻔한 일이다.

건강할 때 관리를 잘해야 한다는 말이 예사말이 아님을 늦게야 깨닫게 된다. 하나님께서 인간에게 안식을 주시는 것은, 쉼을 통해 몸의 에너지를 얻고 면역을 확장시키는 동시에 내일을 위한 힘을 갖게 하심이다.

법을 무시하는 불순종만이 악이 아니라 자신을 지키지 않는 행위도 범죄에 속한다. 적당한 휴식이 자신을 돌보는 최고의 책임임을 무시하고 망각함으로 이런 끔찍한 사태를 만나게 된 것이다.

식물인간이 된 나는 더 이상 삶의 의미도 존재 이유도 없었다.

한 인간이 세상에 왔다가 간다 해도 사람들은 책장을 넘기듯 쉽게 잊고 그 존재를 기억하지 않는다.

그렇지만 가장 중요하고 근본인 죽음 후에 심판은 어떻게 할 것인가? 구원받지 않은 영혼은 정말 큰 일이 아닐 수 없다. 약품 냄새로 가득한 병동에는 많은 환자들이 들락거리는데 살아나가는 이도 있지만 죽어서 나가는 이도 적지 않다. 각색 병으로 입원한 환자 가족들의 얼굴은 그다지 밝지 않다.

식물인간에게는 언제라는 약속도 없고 기약도 없다. 죽으면 죽을 것이요, 살면 살 것이라는 명제 아래 오늘과 내일이 있을 뿐이다. 호흡기를 제거하면 가족들은 이제 병원을 찾을 일이 없을 것이다.

나는 가장 중요한 시점에 도달하였다. 가망이 보이지 않았다. 여러 면으로 볼 때 가능성이 없었다. 일반적인 데이터를 통해 보면 절망적인 상태였다. 식물인간에게 '호흡기를 뗄까요?' 묻는 일은 없다. 다만 배우자나 직계 가족의 동의하에 할 수 있다. 그런데 나 같은 경우는 매우 특이한 점이 있었다.

식물인간이란 명명 이전에 나는 벌써 장기 등의 기능이 소생 불가능할 정도가 되었기 때문에 설령 살아난다 해도 문제가 도사리고 있는 형편이었다. 뇌의 손상으로 일시적인 식물인간이라면 깨어나도 그나마 가능성이 있겠지만 나는 그렇지 않았다.

식물인간의 상태에 대해서는 많은 의견 차이가 있다.

윤리와 도덕적인 차원에서와 생명의 존엄이라는 가치에서 쉽게 해결될 사항은 아니었다. 이런 결정도 쉽지는 않다. 그 이유는 죽음의 결단을 함부로 할 수 없다는 중압감이 있기 때문이다.

그런데 닥터 아담스 박사를 중심으로 많은 분들이 나를 살려 보려는 특명 같은 사명을 받았음이 틀림없다. 그들이 최선을 다해 홍 목사를 살려 내야 한다는 마음을 가진 것은 하나님이 주신 의지와 뜻이었을 것이다.

물론 의사들의 마음은 한결같이 사람을 살리는 데 최선을 다할 것이지만, 내 경우 하나님께서 나의 생명을 맡고 계시면서 회생하도록 특별히 사명을 주신 것이 아닌가 싶다.

더불어 사는 인생

나뭇가지에서 떨어지는 잎들은
더 이상 함께할 수 없는 것
가지가 몸통에서 부러져 나가면
더 이상 함께할 수 없듯

제한된 인간의 존재가
영원한 존재에 붙으면
더 이상 홀로가 아닌
더불어 존재로 바뀐다

돌감람나무는
열매 속에 기름이 없다

결국 버림의 존재였으나
참감람나무에 접붙임이 되면
풍성한 기름의 열매를 맺는다

자신을 믿고 의지하는 것은
한계가 있다
그 한계를 넘어설 수 있는 것은
오직 믿음으로만이다
믿음은 그리스도를 믿음으로써
온전케 되며 완성된다

나는 식물인간이 되고 말았다

•

　의식은 떠났고 오직 죽은 시체 같은 몸만 덩그러니 침대에 누워 있을 뿐이다. 호흡기 장치로 숨만 쉴 뿐 전혀 다른 사람이 되었다. 가망 없는 사람, 아무런 응답을 할 수 없는 사람, 죽음의 늪에서 빠져 나오지 못하는 사람, 이제 이 사람은 더 이상 이 땅에서 존재할 수 없는 상태가 되어 극단의 조치 외에 다른 방법이 없었다.

　모니터에는 높고 낮은 곡선이 보이지 않는다. 그저 반응 없는 그래프만이 계속 흐르고 있을 뿐이다.

　인간은 죽은 듯 잠을 자다가 아침이면 깨어나는 것이 원칙인데 나는 33일 동안 죽은 상태로 있었다. 시간시간 의사나 간호사가 점검만 할 뿐 누워 있는 자는 반응을 하지 않는다. 중환자실에서도 식물인간은 독방을 차지하고 있다. 밖에 응급환자가 비명을 질러대도 침묵만 하고 있다.

　ICU(Intensive Care Unit) 중환자실에 33일 동안 누워 있는 사람은 나밖에 없었다. 식물인간으로서 병실의 고참인데 신참들은 왔다가 곧 나갔다.

　나의 중환자 병실을 지키는 사람들은 의사와 간호사뿐이었다.

면회도 없고 대화도 없다. 오직 아내가 저녁에 와서 찬송을 부르고 기도하는 것 외에 아무 일도 없다.

식물인간에게는 아침과 저녁을 챙길 필요도 없다. 음식을 요구하지 않기 때문이다. 답답한 것은 내가 아니라 걱정을 하는 가족과 교인들이었다.

아내와 자식들이 큰 짐을 안고 고통을 느끼면서 애쓰고 수고하였다. 병원에 누워 있는 자는 그런 고통도 없이 지내고 있지만, 살아 있는 사람들이 고통을 떠안고 사는 것이다.

살 소망이 없다고 진단이 내려진 상황에 이르면 극단의 조치가 필요할 것이다. 즉 포기라는 선택이 가장 가깝게 느껴지게 된다. 긴 여정을 달려왔다가 종착역에 다다르기 전 고장으로 더 이상 갈 수 없는 것과 같다.

그동안 쌓았던 것도 이제는 그만이다. 한 인간의 존재가 왔다가 흔적 없이 사라지는 현상이다. 물론 인간은 누구나 언젠가는 이 땅을 떠나게 되지만 급작스런 하차는 아쉽기만 한 것이다. 한 사람의 마음도, 생각도, 걸어온 흔적도 이제는 모래 위에 써 놓은 글씨가 파도에 지워지는 것 같다.

그러나 인생은 그것으로 결코 끝이 아니다.

"한 번 죽는 것은 사람에게 정해진 것이요 그 후에는 심판이 있으리니"(히 9:27).

죽음 이후의 세계는 이 땅에 살았던 흔적 가운데 예수 그리스도를 믿었느냐 아니냐에 따라 영영 달라지는 것으로, 천국과 지옥이라는 엄청난 갈림길이 존재하고 있다는 것이다.

공간을 지나다

나는 지금……
구름바다를 지나고 있다
끝은 항상 하늘과 맞대고 있다
푸른 하늘과 회색 구름은
보이지 않는 영역 지키기에
자존심을 걸고 있다
이어져 있어 보이지만
엄청난 공간이 존재한다
하나님의 생각과
사람의 생각도 그렇다
구름 아래는
비와 눈이 내려도
지금, 이 위에는
어떤 것도 없다
공간 아래와 위의 차이다
비행기 안은
또 다른 공간의 세계다

믿음은 공간을 나르는
비행기와 같아
하나님의 영역을 지나게 한다
나는 지금 구름을
내려다보고 있다
믿음은,
위에서 아래를 보는 것이다

포기하는 것이 오히려 쉽다

　●

　끈질기게 붙잡고 있는 끈도 힘이 들고 지치면 놓는 것이 편할 수 있다.

　교회에 비상사태가 왔다. 교회 장로님들, 권사님들, 집사님들, 성도들은 매일 철야 금식을 하면서 나를 위해 끊임없이 중보기도를 했다. 나이 많으신 장로님과 권사님들은 차라리 우리를 데려 가시고 목사님을 살려달라는 애원의 기도를 드렸단다. 원인 모를 병으로 홍 목사가 죽었다고 총회 뉴스에 광고까지 나갔다. 많은 동역자들이 애타하면서 죽음을 안타깝게 여겼다.

　우리가 속한 미국 하나님(Assemblies of God)의 성회 교회들도 중보기도 요청에 동참했다. 이런 극한 상황에서는 오직 기도밖에는 방법이 없었다. 인간에게 주어진 가장 위급한 상태에서는 기도를 통해서 하나님의 도움을 구하는 것 외에 답이 없기 때문이다.

　기도는 극단의 상황에서만 하는 것은 아니다. 매사에 자신이 하나님의 은혜로 살고 있다는 고백과 동시에 감사하는 기도가 이어져야 한다. 물론 모든 인간의 본성이 극단에 이르면 스스로 기도를 하게 된다. 기도만이 유일한 능력과 해결의 통로가 된다는 것을 인식하고 있기 때문이다.

중보기도는 하나님도 원하신다. 죄악이 관영하여 심판을 내리기로 작정하신 하나님께서 그래도 중보자를 찾는 이유는 심판을 멈추려는 적당한 이유를 얻으려 하기 때문이다.

아브라함도 하나님께서 소돔 성을 멸하려 하실 때 의인을 찾겠다고 중보 요청을 드렸다. 모세도 백성이 악을 행하고 불의함을 보았지만 하나님 앞에서 중재자로 나섰다.

기약도 약속도 없는 사람에게 희망이 무엇이며 기다림이 무슨 소용이 있겠는가? 먼 훗날의 약속이라면 희망을 가지고 기다리기라도 할 텐데……. 식물인간에게 무슨 기대가 있겠는가?

그러나 희망과 약속도 기도 가운데서 얻어지는 힘이고 능력이다. 전능하신 하나님의 방법 외에는 어떤 선택도 방식도 구할 수 없다. 의사들도 이구동성으로 하는 말이 신의 도움이 없이는 불가능하다고 했다.

하나님은 사람을 자기 형상으로 만드시고 소통을 원하셨다. 사람에게 자의식을 주시고 스스로 결단하는 의지를 부여하셨다. 스스로의 결정과 결단으로 벌어지는 모든 문제는 본인이 책임을 지는 것이다. 누구를 탓할 수 없고 오직 스스로 감당하는 책임을 갖게 되었다.

선악과도 그렇다.

하나님은 "동산 각종 나무의 열매는 네가 임의로 먹되 선악을 알게 하는 나무의 열매는 먹지 말라 네가 먹는 날에는 반드시 죽으리라"고 명령하셨다. 그러나 인간 스스로 사탄의 꾐에 빠져 죄의 사슬에 걸려들고 말았다.

하나님은 그런 인간을 불쌍히 여기시고 긍휼히 여기사 이 땅에 그리스도를 보내심으로 십자가의 구속으로 죄 사함과 구원을 얻을 수 있도록 하셨다.

주전 715년 유다의 히스기야 왕이 죽을병에 걸렸을 때 기도 내용을 이렇게 적고 있다.

이사야 38장을 보면 히스기야 왕이 병들어 죽게 되었다.

그래서 아모스의 아들 예언자 이사야가 그에게 가서 이렇게 말하였다.

> "'여호와께서는 왕이 회복되지 못할 것이므로 모든 것을 정리하고 죽을 준비를 하라고 말씀하셨습니다.' 그러자 히스기야는 얼굴을 벽 쪽으로 돌리고 '여호와여, 내가 마음을 다하여 주를 성실하게 섬긴 일과 내가 주 앞에서 선하게 살려고 했던 것을 기억하소서' 하고 기도하며 크게 통곡하였다. 그때 여호와께서 이사야에게 말씀하셨다. '너는 히스기야에게 가서 그의 조상 다윗의 하나님 나 여호와가 이렇게 말한다고 일러 주어라. 나는 네 기도를 들었고 네 눈물을 보았다. 내가 네 수명을 15년 더 연장하고 너와 이 성을 앗시리아 왕에게서 구출하여 계속 보호하겠다'"(사 38:1-6, 현대인의성경).

기도의 위력은 대단하다. 어느 시대나 때에 상관없이 하나님께서 기도를 들으심을 보게 된다. 기도는 하나님과 소통하는 유일한 길이기 때문이다. 전능하신 하나님은 우리의 기도를 들으시고 때를 따라 응답하시는 분이다.

예수님도 우리에게 기도를 가르쳐 주셨다.

"하늘에 계신 우리 아버지여…" - 하나님의 임재에 대한 확인

"일용할 양식을 주옵시고…" - 보편적이고 실질적인 겸허한 요구

"우리 죄를 사하여…" - 죄 사함을 구하는 믿음의 간구

기도를 들으소서

사슴의 다리처럼
높은 곳으로 오르게 하소서
높이 올라 멀리 보게 하소서
기도가 힘이 있어
화살처럼 날아가게 하소서
헛된 일에 분요하여
마음이 흩어지면
무엇으로 멀리 날게 할까
활을 당기는 힘을 주소서
무릎을 꿇는 시간을 주소서
말씀 앞에 겸손을 배우고
말씀이 살아 역사하도록
심령을 단련하게 하소서
주여!
우리는 급한 사역을 하고 있나이다

복음의 진리가 조금도
지체하지 않도록 하소서
그것이 사명임을 깨닫고
믿음의 불을 지피게 하소서
성령의 소욕이
마음의 심령을 지배하소서
그리고
주의 나라가 우리를 통해
뜨겁게 확장되게 하소서

 기도의 힘은 상황을 이기는 능력이 된다. 암담하고 불가능한 일들이 산적한 현실은 절망적이지 않을 수 없다. 그러나 기도는 환경이 주는 불순물을 제거해 준다.

 미국 서북부 지역 케스케이드 산맥 북쪽에 커다란 호수가 있다.
 북으로는 캐나다에서부터 거봉 산맥에서 눈으로 비로 흘러들어 거대한 ROSS라는 호수를 만들어냈다. 협곡이 심한 그곳에 로스 댐이 설치되었다. 수심도 깊고 푸른 호수에서 물이 서서히 댐으로 이동하는데 통나무를 비롯해서 수많은 가지들이 흘러든다. 당국자들이 흘러내려온 통나무들을 걷어내어 쌓아놓은 곳을 보니 산더미를 이루고 있었다.
 기도는 무시로 약해지고 흔들리는 마음을 추스르고 하나님의 능력이 흘러들도록 청소하는 일이라 할 수 있다. 하나님의 역사와 능력의 통로에 불순물이 끼어서는 안 되기 때문이다.

기도는 내 뜻대로가 아니라 하나님 아버지의 뜻을 이루는 데 있다. 기도를 하면 위로의 마음으로 채워주신다. 환경을 이기고 자신을 이길 수 있도록 돕는 것이다. 때론 사탄이 불신앙의 씨를 심어놓고 가기도 한다. 하지만 묵인하고 받아들여서는 결코 안 된다. 성령님의 도움을 통해 속히 제거하고 걷어내는 훈련이 기도이다.

기도는 끝없는 간청이다. 불의한 재판장 앞에 가난한 과부가 매일 간청을 함으로 불의한 재판장이 너무 괴로워 할 수 없이 간청을 들어주게 되었다는 성경 말씀이 있다(눅 18장). 하물며 선하시고 자비하신 하나님이 우리의 간청을 외면하겠는가?

사모인 아내가 매일 의식도 없는 시신과 같은 몸 앞에서 눈물로 찬송을 하며 간구하는 것이 애처로웠다는 간호사들의 말이 있었다.

ICU(중환자실) 병실에 고독하게 누워 있는 자는 세상을 보지도 못하고 듣지도 못한다. 그러나 반응이 없다 해도, 소통이 안 되고 있다 해도 하나의 인격체이며 그 영혼은 잠시 외출을 하고 있을 뿐이다.

외출한 영혼에게 빨리 집으로 오라는 소리도, 사람들이 정치며 경제며 떠들어대는 소리에도 반응이 없다. 세상 곳곳에 분쟁과 자연의 재난 등 뉴스거리도 알 리가 없다. 먹고 마시고 춤추는 세상 사람들의 기쁨도 슬픔도 아랑곳하지 않는다.

열정을 가지고 선교했던 일도 지금은 아무런 소용이 없다.

목적지를 향해 가는 공항 대합실에서 웅성거리는 사람들의 소리도 아무런 의미가 없다.

커피숍에서 이야기꽃을 피우는 아름다운 소리도 들을 수 없다.

내 거니 네 거니 하면서 피터지게 싸우는 소리도 들리지 않는다.

아름다운 산자락 아래 포도송이가 익어가고, 벌들이 부산하게 움직이는 현장의 소리도 들리지 않는다.

거대한 산맥으로 구름층이 넘어가기를 힘쓰는 장면도 보지 못한다.

학교에서 아이들의 소리를 들어보라. 얼마나 생동감이 있는지! 하지만 그 배움의 소리와 우렁차고 힘 있는 아이들의 함성도 듣지 못한다.

급하게 걸려오는 전화소리도 듣지 못한다.

열정적으로 설교하시는 목사님의 말씀도 들리지 않는다.

말도 없고, 반응도 없고, 의식도 없이 죽은 것 같은데 살아 있는 소망 없는 한 영혼이 매일 병동을 차지하고 있다.

소통이 없는 세계, 무아의 세계 속에서 잠들고 있는 자는 결코 소통이 되지 않는다. 밖의 사람들은 소통하고 웃고 울고 즐거워하지만 안에 있는 사람, 즉 세상의 소리를 듣지 못하는 자는 아무런 반응이 없다. 그 영혼은 걱정이 없다.

세상과 결별하고 있는 상태에서는 그 어떤 것도 그의 것이 아니기 때문이다. 소유욕도 욕심도 아무것도 없는 영혼의 상태에 있다.

과연 당신은 누구인가?

무엇 때문에 이런 긴 시간을 병동에 누워 있는가?

하나님과 신령한 대화를 하고 있는 중인가?

지구는 돌고 있고, 사람들은 시간 속에서 시작과 끝을 알리는 분주한 삶을 살고 있는데, 도대체 당신은 왜 지금 깊은 잠만 자고 있는가?

말을 좀 해보라.

아무리 불러보아도 의식불명의 33일은 나에게 아무런 의미가 없다. 설사 몇 년이 된다 해도 의식이 없는 나에게 무슨 말을 하고 명령을 내릴 수 있는가?

나의 시간은 괴롭지 않다. 고통과 힘듦도 없다. 다만 가족과 주위 사람들이 가장 큰 고통을 받는 것이다.

깨어나는 시간도 없고 약속도 없다. 그런 상태는 결코 자의로 된 것이 아니다. 내적, 외적 압력이 나를 그렇게 만들었다.

나에게는 의지가 없다. 깨어난다면 모르지만…하나님의 뜻에 달렸다. 필요하면 되돌리실 것이요, 그렇지 않다면 영원한 곳으로 보내실 것이다. 오로지 '하나님께서 다시 영혼을 돌려보내신다면…' 하는 한 가닥 희망만이 기대치였다.

성경에서 말씀하는 "하루가 천 년 같고 천 년이 하루 같다"는 시간적 시차는 누구도 조정하거나 의지대로 할 수 없는 하나님의 권한일 뿐이다.

성경대로 하루를 천 년으로 계산하면 나는 3만 3천 년(?)을 누워 있는 것이다.

격리된 중환자실에 기계장치를 부착한 채 누워 있는 식물인간이 살아나리라고 누가 생각이나 할까?

시간이 되면 간호사들은 맡은 의무감을 가지고 최선을 다하고 있다. 욕창이 생기지 않게 하기 위해 몸을 돌려가며 약품으로 닦아내는 일이 쉽지 않았을 것이다.

몸은 누워 있으나 내 영혼은 어디론가 가 있음이 분명하다.

그러나 의식을 알 수 없는 상태에서 누구도 알 수 없고, 본인도 그렇다.

하나님이 인간에게 의식을 부여하신 것은 사물을 깨닫고 인식하며 판단하여 양심을 통해 인간의 모습으로 살도록 하신 것이다.

자신을 인식하는 것은 독립된 개체의 영혼으로, 하나님은 일대일로 관리하고 주관하기를 원하신다.

나라는 개체는 세상에 둘도 없다. 오직 나만으로 세상에 왔다가 가게 된다. 누구도 나라는 영역을 침입할 수 없다. 오직 나와 나를 지으신 하나님만이 관계를 맺고 있을 뿐이다.

나와 가족, 그리고 이웃은 같은 공동체로 존재하고 있을 뿐이다. 나를 대신할 수 없는 나의 존재는 누구도 알 수 없고, 알아서도 안 되는 성역이기 때문이다.

한 인간의 실존을 알고 자기와 같은 마음으로 지켜보는 사람은 가족 외에 없다. 가족은 지체에 속한 것이므로 아픔과 고통, 그리고 즐거움과 기쁨을 공유한다.

그러나 공동체라 해도 한 지체가 떨어져 나가면 그것으로 끝이고 정리가 된다. 그가 무슨 일을 당하거나 심지어 죽음을 맞는다 해도 세상의 거대한 흐름에 나의 존재는 먼지와 같을 것이다.

그러나 나를 그의 형상으로 지으신 영원하신 하나님은 잘 알고 계신다. 거대한 시간의 틀 속에 속한 존재들은 자신 외에 어떤 관심도 없다. 아는 사람이라고 해도 죽으면 잠시 애도할 뿐 곧 그의 생각이나 기억에서 떠나고 마는 것이 인간인 것이다.

그렇다고 그를 탓하거나 원망할 이유는 전혀 없다. 다만 시간과 망각으로 인해 자신의 현실이 더 중요하기 때문이다.

나는 지금 조그마한 방에 갇혀 숨만 쉬며 시간 속에서 존재를 확인하고 있을 뿐이다.

세상의 소음 속에서 나의 숨 쉬는 생명의 소리가 들릴 리 없다. 갖가지 기계장치로 몸을 둘렀고, 숨을 쉬고 있다는 모니터의 반응으로만 끝인지 연장인지가 확인되고 있을 뿐이다.

그러나 나의 영혼은 분명히 주님과 깊은 대화를 나누고 있었을 것이다. 그동안 세상에서 어떻게 살았으며, 목회는 어떠했는지 묻기도 하셨을 것이다. 주님을 섭섭하게 한 일도 말씀하셨을 것이며, 나의 어리석은 행동도 말씀하셨을 것이다.

주님은 이렇게 물으셨을 것이다.

> 목회가 재미있더냐?
> 그동안 무엇 때문에 분주하게 살았느냐?
> 하나님께 얼마나 영광을 돌리고 살았느냐?
> 삶에 얼마나 감사했느냐?
> 분노하고 미워하고 원망한 것이 있었느냐?
> 이웃을 네 몸처럼 사랑한 적이 얼마나 있느냐?

네 것을 챙기려고 얼마나 노력하고 수고했느냐?
영혼을 사랑하고 목숨을 다해 목양을 했느냐?
네가 세상을 얼마나 사랑하고 살았는지 아느냐?
네게 주어진 달란트에서 이익을 남기고 살았느냐?

아마도 수많은 이 질문에 다 답하지 못하고 말았을 것이다.

오래전 애틀랜타에서 포틀랜드 집으로 올 때 일이었다.
고도 3만 피트 상공에서 캔자스 지역 위로 비행하고 있을 때쯤 갑자기 성령님이 나에게 이런 질문을 하셨다.
"너는 지금 누구를 위해 목회하느냐?"
곰곰이 생각하면서 이런 답을 드렸다.
"반은 나를 위해 반은 주님을 위해"라고 했다.
당시 주보 칼럼에 실린 것을 보니 다음과 같이 기록한 것이 있었다.

산 뒤에 무엇이 보이지 않아도, 저 강물 속에 무엇이 있는지 몰라도 답답할 일이 없지만, 마음에 오는 하나님 뜻을 알지 못할 때는 그렇지 않다.
진리가 강물처럼 흘러들어도 마음은 깨닫지 못할 때가 있고, 주님의 손길이 와 닿아도 외면하며 살 때가 있다.
이슬이 내리고 간밤의 찬기가 아직 대지에 깊이 머무르고 있는 여명의 시간, 약간의 굉음을 내면서 비행기는 벌써 잠든 도시를 빠져나간다.

강을 건너고 산 위를 지나도 아무런 저항을 받지 않고 초월의 힘을 지닌 것처럼, 인류의 역사에 이렇게 창공을 나는…

오하이오 벌판에서 하늘을 나는 시도를 하였던 라이트 형제 이야기는 옛 동화 같은 말이 되었다.

거봉의 산들은 벌써 하얀 눈으로 몸을 단장했다.

고도를 잡았을 때는 북극의 빙설 같은 구름세계로 착각을 일으키기에 충분했다. 갑자기 내 마음속 깊이 주님이 물으셨다.

"너는 누구를 위해 목회하느냐?"

약간의 망설임이 있었다.

아마도 주님의 질문에 정확한 답을 생각해 보려고 마음을 꼬고 있었을 것이다.

응답이 새로 왔다.

"나를 위한 목회를 하라."

주님을 위한 목회라지만 세상을 생각하고 타협한 일이 없지 않았으리라.

실로 분명한 말씀이요, 당연한 말씀이 아닌가!

보다 귀한 뜻을 얻어 보려고 이렇게 질문을 했다.

"어떻게 하는 것이 주님을 위한 온전한 목회입니까?"

조금도 지체 없이 마음의 응답이 임했다.

"너를 비우고 나로 채우는 것이니라."

"어떻게 해야 주님으로 채울 수 있습니까?"

이러한 질문은 나로 하여금 깊은 영적 세계로 안내하셨고, 크고 놀라운 비밀을 미처 노트에 적기도 전에 응답과 응답으로 연결

되었다.

너무 놀라운 깨달음, 감동이 마음으로 부딪쳐왔다.

목회는 하나님의 뜻을 이루는 수단이라는 것을…
간교한 사탄은 끊임없이 교회가 세속화되도록 유도할 것이고, 신앙인들로 하여금 헛된 것을 추구하게 하여 정신을 차리지 못하게 할 것이다.
하나님께서 "너는 내 것이라" 해도 "나는 나의 것이니이다"라고 대답할 것이 뻔하다. 엘리사를 둘러 진을 친 아람 군대에 놀라 사환이 "아아, 내 주여 우리가 어찌하리이까?" 하는 말과 다를 바 없다. 눈이 열려지지 않았으니 주님이 예비하신 천군을 어찌 볼 수 있을 것인가?
'주님을 위한 삶, 그것은 과연 무엇인가?' 이런 질문에 일찍이 응답할 수 있다면 주님을 위한 뜻을 세울 수 있지 않을까! (홍래기 목사 칼럼)

나의 헌신도 알고 계실 것이고, 목양하면서 교만한 것도 아실 것이고, 충성한 부분도 알고 계실 것이다. 주님은 책망보다도 위로를 많이 하셨을 것이다. 아마도 그 대화는 시공간을 초월하였을 것이다.
나의 육체는 좁은 공간 안에서 숨만 쉬고 있었지만, 영혼은 자유롭게 은혜의 세계에서 즐거움을 누리고 있었을 것이다. 그러나 그런 과정은 결코 오래가지 않을 것이다. 시간이 급하기 때문이다. 할 일도 많고 해야 할 것도 산적인데 언제까지 지체할 것인가?
이 병실은 관계자 외에는 출입하지도 못하는 곳이다. 보호자

한 사람만이 특별한 옷을 착용하고 들어오는데 그것도 시간이 제한되어 있다.

아내는 아침 일찍 아들들을 학교에 등교시키고, 곧바로 나에게 달려온다. 그리고 오후가 되면 집에 돌아가 아이들을 챙기고, 저녁이면 병원으로 달려와 어제도 오늘도 똑같은 모습으로 반응 없는 남편을 보면서 또다시 눈물을 훔치는 것이다.

"여보, 어찌 누워만 있어요. 내가 누구에요? 눈을 뜨고 말 좀 해봐요."

이런 일이 일상이 되고 만 것이다. 의식이 멀리 가고 없는 존재 앞에서 아무리 외치고 소리를 내어도 듣지 못하고 반응도 없는 물체와 같은 나에게….

잠을 자고 깨는 것이 신기하고 놀라운 것이다. 죽은 듯 잠을 자고 나면 자신이 누구인지를 인지하고 알고 느끼는 현실의 자기 존재가 있다는 것이 감사한 일이다. 거기에 기억까지 작동되면 여전히 자신을 알고 남을 아는 인식의 능력을 가지고 있는 것이 신비하고 경이롭다.

마음을 비우면

마음을 비우면
무엇이 보일까
빗물에 젖은 노란 잎처럼
더 이상 감출 것이 없는

소박함과 겸손을 본다
바람결에 힘없이
떨어져 날리는 잎새는
소욕이란 것이 떠나 있다
비운 마음은 고집하지 않는다
잎새는 모든 것을 비우고
먼 여행을 떠날 준비를 한다
마음을 비우면
자연을 통해 교훈을 배우고
주님의 계시를 발견하게 된다
낙엽은 발자취를 남기지 않는다
자기의 이름을 위해
세속에 굴복하지 않아야 한다
마음을 비우면
더 이상 끌어당길
명분이 없기 때문이다
마음을 비우면
자연의 계시가 가을 하늘보다
더 맑고 곱게 나타나 보인다

비상대책

교회는 비상대책을 세우게 되었다.

목사가 회생할 기미가 보이지 않자 그동안의 목회 계획을 수정하기에 이르렀다. 교회 건축은 물론 앞으로의 상황을 의논하면서 갑론을박이 계속되었다. 결국 젊은 부부들은 교회를 하나둘씩 떠나게 되고, 나이 많은 분들만 교회를 지키고 울부짖고 기도하는 상황에 이르렀다. 매 주일 목사를 초빙하여 강단을 지켰으나 그것도 한계에 다다랐다.

교회 건축도 취소되고 재정을 충당하느라 웬만한 것들은 처분하게 되었다. 교회는 쓰러져 의식도 없고 호흡만 있는 식물인간에게 어떤 기대도 할 수 없고 가치도 없다고 판단을 내린 사람들이 더 이상 머물 수 없는 상황에 이르렀다.

세상에는 효용가치라는 것이 있다. 지금의 자신에게 필요하고 욕구를 충족시키는 어떤 것이 있다면 가치가 있지만, 그렇지 않으면 필요하지 않은 것이다. 신앙도 그렇다. 자신의 신앙을 만들어가는 과정에서 덕이 되지 않는 것에 대해서는 가차 없이 결단을 내리고 신앙에 유익한 것을 찾아가는 것이 어찌 보면 현명한 것이다.

교인들도 자신을 위한 신앙이지 타인의 신앙과는 관계가 없다.

은혜를 받으면 기쁨이고 즐거움이지만, 그렇지 않으면 냉랭하고 훌쩍 떠나버리는 생태계의 현상과 같은 것이다. 그들을 탓하거나 원망할 수는 없다. 오히려 그들에게는 또 다른 기회가 되기 때문이다.

신앙은 자신을 지키는 힘이지 타인까지 돌볼 여유가 없었을 것이다. 다만 그의 가족과 친지, 그리고 끝까지 가자는 성도가 있을 뿐이다. 고통 안에서는 좌우로 살필 시간적 여유가 없다. 오로지 생과 사의 두 길에서 갈등이 존재하고 있을 뿐이다.

과연 고통을 통해서 얻는 것이 무엇일까?

필립 얀시의 《고통이라는 선물》에 이런 글귀가 있다.

고통은 절대로 외부에서 침투하는 적이 아니다. 나의 몸이 나에게 어떤 위험을 알려 주기 위해 파견한 충성된 전달자다. 고통의 신호를 침묵하게 하려고 지나치게 반응하는 것은 사실상 역효과를 가져올 수도 있다.

미국에서는 1년에 3만 톤의 아스피린을 소비한다. 즉 1인당 평균 250알을 소비하는 것이다. 더 새롭고 더 좋은 진통제가 계속 소개되고 있고, 소비자들은 그 약을 꿀꺽 삼켜 버린다. 판매되는 마약의 3분의 1이 중추 신경계에 영향을 미치는 물질이다. 세계 인구의 5%에 해당하는 미국인들이 세계에서 생산되는 마취제의 50%를 소비한다.

그러나 이러한 탐닉의 결과는 무엇인가?

나는 미국인들이 고통이나 고난에 대처할 준비가 더 잘되어 있다는 증거를 거의 발견하지 못했다. 끔찍한 현실을 피하기 위한 일차적인 수단으로 마약이나 알코올 중독이 우후죽순처럼 번져왔다. 우리가 가진 모든 자원에도 불구하고 왜 우리는 고통을 '해결'할 수 없는가?

많은 사람들은 고통을 제거할 수 있는 능력을 해결책으로 얻고 싶어 한다. 그러나 나는 만일 과학자들이 정말 완전한 '무고통'의 약을 만드는 데 성공한다면 어떤 일이 생길지 두렵다.

과학 기술의 발전으로 고통의 소음을 없애는 좀 더 효과적인 방법이 개발됨으로써 나는 이미 무서운 징조들을 보게 된다. 우리는 고통을 제거하는 것을 통해 그것을 '해결'하려고 애쓰기보다, 먼저 고통에 귀를 기울인 다음 그것을 처리해야 한다. 그러한 변화는 근본적인 태도의 변화를 요구하는데, 그것은 '우리가 고칠 수 있다'는 미국인들의 낙관주의적 기질과는 상반되는 태도가 요망된다(폴 브랜드, 필립 얀시 지음, 《고통이라는 선물》).

지렁이 같은 야곱아

세상의 미물 가운데
가장 느린 것 중에 하나가
지렁이이다
온몸을 꿈틀거려야
움직인다
땅위로 나올 때는
비가 오거나 구름이 낄 때이다

그러다가 햇빛이 내리쬐이면
땅속으로 숨어들어야 한다
어쩌다가 숨을 곳이 없다면
온몸의 수분이 빠져
서서히 죽음에 이른다

기회와 때를 따라
마음을 주거니 받거니 하다가
불리하면 스스로
자신의 속성을 숨긴다
자기라는 큰 성을 만들고
그 안에서만 만족을 누리는
자아도취성에 빠진 자를
지렁이 같은 이라 부른다

자신의 이익을 위해
수단 방법을 가리지 않고
상대의 유익을 훔치는 것을
지렁이 같은 자라 한다
하나님은 야곱을
지렁이 같은 자라 불렀다
그러나 야곱은 얍복 강에서
환도뼈가 위골되면서
비로소 영적인 축복을 얻었다

고난을 통해 듣는 주님의 음성

고난은 누구에게나 찾아온다. 다만 그 고난을 승화시키는 데 고난의 진정한 가치가 있는 것이다.

여류 곤충학자인 찰스 코우만은 애벌레가 나비로 변신하기 위해 작은 고치를 뚫고 나오는 과정을 1년여 동안이나 관찰했다.

한번은 애벌레가 고치를 뚫지 못하고 오랫동안 힘겨워하는 모습을 보고 안쓰러운 마음에 가위로 고치 구멍을 조금 잘라 주었다. 그녀는 애벌레가 고치에서 손쉽게 나와 세상을 힘차게 훨훨 날아다니리라고 생각했다. 그런데 고치에서 나온 나비는 날개를 펴지 못하고 바닥에 날개를 질질 끌고 다니다가 힘없이 죽고 말았다.

나비가 되기 위해서는 힘들지만 나비 스스로의 힘으로 고치를 뚫고 나와야 했던 것이다.

고난 없는 영광이나 승리는 세상 어디에도 없다. 고난을 믿음으로 바꾼다면 그처럼 귀한 보물이 어디 있을까?

성경의 신앙 인물들을 보면 고난을 거치지 않는 분은 없었다. 있어도 고난, 없어도 고난이 임했다.

사도 바울은 복음을 증거하면서 받는 고난이 사형선고를 받은 것 같은 느낌이었다는 고백도 했다. 그는 이 고난을 통해 "나를 의지하지 않고 죽은 자를 살리시는 하나님을 의지하게 되었다"라고 고백했다.

C. S. 루이스(Clive Staples Lewis)는 고난에 대해서 이런 말을 한 적이 있다.

"고난은 귀머거리에게 하나님을 알게 하는 신비한 확성기다."

세상의 소리에 귀를 기울였지만 고난은 하나님의 소리를 듣도록 하는 유도 장치이다.

욥은 고난을 통해 귀로 듣던 신앙이 보는 신앙으로 변화되었다고 고백했다.

> "내가 주께 대하여 귀로 듣기만 하였사오나 이제는 눈으로 주를 뵈옵나이다"(욥 42:5).
>
> "내가 가는 길을 그가 아시나니 그가 나를 단련하신 후에는 내가 순금같이 되어 나오리라"(욥 23:10).

고난은 자신을 보게 하는 거울이며 참된 가치가 무엇인지를 발견하게 하는 통로이다. 고난과 고통은 당신의 생명이 존재를 점검하고 있다는 진단이다. 고통은 자신을 돌아보게 하는 유일한 측량자이다. 고통의 당사자가 아니더라도 가족은 또 얼마나 고통을 느끼고 있는가. 고통은 미래를 열게 하는 가치의 기준인 것이 분명하다. 여인에게 해산의 고통이 있지만 아이를 얻고 난 후에는 더 큰 기쁨이 있는 것과 같다.

아내가 끝까지 버티고 소망을 가졌던 것은 특별한 이유가 있었다. 쓰러지기 전 남편 목사의 아주 특별한 꿈 이야기 때문이다.

아주 생생한 특별한 꿈

•
•

내가 쓰러지기 약 한 달 전의 일이었다.
어느 날 밤에 나는 아주 특별한 꿈을 꾸었다.
나는 꿈을 꾸면서 비명을 지르고 고통스러워하면서 깼다. 땀으로 범벅되어 아직도 꿈을 그대로 느끼면서 비몽사몽하고 있었다. 어떻게 이런 무섭고 끔찍한 꿈을 꿀 수 있을까?
나는 아내에게 아주 특별한 꿈을 꾸었다고 말했다.
그때 꿈은 내 생애에 있어 가장 실질적이고 현실처럼 느끼는 체감의 꿈이었다. 십자가에 달리신 예수님에 대한 성경의 말씀이 그러거니 했던 내가, 십자가에 달려 죽는 무섭고도 생생한 체험의 꿈이었다.
십자가에서 대못이 박히는 순간 비명을 질렀다. 커다란 대못이 나의 손에 못 박혀 가는 과정이 얼마나 끔찍하고 괴로운지… 차마 말로 표현할 수 없는 아픔이었다.
거기에 발등에까지 못이 박힐 때에는 꿈에서도 의식을 잃을 정도로 처절한 아픔을 느끼면서 "주여! 주여!" 하고 외쳤다.

꿈이란 참으로 신비스럽고 요상하기도 하다.
현실에서 볼 수 없는 일과 사건이 실제처럼 주어지기 때문이다.

왜 이런 꿈을 꾸었을까?

어쩌면 한 달 후에 있게 될 식물인간의 상태를 미리 보여주는 것이 아닐까. 그렇다면 그 꿈은 예고편이 된 것이다.

나는 신학생 때에 부활절 절기를 앞두고 신학교 강단에서 철야기도를 할 때, 비몽사몽 가운데 십자가 밑에서 붉은 피가 뚝뚝 떨어지는 환상을 본 적이 있었다.

피가 떨어지면서 흙모래에 스며드는 모습이었다. 마치 멀리 나뭇가지에 앉아 있는 독수리를 망원렌즈로 줌인 하여 눈을 크게 떠 보는 것과 같이 십자가 아래에 떨어지는 핏방울을 본 것이다.

목회를 하면서 환상이나 꿈은 전혀 없었다.

그리고 웬만해서는 꿈을 믿지 않는 편이다.

온몸이 땀으로 범벅되어 깨어난 나는 무슨 뜻인지를 헤아려 보려고 애썼다.

'주님은 왜 내게 이런 꿈을 실감나게 체험하도록 하셨을까?' 하는 의문이 들면서도, 한편으로 목회자로서 가장 큰 축복의 꿈이 아닐 수 없었다.

수많은 설교를 하면서 십자가 주제는 **빼놓지 않은** 단골 메뉴처럼 전한 말씀이었기 때문이다.

기독교에 있어 십자가 사건은 인류에게 가장 큰 사건이었다.

인간의 죄를 대속하기 위해 하나님의 독생자를 속죄제물로 내준 십자가는 인류의 가장 큰 희망이며 하나님의 사랑을 확증한 증거이다.

십자가는 기독교 안에서 가장 중요한 진리이다.
바울은 십자가에 대하여 이렇게 말했다.

"십자가의 도가 멸망하는 자들에게는 미련한 것이요 구원을 받는 우리에게는 하나님의 능력이라"(고전 1:18).

호크마 주석에서는 십자가의 도를 이렇게 정의했다.
"'십자가의 도'란 '십자가에 관하여 전하는 말로 십자가를 통하여 인류가 구원받는 진리'를 의미한다."
언젠가 나도 십자가의 진리를 이렇게 적어 본 적이 있었다.

십자가의 도

십자가의 도는 만남이다
죽음에서 생명의 만남이다

십자가의 도는 하나님의 형상을 되찾게 한다
잃어버린 자식을 찾는 상봉의 기쁨이다

십자가의 도는 하나님의 사랑이다
죄인을 불쌍히 여기고 용서를 베푼 사랑이다

십자가의 도는 능력이다

십자가의 도는 사망의 권세를 이긴 능력이다

십자가의 도는 진리의 길이다
어그러지고 무너진 길에서 바르게 하는 평탄의 길이다

십자가의 도는 대화이다
막힌 뜻이 열려지고 화목의 말이 오고 간다

십자가의 도는 하나님의 만족이다
자식을 찾으려는 아버지의 마음이다

십자가의 도는 실천신앙의 현장이다
이해와 용서 그리고 관용과 사랑이 있는 현장이다

십자가의 도는 이웃을 찾는다
영혼을 찾는 간절한 열망이 끓어오른다

십자가의 도는 자신의 무덤이다
옛 사람을 죽이고 새 사람을 입는 것이다

십자가의 도는 진리를 발견케 하는 등불이다
지혜의 영감을 따라 진리 가운데로 인도를 받는다

십자가의 도는 내일을 여는 창이다
꿈과 소망을 부풀게 하여 새 역사를 만든다

십자가의 도는 순종이다
예와 아멘의 신앙으로 만들어진다

그리스도의 사랑

사막에 이슬이 내리면
뜨거운 열기 속에 묻혀
목말라 했던 생명들은 안도의 숨을 쉰다

죄의 덫에 걸려 있던 영혼들이
십자가의 보혈로 사슬이 끊어지면
자유를 누리게 된다

목말라 했던 영혼들이
그리스도의 은혜를 입으면
삶의 가치와 방향이 바뀐다

십자가의 고통을 함께하면
주의 뜻을 찾게 된다
십자가의 사랑을 느끼면

암덩이 같은 욕망을
떼어내기 시작한다
그래서
십자가는 사랑이며 능력이다

예수님의 십자가 체험을 어떻게 할 수 있겠는가?

나는 십자가의 죽음을 꿈에서라도 체험한 것이 목회사역 가운데 가장 큰 은혜로 여기게 되었다.

이런 꿈을 꾼 다음 한 달 후에 나는 죽은 것 같은 상황에 이르렀다.

33일 동안 특별 병동에서 심장만 뛰고 있는 환자, 의식이 없이 각종 기계와 호흡기 등으로 장치된 나는 과연 깨어날 수 있을까? 뇌졸중까지 겹쳐 도무지 회생이 불가능한 상태에서 과연 무엇을 기대할 수 있겠는가.

중환자실에 누워 생사를 알 수 없는 상태에서 나는 무엇을 하고 있었을까?

세상에는 수많은 인간과 생명들이 움직이고 운행하며 시침이 짤깍거리고 있는데, 나는 전혀 알 수 없는 상태에서 어떤 시공간에 머물고 있었는가.

죽은 듯 반응이 없는 송장 같은 자 앞에서, 아내는 찬송을 하고 독백을 했다고 한다.

말을 들을 수 없는 자 앞에서, 그래도 숨을 쉬고 있는 생명 앞에서 눈물이 마른 상태에서 나를 보고 있는 아내의 심정은 어떠했을까. 물론 이 글을 쓰는 것은 전적인 아내의 도움으로 정리하고 있다.

의사는 어느 날 아내에게 넌지시 할 말이 있다며 만약 깨어난다 해도 많은 후유증이 있을 것이라고 했다. 뇌졸중과 간, 그리고 콩팥까지 겹쳐 있어 그 결과를 조심스럽게 알려 주었다.

첫째는, 반신불수가 된다고 했다.
몸의 한쪽이 마비되어 제 기능은 물론 생활에 막대한 불편과 어려움이 동반될 것이라 했다.
둘째는, 언어장애가 수반된다고 했다.
언어는 감정의 표현이며 전달의 수단인데, 그 의사를 표현할 수 없는 일종의 언어불구자가 되는 것이다. 말이 아둔하고 표현이 제대로 전달되지 않는 상태로 소통에 막대한 지장이 있을 것이라는 것이다.
목사는 말로 복음을 전하고 성도와 소통 관계를 맺고 있는데, 심장과 같은 곳이 도려내졌다면 얼마나 비참한 일이겠는가?
셋째는, 기억상실이 있을 것이라고 했다.
인간에게 기억장치는 얼마나 중요한가. 참으로 암담한 현실이다. 기억의 일부를 잃어버리면, 지각하는 기능이 망가지면 어떻게 알고 판단할 것인가?
사람에게는 보물창고인 기억장치에서 그 기능이 없어진다면 그는 살았으나 죽은 자가 되고 말 것이다.

이런저런 설명을 한 담당의사는 자기들로서는 최선을 다할 것이지만 하나님의 도움이 절대적으로 필요함을 강조했다.

그리고 호흡기를 떼면 그 즉시로 죽음으로 건너가는 상태이다. 참으로 삶과 죽음이란 종이 한 장 차이인 셈이다. 의식도 없고 거의 죽어 있는 상태에서 살았어도 힘들고 어려운 상황까지 다다랐다.

아내는 의사들이 이렇게 최선을 다해 살려보려고 힘쓰는 것이 고마웠다. 그들도 의사의 최선 더하기 하나님의 도움이라고 했다. 나의 상태는 하나님의 도움이 없이는 불가능한 일이다.

아내는 내가 꾼 십자가의 꿈을 기억하고 희망을 갖게 되었다. 십자가의 꿈을 듣지 못했거나 이 꿈이 없었다면 생각이 분명 달랐을 것이다.

십자가는 분명 죽음이다.

나의 십자가의 꿈은 부활을 예고하고 있었다. 할렐루야!

십자가 뒤에는 반드시 부활이 있다.

부활은 전적인 하나님의 능력이다.

그 하나님의 능력이 어찌 없겠는가?

그 체험은 오직 믿음으로만이 가능한 부분이다.

아내는 부활의 능력을 믿고 기대하고 있었다.

아내는 나의 꿈을 기억하고 반드시 생명의 부활과 같은 일이 일어날 것이라고 믿고 기대했기 때문에 호흡기를 떼어내는 것은 상상도 하지 않았다.

왜냐하면 십자가의 죽음에는 반드시 부활이 있기 때문이다.

그리스도의 죽음이 없다면 인류의 속죄함이 없을 것이고 결코 새 생명의 은혜를 입을 수 없는 것이다.

사도 바울은 '부활이 없다면 믿는 자가 가장 불쌍한 자가 될 것'이라고 했다. 어쩌면 십자가에서 죽은 꿈을 통해 하나님께서 미리 뜻을 알리신 것이 아닌가 싶다.

죽음 같은 절망의 삶에서도 화려한 부활의 꽃은 피어난다.

고통의 시련이 장애물이 되어 더 이상 전진할 수 없는 지경이라 해도, 부활의 힘이 있고 생명의 힘을 주시는 분이 전능한 주님이시기 때문이다.

33일 동안의 침묵

•

미국 남가주 로스앤젤레스 타임즈에 화려한 컬러판 Miracle Flowers(기적의 꽃들) 사진이 실린 적이 있다.

동쪽으로 샌버나디노 카운티 지역에 핀 화려한 꽃들이었다.

비가 거의 없는 사막 지역에 엄청난 비가 쏟아져 내렸다. 그것도 일주일 이상 비가 내렸고, 빗물이 땅으로 스며들면서 기적의 일들이 일어났다. 수년 수백 년의 씨앗들이 땅에 묻혀 있다가 비를 만나 부활을 맞은 것이었다.

지금까지 보지 못했던 화려한 꽃들이 피어나자 보는 이들마다 기적 같은 일이라고 탄성을 질렀다. 그곳에 피어난 꽃들은 그야말로 장관을 이루었다. 이렇듯 생명의 일어남은 하나님의 솜씨며 능력인 것이다.

인간의 삶과 죽음도 주관하시는 전능하신 하나님을 믿는 것은 축복 중에 큰 축복이다.

그 당시 큰아들 요한은 타코마에서 초등학교 교사로 일하고 있었다. 학교 수업이 끝나면 고속도로 5번을 타고 한 시간 동안 운전하여 병원에 들르곤 했다. 여러 번 개척교회를 하면서 함께 울고 짐을 졌던 장남이다.

세 살 때 영국 유학 시절에도 언어와 문화가 다른 유치원에 아침에 등원을 시키고 나오면 창문에서 내가 사라질 때까지 지켜보던 아이였다. 그 아들은 응답도 없는 아버지를 바라보며 무슨 생각을 하고 있었을까?

지금까지 목회지를 여러 번 이동하다 보니 학교를 옮겨 다니는 번거로움에도 불평 없이 따르던 요한이는 지금 아버지를 보면서 뭐라고 기도했을까?

아마도 "아버지는 목사요, 하나님의 종이지요. 좋은 주인의 뜻을 따라 사는 순복의 일꾼이지요. 주인이 이래라 하면 이렇게 하고 저래라 하면 저렇게 하잖아요. 우리 아버지를 어떻게 하실 거예요. 이제 그만 하시고 깨어나게 해주세요, 주님…"이라고 했을 것이다.

33일 동안 내 영혼은 어디에 가 있었을까?

예수님은 33년 동안 이 땅에 사시면서 제자를 부르시고 사역하셨는데, 나는 33일 동안 어디서 무슨 일을 하고 있었는가?

후일에 많은 사람들의 질문 내용이 그랬다.

"목사님이시니까 천국을 봤겠네요, 혹시 지옥도 봤어요?"

나는 가끔 기억을 해보려고 애를 썼다. 그때 분명히 어디론가 가서 본 것이 있을 텐데…. 그러면 아내는 "생각을 만들지 마세요" 했다. 그러다가 이단이 된다면서…. 설사 천국을 봤다 해도 깨어나는 순간 주님께서 기억장치에 있는 기억을 지웠을 것이다. 다행한 일이 아닐 수 없다.

만약 천국을 보고 왔다면 나는 하나님께 영광을 돌리기는커녕

마귀에 사로잡혔을 수도 있을 것이다. 교만은 사람을 그렇게 만들기 때문이다.

병실의 모니터는 여전히 같은 곡선을 그리고 있었다. 기계장치에 부착된 것들이 한 인간의 생명이 살아 있음을 증명하고 있다. 그러나 더 이상 가망이 없다면 보조 장치는 떼어낼 것이고, 한 생명은 이 땅에서 끝을 내고 또 다른 나라로 옮겨갈 것이다.

한 생명이 이 땅에 왔다가 가는 것은 복잡하기도 하고 단순하기도 한 일이다. 다만 다른 사람들과 정을 쌓고, 알고 있는 사람들과 교류가 없다는 것이 아쉬울 뿐이다.

간호사는 시간마다 정기 검진을 한다.

고독한 방이다.

관계자 외에는 출입이 제한된 곳이라 더더욱 그렇다.

아내는 어느 때는 간이침대에서 잠을 자며 찬송을 부르고 하소연하면서 눈물을 짓기도 했다. 한 사람의 어려움으로 많은 사람이 고통을 당하고 있었다.

교단 소식란에는 홍 목사가 원인 모를 병으로 사망했다고 알려졌단다.

교회 일은 전체가 마비가 되었다.

임시 목사가 와서 주일 설교를 하지만 모든 일이 정리되지 않은 상태로 어설프기 짝이 없는 것이다. 결국 가망이 없다는 소식이 전해지자 젊은 성도들이 하나둘씩 교회를 떠나도 붙잡을 힘도 능력도 없었다고 아내는 말한다.

그도 그럴 것이 소망의 빛이라도 있으면 썩은 노끈이라도 잡고 기도할 텐데. 인간에게 가망이 없고 소망의 불이 꺼졌다면 그보다 참담한 일이 어디 있겠는가?

예수님은 33년 동안 이 땅에서 많은 이적과 능력을 통해 하나님의 나라를 선포하셨다. 그뿐 아니라 12제자들을 불러 그리스도의 본질과 의를 나타내 보이셨다. 인간으로서 삶의 기준과 길, 그리고 옳고 바른 좌표 선정까지 마무리하셨다.

가장 큰 사건은 십자가를 통해 죄 사함의 길을 열어놓으셨고 믿음의 반석을 놓으셨다. 더 나아가 영원한 영생까지 얻도록 하실 뿐 아니라 자신의 이름을 사용할 수 있도록 믿는 자들에게 위임까지 허락하신 위대한 사역을 이루셨다.

이 얼마나 놀랍고 경이로운 일인가!

나는 33일 동안 무엇을 했는가. 주위 사람들에게 많은 걱정과 안타까움을 주었다. 병동의 환자들은 그래도 웃고 울고 하다가 떠나가지만 여전히 침묵하고 있는 침대의 환자는 답이 없다.

모니터에 큰 진동이 일어나다

●

그러던 어느 날 모니터의 그래픽이 진동하고 곡선이 더 높게 그려지고 있었다.

33일 동안 같은 곡선의 모양에서 변화가 생기기 시작했다. 모니터는 환자의 방뿐 아니라 간호사의 대기실에도 있다. 모니터에 곡선이 생길 때마다 '삐' 하는 음파 소리를 낸다. 드디어 33일 만에 이 소리가 진동하게 되자 간호사와 의사들이 놀라 달려왔다. 의사들과 간호사들은 엄청난 일이 벌어지고 있다는 것을 직감하고 감동에 젖었다.

믿음이 있는 사람이라면 정말 하나님의 역사라고 할 것이지만, 믿음이 없는 관계자들은 언제라도 생명이 멈추면 시체실로 옮길 것이라고 생각했을 것이다.

한줄기의 빛이 가느다랗게 비치는 것이다.

빛은 위대한 힘이며 능력이다. 빛은 어둠을 몰아내고 아름다운 세상을 보게 한다.

> "예수께서 또 말씀하여 이르시되 나는 세상의 빛이니 나를 따르는 자는 어둠에 다니지 아니하고 생명의 빛을 얻으리라"(요 8:12).

나의 의식이 어디로 외출하였다가 왔는지, 나의 위치가 어디에 있는지, 나의 존재가 어디에 머물고 있었는지 알 수 없었던 시간에 나를 부르는 것이다. 주님께서 주신 새로운 삶이 허락되는 순간이었다.

아직 할 일이 있고 사역이 남았다는 증거인 것이다. 더 많은 헌신과 충성의 기회를 주신 것은 전적인 주님의 배려였다. 하나님 앞에서 상급을 계산하게 될 때 좀 더 상급을 주시려는 기회였다.

주님이 우리를 깨우는 소리는 수없이 많았을 것이다. 그러나 무엇 때문에 주님의 소리를 듣지 못하고 살아갔을까 하는 아쉬움도 적지 않았다.

조용한 서곡이었다. 생명을 되돌리는 의식이 서서히 몸 안에 혼의 세계로 진입하고 있었다. 우주선이 임무를 마치고 지구로 귀환하려고 대기권으로 접어드는 것과 같이 소성이라는 생명의 빛을 주님은 보내고 있었다.

나의 영혼은 깊은 흑암 가운데 있었는지, 주님 앞에서 대화를 하고 있다가 시간이 다 되어 보낸 것인지 알 수 없지만, 분명한 것은 하나님께서 새로운 영적 소성의 힘을 보낸 것이다.

바로 기적이었다. 그래서 지금도 담당 의사들은 나를 기적의 목사라 부르고 있다. 모니터가 떨리고 있었다. 아니 울고 있었다고 해야 할 것이다. 아내도 놀라고, 의사들은 당황하고, 간호사들은 새로운 탄생을 맞는 것 같은 흥분을 감추지 못하였다. 식물인간이 생명을 찾아 다시 왔다는 신호는 그들에게 가장 큰 보람이며 기쁨이 아닐 수 없었다.

의식이 돌아오다

33일 만에 의식이 돌아온 것은 전적인 하나님 은혜였다.

불가능을 가능케 하시는 전능하신 하나님은 연약하고 볼품없는 자를 불쌍히 여기사 다시 소성케 하셨다. 여기에는 주님의 크신 뜻이 있을 것이라 생각된다.

예수님은 십자가에서 처절한 고통과 아픔으로 죄인들의 영혼을 위해 죽으셨다. 예수님이 3일 후에 무덤에서 나오셨다는 기쁨이 얼마나 컸을지는 짐작하고도 남는 일이다.

어쩌면 4악장에서 피날레를 할 때 "할렐루야 할렐루야" 하는 감동적이고 우렁찬 새 생명의 소리일 것이다.

오랜 시간 동안 감겨 있던 두 눈이 껌벅거리기 시작했다.

눈이 껌벅거리는 현상은 또 다른 징조요 신호였다. 뇌의 파장이 새로운 선율을 타고 힘차게 움직이기 시작한 것이다.

33일이었지만 아내와 가족들에게는 수년의 고통을 겪는 것과 같았을 것이다.

아내는 나의 눈꺼풀이 사르르 흔들리고 있는 상태에서 "여보! 내가 누구야?" 하는 추궁을 하였다.

"여보, 눈을 떠봐!"

의식이 돌아오고 있었다. 멀리 여행을 떠났다가 반갑게 귀환한 것이다. 의식이 돌아오면서 내뱉은 나의 첫마디는 "맨날 누구네…"라는 소리였다. 이것이 지금까지의 식물인간 생활을 종식하는 선언인 동시에 새로운 시작임을 알리는 신호였다.

이 소리는 아내가 매일 나에게 "여보, 나 누구야? 나 누구야?" 하는 말이 앵무새처럼 귓전에 전달되었기 때문이다.

이 물음은 담당 의사 말이 내가 깨어나도 기억상실증이 있을 수 있다고 무시무시한 각오를 요구했던 까닭이다.

나는 의식이 돌아오면서 첫 대답을 '맨날 누구네'로 화답한 것이다.

인간에게 대화의 상대가 있다는 것이 얼마나 소중하고 귀한 일인가. 하나님께서 나의 생명을 다시 돌려주신 까닭은 내가 해야 하는 주의 사역이 남아 있기 때문이라고 생각했다. 가족 모두가 죽음이란 강 건너 저편에서 다시 이편으로 돌아온 것을 기뻐하고 있었다. 가면 다시 볼 수 없는 아쉬움 때문일 것이다.

병원에서는 새로운 탄생을 알리는 팡파르를 울렸다.

담당 의사팀도 긴급소집을 하여 일어난 경과 보고를 하느라 바빴다. 점점 회복의 속도가 가속화되면서부터 의사는 또 다른 걱정을 하고 있었다.

의식의 역할은 활동을 조정하는 것이다. 의식은 자기 속에 있는 것을 내놓기도 하고 자기에게 생기는 일을 받아들이기도 한다. 인간은 누구나 육체와 의식으로 이루어져 있다. 육체는 의식을 도와주는 역할을 하고, 의식은 육체를 조종하는 운전사 역할을 한다. 의식은 모든 인간 활동의 근원이다. 곧 자기라고 할 수 있다. 의식의 근원에 있는 일들에 따라서 판단과 행동, 그리고 성질이 결정된다.

과학 논문에서는 의식을 이렇게 말하고 있다.

인간의 두뇌는 어떻게 의식을 형성할까? 뇌를 하나의 컴퓨터라고 생각할 때, 우리의 두뇌가 다양한 정보('나는 살아 있다', '나는 사람이다', '나는 기억을 갖고 있다', '바람이 차다', '잔디는 푸르다' 등)를 구성·저장·인출하는 과정을 상상하는 것은 어렵지 않다.

그런데 뇌는 이 같은 명제들(propositions)을 어떻게 인식할까?

철학자인 데이비드 찰머스는 이 질문에 다음과 같이 대답했다. "의식에 관한 질문은 두 가지 관점에서 해석될 수 있다.

첫 번째는, '뇌가 자기 자신과 주변 환경에 대한 정보를 어떻게 계산하는가?'이며, 두 번째는 '뇌는 자신이 계산한 결과를 어떻게 인식하는가?'이다. 첫 번째 문제는 쉽지만, 두 번째 문제는 매우 어렵다."

의식은 하나님께서 인간을 창조하실 때에 그 인격의 성품에 포함되게 한 자의식으로 되어 있다. 분명히 인간은 의식을 통해 창조주를 알 수 있도록 계시로 보여주고 있다.

의식이 없다면 생명이 없고 의식하지 못하면 깨닫거나 인지하는 능력이 없는 것이다. 자연 만물의 이치를 통해서도 분명하게 인간은 자의식을 통해 분별하고 결정할 수 있도록 만들어졌다. 다만 인간은 자의식의 함정에 빠져 스스로 그것을 거절하거나 바꿀 수 있다는 것이다.

자의식에 대한 가장 큰 모순일 수 있지만 하나님은 한 인간의 인격을 소중하게 여기시고 있는 것이다. 그러므로 그 선택으로 구원을 받을 수 있는 믿음을 갖거나 거부하고 구원을 버리는 것까지도 자의식의 결단에 포함되어 있다.

만약에 자고 났는데 자신의 의식이 실종되어 버렸다면, 인간으로서 가장 큰 충격이며 불행이 되는 셈이다.

그러나 하나님은 우리 몸을 그렇게 만들지 않으셨다. 의식은 이 땅에 존재할 때까지 보장되어 있다는 것이 신비로운 일이다. 사람의 몸에서 의식이 실종되는 일은 곧 죽음이고 식물인간인 것이다. 33일이라는 긴 시간 동안 나의 의식은 어디론가 멀리, 그리고 아주 알 수 없는 장소에 머물고 있었을 것이다. 어쩌면 영의 세계에서 주님을 만나고 믿음의 선진들을 만나 감격하고 기뻐했을지도 모른다.

하나님은 잠시 불 꺼진 방과 같은 상태에서 다시 불이 켜지는 상태로 정리하셨다. 의식은 자신의 삶 전체에 포함되어 있는 것으로, 인식하고 깨닫고 기억하는 모든 것의 주인인 것이다. 세상을 떠나게 될 때 가장 먼저 자신의 의식을 챙겨가게 될 것이다.

살아 있을 때 좀 더 아름다운 삶으로 꾸미고, 남을 돕고 믿음으로 승리하며 살았다면, 또한 의식 안에 저장되어 칭찬을 받을 표가 될 것이다. 의식을 남용하여 자신을 혹사하거나 불순종으로 하나님의 뜻과 상관없이 행했다면 나중에 후회하는 삶으로 남을 것이다.

투병생활

의식은 돌아왔으나 몸의 상태가 문제였다. 장기의 손상 때문이다. 간과 신장이 손상되어 생명에 큰 문제가 있음을 언급하며 산 넘어 산이었다. 살았으나 산 것이 아니었다. 간 수치가 2,000이 넘었다는 것이다. 정상은 약 40 정도였다.

일단 급한 대로 의식이 돌아왔으니 먼저 할 일은 피를 걸러내는 투석이었다. 투석이 시작되고, 피가 부족하여 수혈하는 일도 계속되었다. 신장이 제대로 기능을 못하니 피를 걸러내어 다시 보내는 일이었다.

아담스 박사는 나의 간 상태가 너무 말라붙어 제 기능은 물론 소생 불가능한 상태에 이르렀다고 했다. 간을 소생시켜 보려고 손으로 마사지도 해보고 별 조치를 다 했다고 했다. 깨어나면 가장 먼저 장기 이식 외에 방법이 없다고 했다. 설상가상으로 신장까지 이식해야 한다고 했다.

지금까지 기도는 의식을 찾게 해달라는 것이었지만 이제는 장기 이식을 위해 기도해야만 했다.

오늘의 현대의학은 말 그대로 첨단의학을 달리고 있다. 그러나 사람의 장기를 만들어 붙이는 기술은 아직 없다. 자동차 같으면 어느 부분에 이상이 있으면 고치거나 부품을 갈아 끼우는 것으로 해결되지만 사람의 경우는 그렇지 않다.

생명이란 인간이 만들어 내는 것이 아니고 전적으로 하나님의 권한에 있다. 그런데 신체의 일부를 고칠 수 있고 의학의 힘으로 이식도 할 수 있게 되었다.

하지만 가장 어려운 것이 장기는 그 사람에게 맞지 않으면 이식이 불가능하다는 것이다. 인간의 혈액형과 조직, 그리고 크기 등의 모든 조건이 부합되어야 한다. 잘 맞는다 해도 후유증이 있어 만만치 않은 일이다.

다른 조직을 만나면 몸 안에 적혈구, 백혈구, 림프 등이 적으로 간주하고 공격하여 죽이는 일을 하게 된다. 그래서 현대의학으로 적이 아니라 동무며 친구라고 속이는 약이 있다. 이 약을 사용하지 않으면 적으로 오인하여 죽이는 데 앞장서게 된다.

몸은 이런 식으로 구조가 이루어져 스스로 방어망을 구축하고 세균 및 적을 물리치는 시스템으로 되어 있다.

미국에서 두 장기를 어디서 어떻게 구하느냐는 커다란 숙제였다.

특히 동양 사람과 서양인들의 장기는 다른 점이 많다고 한다. 꼭 맞는 장기가 아니면 부작용으로 생명을 잃을 수도 있다고 한다.

그러나 주님은 살리기로 작정하셨으면 예비하시고 준비하시는 방식이 있음을 발견하게 되었다.

미국에서는 장기 기증을 도네이션(donation)이라고 말한다. 값으로 측량할 수 없는 신체의 일부분을 돈으로 환산하는 것이 아니라 기증한다는 의미이다.

미국에서는 운전면허를 받을 때 "만약에 불의의 상황에 처한다면 당신은 장기를 기증하겠습니까?"라는 질문이 있는데, 기증 의사가 있다고 하면 운전면허 뒷면에 기증자라고 기록된다. 주로 교통사고와 불의의 사고로 생명을 잃은 사람들이 남은 자신의 신체 일부를 기증하는 것이다.

미국인의 사고방식은 남을 위한 기증(donation)이 생활화되어 있다. 학교의 재정적인 문제나 재난이 있을 시 많은 사람들이 참여하여 기증하는 일이 많다.

아담스 박사는 나의 장기 상태가 악화되어 있어 만일 부작용이 생긴다 해도 일단 간이식을 먼저 해보자고 말했다. 깨어났지만 간 손상으로 인하여 빠르게 의식을 찾을 수 없었기 때문이다.

미국에서도 신약 발명과 의술이 뛰어난 워싱턴 대학교 병원이었다. 그러나 사람의 장기는 그 어떤 것도 자신의 것이 아니면 심한 거부반응으로 공격하여 죽인다고 한다.

몸도 태어날 때부터 이처럼 조화롭게 되어 있다는 것이 신기하기만 하다. 신장도 좋지 않아 투석을 했지만 여간 고통스러운 일이 아닐 수 없었다.

투병생활이 계속되면서 기억장치에도 문제가 생겼다. 오래전 일들은 기억했지만 최근의 일들이 기억에서 사라진 것이다. 이런 상태로 살아난다 해도 주변 특히 가족들에게는 걱정이 얼마나 크겠는가.

잠을 좀 자려고 하면 꼬챙이처럼 말라붙은 사람에게 간호사는 시간마다 피 뽑기를 거듭하여 나를 괴롭게 하였다.

어느 날 의식이 가물가물하던 나에게 장로님이 오셔서 내용에 어떤 시인이나 사인을 해달라는 청원을 하였다. 나의 의식에는 그 어떤 것도 존재하지 않는 상태였다. 아내가 옆에서 큰소리로 귀에 대고 설명을 하지만 판단하기 어려웠다. 모기만 한 소리로 고개를 끄덕거리는 것으로 사인이 된 것이다.

생명의 희망이란 불꽃이 사그라지고 있는 상태에서 그 어떤 것도 나에게는 중요한 것이 없었다. 다만 주님의 품으로 인도를 받는 것이 최상의 방법이란 것밖에는….

고난의 의미

•

어느 날 나는 자살하겠다고 외쳤다고 한다. 그래서 병원에 한바탕 소동이 일어났던 일도 있었다. 얼마나 고통스럽고 괴로우면 그랬을까 하는 마음이지만, 생명 부지란 참으로 길고도 긴 터널을 벗어나지 못하는 것이 아닐까?

사람이 태어나면 누구나 한 번 죽는 일인데도 왜 이렇게 모질고 힘든 환난의 시간을 보내게 되었을까 하는 안타까운 마음이 적지 않았다.

시간이 갈수록 몸의 상태는 점점 더 악화되면서 간이며 신장까지 손상되어 도저히 복원이 어렵기 때문에 이식에 최선을 다하는 의사들의 노고가 적지 않았다.

의식이 조금 돌아오면 그 사이에 많은 인턴의사들의 질문이 고문처럼 시작되었다. 가족 중에 암이나 어떤 병으로 죽은 경력이 있는가에서부터 호구조사까지, 유전으로 인한 병의 원인과 근원을 찾아보려고 노력하는 것이다.

나는 워싱턴 병원의 임상 시험 환자가 되었다. 갖가지 신약을 투여해 보기도 하고, 그 결과를 보는 것으로 그들은 논문자료를 만들어 보려 했던 것으로 보인다.

여러 가지 부작용은 참으로 견딜 수 없는 상태로 몰아가고 있었다. 죽음이 가장 쉽고 좋다는 것으로 단정하였지만, 생명 자체를 주관하시는 분은 하나님이시기 때문에 어쩔 수 없었다.

사도 바울도 이런 고백을 하고 있다.

> "형제들아 우리가 아시아에서 당한 환난을 너희가 모르기를 원하지 아니하노니 힘에 겹도록 심한 고난을 당하여 살 소망까지 끊어지고 우리는 우리 자신이 사형선고를 받은 줄 알았으니 이는 우리로 자기를 의지하지 말고 오직 죽은 자를 다시 살리시는 하나님만 의지하게 하심이라"(고후 1:8-9).

의식이 들 때마다 주님의 고난을 생각하며, 고난 가운데 복음을 증거했던 사도들의 수고와 아픔을 떠올렸다. 고통과 아픔 가운데서도 과연 하나님의 뜻 가운데 있는 상태인가를 점검하기도 했다.

고난이란 말을 모든 사람들은 그들 나름대로 이해 또는 체험한 바가 있을 것이다. 고난이란 말의 의미는 아픔이요 고통을 말한다. 성경 원어적으로 보면 신체적으로는 압박을, 의학적으로는 맥박이 급히 뛰는 것을 뜻하고 있다.

정신적, 육체적 고통을 받는 것은 사람에게 매우 큰 충격이며, 마음속의 행복조차 빼앗아 가는 것이 분명하다.

고대 이스라엘 백성들이 애굽에서 종살이를 할 때 그들의 삶을 '고난의 삶'이라 불렀다. 그 이유는 참된 자유가 상실되고 육체적, 정신적 압박을 통해 고통스런 생활이 계속되었기 때문이다.

고난을 좀 더 구체적으로 살펴보면, 일반적 고난과 특별한 고난을 들 수 있다. 신앙인이 겪는 일반적 고난이란 자신이 저지른 죄로 말미암아 양심과 마음에 고통을 받는 것이며, 신앙이 성장할 때 깨달음과 자신을 돌아볼 기회를 주는 고난이라 하겠다.

그리스도께서 받은 고난은 특별한 고난이라고 말한다.

구약성경 이사야 53장을 보면 "그가 찔림은 우리의 허물 때문이요"라고 했다. 찔림은 죄에 따른 형벌이며 고통인 것이다. 죄 없으신 분이 죄인의 고통과 허물을 대신 지신 것은 전적인 하나님의 사랑이시다. 그리스도의 고난은 인간의 모든 죄악으로 뿌려진 악성에 대한 불의를 고난으로 받아들인 것이다.

"그가 상함은 우리의 죄악 때문이라"(사 53:5).

죄는 단순히 덮어질 수 없고 그 대가는 모진 고통을 통해 치러야 하는 아픔이다.

"악을 행하는 각 사람의 영에는 환난과 곤고가 있으리니"(롬 2:9).

그렇다. 영적으로도 고난과 환난을 피할 수 없는 것이다.

그리스도께서 받은 고난은 우리의 모든 죄악을 위함이며, 악의 근원적인 뿌리를 뽑아내는 아픔과 고통의 수고가 있었던 것이다.

이제 그리스도인인 우리는 어떤 마음의 자세로 살아가야 할 것인가? 그리스도의 고난이 우리 자신을 위한 것임을 잊어서는 안

된다.

주님께서 행했던 그 아름다운 희생의 뜻을 믿음으로 받아들이고 복음으로 살며, 우리에게 오는 고난은 그리스도와 비교할 수 없는 고난인 것을 알아야 한다. 우리 모두가 겸손함으로 자신을 돌아보아 그리스도를 위한 뜻을 펼쳐나가기를 바란다.

고난은 자신을 돌아보게 하는 촉매제 역할을 하고, 믿음이 약한 사람들은 오히려 믿음으로 단단하게 만드는 과정이 되기도 한다. 그리고 쓸데없는 것들을 버리게 되는 것이 고난을 통해서 얻는 복이다. 고난은 사람의 진정한 가치를 찾게 되고 만들어내는 일이기도 하다. 고난은 삶의 형태를 바꾸기도 하고 인생의 낙오자가 되게 하기도 한다.

진주를 만드는 진주조개에 대한 과학자들의 연구 결과를 보면, 진주는 대부분의 광물성 보석과는 달리 생명체가 만들어내는 보석이다. 조개의 껍질 바로 밑에는 외투막이라는 막이 있어서 몸을 둘러싸고 있다. 이 외투막은 조개가 섭취한 음식물 속의 미네랄을 이용해 조개 껍질을 만드는 물질을 배출한다.

자연 진주가 만들어지는 과정은 조개껍질과 외투막 사이에 이물질이 들어오는 것에서 시작된다. 조개는 몸속으로 들어온 이물질로부터 자신을 보호하기 위해 껍질이 되는 바로 그 물질을 배출해 이물질을 감싸버린다. 이것이 시간이 지나면서 한겹 한겹 쌓이고, 두껍고 단단해지면서 마침내 진주가 된다.

진주의 단면을 현미경으로 살펴보면, 외투막으로부터 온 콘키

오린이라는 단백질과 탄산칼슘의 층이 수백 겹 이상으로 차곡차곡 쌓여 있다. 반대로 이물질에 거부반응을 보이면 진주조개는 스스로 죽어버린다고 한다.

영국에서 유학 생활을 할 때 도자기로 유명한 본차이나 공장을 견학한 적이 있다. 짐승의 뼛가루와 진흙으로 버무러진 형태의 그릇들이 도열되고 빚어지면 숙련된 예술가의 손에서 무늬가 그려진다. 최종적으로 1,500도의 뜨거운 불가마 속으로 들어간다.

그때 깨달은 것은 흙으로 빚어진 것들이 불 속을 거치면 전혀 새로운 작품으로 탄생된다는 것이었다. 빛깔도, 소리도, 강도도 전혀 다른 형태의 모습에 감복했다.

고난과 아픔 속에서 기억나는 것들이 이런 유형이었다.

'왜 사람은 고난과 고통을 거쳐야 하는가' 하는 의심이, 이를 통해 하나님이 쓰시기에 적당한 그릇으로 만들어진다는 깨달음으로 변했다.

하나님의 뜻

먼 길을 가면서
이 길이 내 길인가 싶다
여러 갈래의 길을 만나면
내 길이 먼저이다

화려한 꽃들과
지저귀는 새들의 소리에
마음도 따라가고 있다

한 번쯤 생각하고
마음을 가다듬으면
그래도 쉽게 그 길에
마음을 들여놓지 않을 걸

고난의 가시와 아픔이 있다 해도
주님이 가신 길이며
주저하지 않고 가야 할 길을
그래도 망설이고
뒤돌아보는 것은
연민일까 아쉬움일까
아니면 욕심일까
아마도 결단이
말하는 것이다
원하시는 뜻의 길은
결코 실망스럽지 않다
그래서
그 길로 가련다

우리가 살고 있는 시애틀 북쪽 바닷가에 자주 산책을 나간다.

태평양 푸른 물이 출렁거리는 모습에 마음의 시원함을 느끼면서, 자갈밭을 지나면서 예쁘장하고 매끈한 돌을 반드시 몇 개 집어오는 습관이 생겼다.

"자갈이 되기까지 얼마나 많이 부딪치고 굴러가면서 모남 없이 매끈하게 되었을까?" 하는 말을 서로 나누면서 수긍한다.

하나님이 쓰시려면 반드시 고난과 환난을 통과해야 한다는 것을 인지하고 고난의 때를 믿음을 키우는 시간으로 만들면 좋을 것이다.

중환자실 고참이 되다

●

　병원에서의 생활은 고통의 나날이었다. 수시로 피를 뽑고, 혈압을 체크하고, 의사들의 질문에 답하는 일이 일상처럼 되었다.
　병원생활은 넌더리가 날 만큼 싫다. 수많은 병자를 매일 대하고 비명과 고통에 젖은 소리를 들으면 저절로 언제 이 병실을 나갈 수 있을까 헤아리게 된다.
　내가 병동에서 있는 동안 제일 좋아한 음식이 있었다. 물컹거리는 젤리였다. 달달하면서도 쉽게 목으로 넘어가는 것이 좋았다.
　어느새 중환자실에 있는 나는 고참이 되었다. 병동에서 고참은 가망이 없거나 불치의 병으로 죽어 가는 사람이다.
　한국인 간호사도 있었다. 그분은 자기가 맡은 시간이 되면 나를 극진한 정성으로 돌보아 주었다. 늘 미소를 잃지 않으며 "상태는 어떠냐"고 묻는 한국어는 가장 아름다운 말이었다.
　그중에 어떤 미국인 간호사는 어찌나 나를 들볶는지 고통이 배로 늘어나고 극도의 스트레스를 받게 되어, 아내가 병원 당국에 전화를 해서 그 간호사를 오지 못하도록 하였다. 살 가망이 없다는 환자는 죽은 자와 같이 취급하는 모양이었다.
　의식이 돌아오자 본격적인 장기 살리기에 힘을 실었다. 의사는 이 상태가 지속되면 곧 사망할 것이라며 맞지 않는 장기라도 이식을 해보자고 아내를 설득하였다. 혈액형도 맞지 않고 크기도 맞지 않지만 당장 죽는 것보다 낫다는 것이다. 아내는 대답을 하지 않았다고 한다.

매일 혈액투석이 진행되었다. 여러 장기들이 제 기능을 하지 못하므로 현대 과학을 총동원하여 최대한 생명을 연장하거나 살려야 한다는 의무가 부여되었다.

수많은 환자를 대하면서 무덤덤해진 의사들의 모습을 보면 직업으로 인해 나타난 현상이라고 여겨졌다.

간이식 수술

●

그러던 어느 날 담당 의사 아담스 박사가 기쁜 소식이 있다며 병실을 찾았다. 나에게 잘 맞는 간(Liver)을 구했다는 것이다. 혈액형부터 모든 것이 거의 일치한다고 했다. 기적 같은 일이 일어나기 시작했다. 깨어난 것도 기적이며, 모든 일을 예비하심도 기적이라고 생각되었다. 멀리서 헬기로 공수하여 긴급 도착되었다며 곧 수술을 할 것이라고 했다. 인터넷으로 정보를 공유하는 병원끼리 서로 연락이 되어 신속하게 진행된 것이다.

다음 날 아침 일찍이 수술실로 갈 것이라며 여러 가지 준비를 시작하였다.

아이비(혈관주사)에는 방울방울 수액이 투여되고 있었다.

인턴 의사들이 떼로 몰려와서 다시 한 번 묻겠다며 아내와 나에게 번갈아 가며 질문했다.

지금 상태는 어떠냐, 투약된 반응은 어떠냐, 피부에 이상이 없는지, 알레르기는 어떤지 등의 질문을 통해 몸 구석구석을 살피기도 했다.

수술 중에도 혈압이 급격하게 높아지거나 떨어지면 위험하기에 사전에 모든 점검을 한다. 당시 나의 간 수치가 2,000이 넘은 것은 거의 사는 데 불가능한 상태로 진단했다. 의사는 차트에 아내의 동의를 구하는 사인을 요구했다. 그 의미는 수술 중에 사망해도 책임이 없고 어떤 요구도 없어야 함을 확인하는 것이었다.

병원에서 환자가 사망하면 때론 의료사고로 생각하고 법정투쟁을 하기 때문이다. 병원에서는 책임론이 매우 중요한 사안이므로 꼭 보호자의 서명을 받게 하는 것이다.

덜컹덜컹 굴러가는 병원 침대에 누운 나는 의식이 가물가물한 상태에서 수술실로 향하고 있었다. 이미 아담스 박사는 내 장기 상태를 살펴보았기 때문에 오직 이식만이 살길이라고 처방을 내렸다.

나는 수술실에서 마지막이 될 수도 있다는 생각을 지울 수 없었다. 그러나 세상에서 가장 편안하고 안락한 순간을 느끼는 것은 주님 품에 있을 때임을 알기에 이렇게 주님 곁으로 가는 것도 좋다는 생각이 들었다.

이식이 되어도 부작용이나 또 다른 어려움이 생기면 나보다 가족이 더 괴로울 것 같아서, 만약 상태가 그리 좋지 않다면 주님 품으로 가는 것을 바랐다. 나의 몸이 앞으로 어떻게 진행될지는 전혀 예측할 수 없었다.

이윽고 간호사의 말소리가 귓전에 들렸다.

"미스터 홍! 미스터 홍!" 나는 대답할 힘이 없었지만 그래도 최선을 다해 "예스"라고 응했다. 마스크를 씌울 텐데 깊게 숨을 쉬면 전신 마취가 시작된다고 했다.

나에게는 또 다른 삶으로 흘러가는 것 같은 느낌이었다. 한참 달리던 차동차가 멈춰 섰고 다른 길을 가기 위해 방향을 돌리는 중이었다.

수술 도중에 어떤 상황이 발생될지는 아무도 모른다. 아내가 하얀 보드판에 서명했지만 착잡한 심정이었을 것이다.

어려운 수술을 하게 되면 의사는 이런 이야기를 한다.

"우리도 최선을 다하겠지만 나머지는 신의 뜻입니다."

아담스 박사의 집도하에 대여섯 명의 전문 의사들과 간호사들이 긴장된 분위기에서 장기 이식 수술을 하였다.

가장 마음이 아프고 미안한 것은 아내와 아이들이었다.

목회를 시작하면서 수없는 이사와 환경의 변화 속에서 얼마나 힘들고 어려웠는지 철없는 나는 잘 알지 못했다. 하지만 그 고통의 몫은 고스란히 아내와 자녀들에게 넘어간 것이다.

전쟁 중에 하나님께 서원한 그 이후부터 줄곧 하나님과 나는 많은 씨름을 하였다.

목회자로서 하나님의 뜻에 순종하려고 부단히 애를 썼다. 특히 목회지를 옮길 때는 가족과 상의 없이 기도만으로 결정하였기에, 아내와 아이들이 많이 당황하기도 했다.

주의 종이 기도 가운데 응답을 받았다는데, 그 어떤 반대도 있을 수 없었다. 만일 가족과 목회를 의논했다면 형편이 좋은 곳에서 머물러 있었을 것이다. 신학교를 졸업하고 지금까지 5번의 개척교회를 하면서 하나님의 역사와 도우심을 체험한 것을 목회에서 가장 큰 은택으로 여겼다.

하나님께 무릎 꿇고 간절한 기도를 통해 짜낸 말씀의 메시지를 성도들에게 공급하는 일에 불충성한 내 모습을 보며, 이제는 더 이상 존재 의미가 없다는 부정적인 생각을 하기도 했다.

금식을 밥 먹듯 하며 목회한다고 했던 나에게 이것은 가장 큰 시련으로, 많은 사람에게 피해를 주는 배반자가 된 느낌을 지울 수 없었다.

"그렇게 믿던 당신의 하나님은 어디 계시는가?"라는 질문을 한다면 할 말이 없다. 살고 죽는 것도 주님의 능력 안에 있기 때문에 인간으로서 그 어떤 항변도 할 수 없다.

> "하나님이 세상을 이처럼 사랑하사 독생자를 주셨으니 이는 그를 믿는 자마다 멸망하지 않고 영생을 얻게 하려 하심이라"(요 3:16).

궁휼과 자비를 베푸시는 하나님 앞에 더 이상 고집과 불순종으로 답할 수는 없다.

불빛이 희미해지고 긴 터널을 향하는 느낌이었다.

이후로 어떤 일이 일어날지 나로서는 전혀 알 수 없다. 집도 의사들이 나의 몸에 장기를 이식하는 것은 현대의학에서는 혁신적인 놀라운 발전이다.

깨어난다면 어떤 모습으로 변해 있을까 하는 걱정도 없었다.

"오직 주님의 뜻대로 이루소서" 하는 기도 외에 다른 간구는 없었다.

잠시 깊은 잠을 잤다.

생명력 있는 말씀

주님은 말씀하셨네
어리석은 자여
네 생명을 오늘 밤에 찾으리니
네 재물은 뉘 것이 되겠느뇨

어리석은 자는
망령된 행실을 말하며
허탄한 것을 잡으려 하며
하나님을 멀리하는 자로다

어리석은 자에게는
채찍이 있으며
고난의 아픔을 깨닫지 못하고
원망하며 탄식하는 자라

어리석음을 고치고
치료하는 것은
오직
살아 있는 말씀이라

말씀은 깊은 골수를 찌르고
수술하여 마음을 치료하며

사람의 생각을 바꾸게 하며
믿음을 가지고
주님을 섬기게 하느니라

12시간의 긴 수술이 끝났다.
어디선가 아주 가느다란 소리가 들리기 시작했다.
"미스터 홍! 미스터 홍!" 하는 소리에 "예스"라고 소리를 냈지만 간호사는 듣지 못했다.
12시간의 긴 수술을 마치고 깨어난 것이다.
덜컹덜컹 침대가 움직이고 있었다.
긴 터널 같은 미로를 빠져나와 또 다른 길로 이동하고 있다는 것을 느꼈다. 마취에서 깨어난 후 무슨 일이 있었는지 전혀 생각이 나지 않는다.
얼마가 지났을까.
아내가 "여보! 여보! 들려요?" 하는 소리를 들었다.
희미한 불빛 아래로 의사들이 내 주위에 포진하고 있었다.
가느다란 소리를 들을 수 있었다. 집도 의사가 아내에게 무슨 말인가를 건넨다.
수술은 잘되었으나 경과를 지켜보자는 말이었다.
파란 하늘이 눈에 들어왔다.
창밖의 노란 꽃이 바람에 흔들리고 있었다.
초점을 잃고 멍하니 보는데 한쪽에서는 감미로운 찬양이 들렸다. 새로운 세상을 맞는 전주곡같이 귓전에 아련하게 들려온다.

그동안 무섭게 천둥벼락이 치고 비가 퍼붓다가 이내 모든 것이 잠잠해진 것 같은 느낌을 받는다.

몸에 고통이 서서히 나타나기 시작했다.

배를 천으로 둘둘 말아놓은 것을 보니 수술한 흔적임을 알 수 있었다.

숨을 쉬고 사는 사람들에게는 뜻하지 않은 고통과 어려움이 찾아들 때가 있다.

그 시간은 쉼의 시간일 것이다. 나를 지으시고 만드신 창조주를 생각해보는 여유로운 시간인 것이다. 하루 24시간을 정신없이 삶에 묶여 살면서 창조주를 찾게 되는 것은 극히 드문 일이기 때문이다.

미국 생활 35년이 되었어도 형제들과 함께 즐기는 시간도 없이 이민생활을 분주하게 살아왔다. 조카들의 결혼식조차 변변히 찾아보지 못한 것은 빡빡한 이민목회로 여유가 없었기 때문이다.

어머니와 장모님의 별세

내가 병원에서 깨어나고 회복하는 과정 중에 한국에 계시는 어머니께서 별세하셨다.

이 사실은 별세하신 지 몇 개월 후에나 알았다.

나에게는 또 다른 충격이었다. 자식 된 도리로 마땅히 임종뿐 아니라 건강할 때 자주 찾아뵈었어야 함에도 불구하고 주님 품으로 가셨다는 비보를 들었을 때 앞이 깜깜했다.

불효자라는 느낌을 지울 수 없었다. 암이 아니라면 아직도 정정하실 텐데…. 어머니는 그동안 투병하시면서도 한 번도 내색하지 않으셨던 것이다. 나의 둥지에는 또 다른 빈 자리가 생겼다. 형제들조차도 비밀로 한 것은 나의 회복에 지장이 있을까 염려해서라고 했다. 한 사람의 고통으로 많은 사람들에게 피해를 주는 것이 병이다.

설상가상으로 회복을 위한 재활운동을 하고 있을 때쯤 한국에 계시는 장모님이 위독함을 알게 되었다. 어머니의 별세 때도 가보지 못했는데 장모님도 위독하시다는 소식에 더 이상 머뭇거릴 수 없었다. 그동안 장모님도 나의 상태를 전해 들으시고 식음을 전폐하며 기도하셨다고 한다.

교회에서 가장 아끼고 수고가 많으시다며 칭찬을 받았던 권사님이셨다. 오늘 내일이라고 할 정도로 매우 위독한 상태임을 전해 듣고 부랴부랴 비행기 표를 만들어 한국행 비행기에 올랐다.

몸도 아직 성치 않은 상태였지만 지금이 아니면 영영 장모님을 볼 수 없다는 생각에 뒤를 돌아볼 여유가 없었다. 공항에 도착하자마자 명동에 위치한 백병원으로 달려갔다. 처남들이 놀라고 반색을 했지만 장모님께서는 전혀 우리를 알아보지 못하였다.

손을 붙들고 눈물을 흘리며 "어머니, 눈 좀 떠 보세요" 하는 외침도 허공에 맴돌 뿐이었다.

아내도 "엄마, 내가 왔어요. 엄마, 엄마…" 하고 부르자 장모님은 아내의 손을 꼭 잡는 것이었다. 의식이 가물가물 하시면서도 딸의 음성을 듣고 손을 꼭 잡은 것은 '왔니'라는 화답이었다.

"어머님, 죄송합니다. 저 때문에 금식하시며 살려 달라는 외침이 지금 제 귀에 쟁쟁히 들립니다. 어머님, 지금 이대로 가시면 섭섭합니다. 눈을 떠보세요. 주님! 어머니를 붙들어 주세요."

주님을 부르는 기도가 애절했다.

밤이 저물 때쯤 병원을 나섰다.

그것이 장모님을 뵌 마지막 모습이었다.

한국에서 처음 개척목회를 할 때 장모님은 금은패물을 헌물하시면서 많은 수고와 희생을 하신 분이셨다. 교회에서는 일등 권사님으로 칭찬이 자자하셨고, 끔찍이 나를 아끼는 어머니셨다. 아쉬움과 아픔의 역사들은 기도를 통해 치유되고 새로운 마음으로 일구어주시는 것이다. 인간은 결코 혼자가 아니다. 가족이 있고 이웃이 있으며 믿음의 사람들이 있다. 자신만을 위한 삶은 극도의 이기주의이며, 이웃을 생각하는 것은 주님의 마음이다.

극한 상황에 임한다 해도 가족과 이웃들이 기도로 나를 도울 것이다. 기도 없이는 이런 극한 상황을 견디어 낼 수 없다는 것을 다시 한 번 깨닫게 된다.

기도의 능력

기도는 위기 속에 답이 된다.

나는 기도에 빚진 자가 되었다. 교회 장로님들, 권사님들, 그리고 성도님들이 매일 새벽기도, 철야기도를 하면서 젊은 홍 목사를 살려달라는 외침이 절규가 되어 하늘 보좌에 상달되었으리라 믿는다.

특히 아내에게 가장 빚진 자가 되었다. 목회자 사모가 되어 지금까지 좋은 것 하나 걸치지 못하고 영혼에 대한 구령과 자녀 양육, 그리고 까탈스러운 남편을 위한 헌신이 지극했음을 안다.

기도는 가장 큰 하나님의 선물인 동시에 위기에 있어서 긴박한 소통의 연결 고리인 것이다. 기도가 없으면 미래가 보이지 않고 현실의 파도에 맞설 힘이 없다.

야곱은 형 에서의 장자권을 빼앗아 삼촌 집으로 도망하는 길에 밤을 맞게 되었다. 그런데 그의 꿈에 나타난 일이 예사롭지 않았다. 사다리가 하늘에서 내려와 야곱 앞에 내려져 있었다. 그리고 천사들이 오르락내리락 하는 것을 보게 된다. 사다리를 통해 오리락내리락 하는 문장의 히브리 원문을 보면 '텔피랍'이란 말인데, 그 뜻을 기도라고 번역하였다.

기도와 사다리를 견주어 보면 기도는 위로 상달되는 것이며,

천사가 오르락내리락 하는 것은 구하는 것을 가지고 광주리에 담아 오르고, 응답을 가지고 내려오는 것을 보여준다.

사다리는 층층이 있어 한 부분이 빠지면 오르내리기가 쉽지 않은 것과 같이 기도를 쉬면 그렇게 된다는 것을 말해준다.

"나는 너희를 위하여 기도하기를 쉬는 죄를 여호와 앞에 결단코 범하지 아니하고 선하고 의로운 길을 너희에게 가르칠 것인즉"(삼상 12:23).

기도는 마치 생명의 연장선과 같아 쉼이 없어야 한다. 어느 날 이사야 선지자에게 자신이 죽을병이 들었다는 소식을 들었을 때 절망에 빠진 히스기야의 마음이 어떠했을지 짐작할 수 있다. 다시는 생존 세계에서 하나님을 뵙지도 못할 것이고 사람들도 볼 수 없을 것이라고 절망했다. 또한 히스기야는 자신의 목숨이 경각에 달려 있는 위태로운 상태를 목자가 치는 장막과 직공이 짜는 베에 비유하기도 했다.

목자가 양 떼를 먹이다가 풀이 없어지면 장막을 걷고 떠나야 하듯이 자신의 인생도 너무나도 쉽게 끝나가는 것을 비통해 했다. 또한 자신의 생명을 한 조각 옷감에 비유하였다.

즉 직공이 베틀로 옷감을 짜다가 천이 완성되면 그것을 말아서 베틀에 걸린 실로부터 끊어내듯이, 자신의 생명이 그렇게 마무리되어 가고 있다고 생각하였다.

히스기야 왕은 하나님께 간절한 기도를 드렸고, 하나님은 기도의 응답으로 생명을 15년 연장해 주셨다.

존 오웬 목사는 기도에 대하여 이렇게 말했다.

성령은 신자들의 지성에 마땅히 기도해야 할 바 곧 기도의 내용을 알게 하실 뿐 아니라, 그것을 제대로 이해하고 평가하며 그들의 의지와 감정으로 하여금 그것들을 열망하도록 하신다. 지성은 기도해야 하는 것을 인식하는 빛을 가지지만, 의지와 감정은 이런 일에 죽어 있으며 관여조차 할 수 없다.

그러나 영혼이 온전히 영적으로 하나님을 향해 움직이지 않고, 자신이 가지고 있는 자연적인 지성만을 사용해서 기도하기도 한다. 또한 성령의 조명 없이 덕만으로도 다른 사람들을 세우는 데 유용한 기도도 있을 수 있는데, 이는 성령의 임재하심으로 모든 사람에게 유익을 주실 수 있기 때문에 가능하다.

그러나 그렇게 기도하는 사람은 영으로는 기도하지만 이해하지 못하기 때문에, 알지 못하는 방언으로 기도했던 옛날 사람들과 다를 바 없다. 그들은 자기가 받은 빛과 재능을 가지고 기도하지만, 그것으로 자기의 영혼은 유익을 받지도 향상되지도 않는다.

때때로 하나님은 사람들의 영혼에 은혜를 전달하기 위해서 그들의 재능을 사용하시기도 한다. 그러나 진정한 기도는 자신의 영혼을 하나님께 드리는 순종의 행위이다(존 오웬, 지평서원, 《성령이 도우시는 기도》).

기도는 어려움을 극복하는 데 강력한 도움과 힘이 된다. 절망과 고통의 시간 속에 신앙인에게 가장 소중한 시간이 된다.

그 이유는 하나님과의 관계성을 회복하고, 믿음을 바로 세우며, 신앙의 본질적 가치를 찾게 되는 기회이기 때문이다. 기도 없이는 어떤 상황이나 조건에서도 온전할 수 없음을 발견하게 된다.

우리의 삶 가운데 수많은 문제의 요소들이 있다. 그럴 때마다 반응을 하게 되는데, 대부분 일단은 부정적인 생각을 하게 되는 경향이 많다. 다분히 본능적인 반응이지만, 기도를 통해서 본능적 속성을 걷어내고 하나님의 뜻으로 방향을 바꾸어야 한다.

기도는 본질적이고 본능적인 그리고 부정적인 생각의 뿌리를 잘라내거나 뽑아내는 것을 우선하게 된다. 어려움과 환난이 생기면 그 원인을 탓하기보다 먼저 자신과 하나님과의 관계성을 돌아보는 것이 중요함을 알게 된다. 문제를 일단 뒤에 두고 하나님과 자신의 관계가 어떤지를 살펴보는 것이 첫 번째로 할 일이다.

무대 위에서 연기자의 모습을 따라가는 조명이 중요하듯, 기도도 여러 각도에서 살펴볼 필요가 있다.

기도는 또한 불필요한 부분을 제거하는 기능이 있다.

농부가 좋은 열매를 위해서 가지치기를 하는 것과 같이 기도를 통해 신앙생활에 방해되는 요소들을 제거하게 된다.

우리 앞에는 끊임없이 문제와 어려움이 파도처럼 다가오고 있지만, 그럴수록 더 주님을 바라보는 믿음의 힘이 요구된다.

칠레의 수도 산티아고를 방문했을 때 드넓은 광장에 평화로운 광경이 펼쳐지고 있었다. 한쪽에서는 그림을 그리는 많은 예술가(?)들이 화폭을 걸어놓고 그림을 그리고 있었다. 관광객들에게 초상화를 그려주는 화가들이었다. 조그마한 앉은뱅이 의자에 앉아 있는 젊은 관광객, 그리고 옆으로는 화폭이 펼쳐져 있었다.

낯선 사람을 뚫어지게 보고 또 보고 하는 모습은 화가만이 갖는 풍경이 아닐 수 없다. 점점 얼굴의 모습이 화폭으로 옮겨져 가고 있는 장면을 재미있게 구경하였다. '과연 똑같이 그릴 수 있을까?' '정말 실력 있는 화가일까?' 하는 생각을 하면서 시간 가는 줄 모르고 지켜보고 있었다. 드디어 완성된 그림을 보며 탄성이 절로 나왔다.

그림을 둘둘 말아 고무줄로 묶어주자 손님은 돈을 건네고 떠났다. 그 빈자리에 화가는 또 다른 사람이 올까 하고 기다리고 있었다. 그 솜씨에 감탄한 나는 앉은뱅이 의자에 앉았다.

화가가 나에게 묻는다. 소위 옵션을 묻는 것이다.

연필 스케치, 정밀 인물, 컬러 인물로 할지를 묻는다. 연필 스케치라고 하자, 정밀 스케치와 만화형의 스케치가 있다고 했다. 나는 잠시 망설이다가 만화형 스케치로 결정했다.

그는 매직펜을 꺼내더니 쓱쓱 그리기 시작하는데 채 오 분도 안 되어 완성되었다. 그리고 2달러를 요구했다. 지금도 그 요상하게 그려진 만화 캐릭터의 초상화는 우리 집 귀퉁이에 존재하고 있다.

정밀하게 그리는 그림은 화가가 대상자를 수없이 쳐다보고 또 쳐다보면서 화폭에 옮겨 담는다. 값이 싼 것은 대충 그리지만 비쌀수록 정밀하다는 것을 알게 되었다.

기도는 예수님을 끊임없이 쳐다보고 바라보고 의지하며 간구하는 과정으로 이를 통해 응답이라는 답을 얻게 된다.

"믿음의 주요 또 온전하게 하시는 이인 예수를 바라보자"(히 12:2).

그 가운데 새로운 자기를 발견하게 되며 은혜의 물줄기를 발견하기도 한다. 기도가 그렇게 위력적인 힘이 됨을 새삼 발견하게 되었다. 기도는 분명 무엇인가 통로 역할을 한다. 수많은 관을 통해 공급 받는 것과 같이 기도는 하나님의 뜻뿐만 아니라 신령한 영적 세계의 비밀을 끌어오는 과정이다.

기도는 자신을 굴복시키는 단계인 동시에 주님과 연결 고리가 형성된다. 많은 중보기도자들을 통해서 은혜를 입은 나는 가장 큰 빚을 진 자이다.

나는 병원생활을 하면서 수많은 생각과 함께 자신을 돌아보는 과정을 가졌다. 점점 쇠약해지는 육신의 모습을 보면서 죽음이라는 것이 가깝다는 마음도 빼놓지 않았다. 그런 과정에서 주님은 더 나은 뜻과 계획을 가지고 나에게 조명하셨다.

삶의 목적이 무엇일까?

하나님께 영광 돌리는 일이란 어떤 것일까?

참된 소망은 무엇일까?

하나님의 궁극적인 목적이 나에게 어떤 모습으로 다가올까?

'나' 라는 존재를 만드시고 사역하게 하는 과정은 어떤 것일까?

이러한 여러 물음을 통해 존재 가치를 극대화해보려는 노력을 했다.

과연 솔로몬의 말대로 인생이란 헛되고 헛되며 헛된 것일까?

죽음이 넘실대며 다가와도 기쁨으로 주님께 갈 수 있다는 마음으로 정리되기를 바라기도 한다.

표류하는 배가 어쩔 수 없이 파도에 휩쓸려 가는 과정과 같은 것이 인생인가 하는 마음도 지울 수 없었다. 그런 아골 골짜기까지 내려간다 해도 믿음이라는 가느다란 줄이 숨통과 연결되고 있었다.

그것이 오직 기도의 힘이며 능력이었다. 기도는 단순한 응답의 수단이 아니라 주님과 교통하고 자신을 믿음의 사람으로 만들어 내는 일종의 연단과정인 것이다.

고난의 유익

고난과 어려움을 통해 얻어지는 것은 자신을 발견하는 데서부터 시작되는 것임을 알게 되었다. 문제는 어려움으로 인해 쉽게 포기하고 좌절하여 침몰하는 것이다.

하나님은 결코 한 영혼이 실족하도록 그냥 내버려두시지 않는다. 세상에 있는 수많은 영혼들이 다 같은 마음이 아니다. 그것은 각자에게 주어진 하나님의 선물인 동시에 특성이라고 할 수 있다. 그런데 자신이 가진 값진 은사를 발견하지 못하고 허비하는 경향도 없지 않다.

흙속에 묻혀 있던 보화를 발견하기까지는 많은 수고가 요구되듯, 고난과 환난이 이런 과정에 속해 있는 것이다.

하나님의 궁극적인 관심사는 자기 형상으로 지으신 인간이 영광을 돌리는 행위를 원하시는 것이다.

십계명의 첫 번째 계명이 "너는 나 외에는 다른 신들을 네게 두지 말라"이다.

두 번째는 "너를 위하여 새긴 우상을 만들지 말고 또 위로 하늘에 있는 것이나 아래로 땅에 있는 것이나 땅 아래 물속에 있는 것의 어떤 형상도 만들지 말며 그것들에게 절하지 말며 그것들을 섬기지 말라"이다.

이런 말씀을 보면, 한편으로 인간이 얼마나 곁길로 가고 있는지를 알 수 있다. 기도는 인간이 원래의 방향으로 갈 수 있도록 돕는다. 기도가 없다는 것은 곤충이 더듬이가 없는 것과 같아서 방향감각이 없는 것과 같다.

수많은 비행기가 하늘을 날고 있다.
캄캄한 밤에도 나침반에 의해서 고도 3만 피트 상공을 비행하면서 목적지로 가는 것과 같이, 기도가 그런 역할을 하는 것이다.
"주님, 그렇습니다. 하찮은 존재 가치를 두고 호들갑 떠는 모습은 추악합니다. 주님께 영광을 돌린다고 했지만 여전히 내 중심임을 시인합니다. 헛된 것에 마음을 빼앗기고 주님을 섭섭하게 한 일이 어디 한두 가지였습니까? 이제는 주님의 뜻을 조금이나마 이룰 수 있도록 도와주옵소서"라고 기도하였다.

기도가 나를 살렸다. 기도는 어둠 속의 빛이다. 사방이 욱여싸임을 당하고 그 어떤 답도 없이 답답하고 암울한 상태에서도 오직 기도만이 길을 인도하는 나침반 역할을 하게 된다.
주위의 많은 사람들이 중보기도를 하였고, 그 기도가 하나님께 상달된 것이다. 기도는 생명과 같다는 것을, 죽음을 앞둔 나에게도 그런 혜택과 능력이 입증되었음을 고백한다.
나는 기도에 빚진 자가 되었다.
기도는 매우 추상적인 것 같아도 한 올 한 올의 피륙이 짜여 천을 만들듯 결국 헛되게 돌아오지 않았다. 굳이 환난이나 곤고 속에서 응답하는 것보다 일상생활에서 주님의 음성을 들을 수 있다면 그는 깨어 있는 자이고, 주님과 소통이 원활하다는 증거이다.

고난은 성숙한 신앙인을 만든다.
인간은 몸과 마음으로 고통을 받는 경우가 있다.
피터 크리프트 박사는 '고통받는 사람에게'라는 인터뷰에서 이렇게 말했다.

"과연 고통의 의미는 무엇입니까?"
"역사상 고통의 유일한 목적은 사람을 회개로 이끄는 것이었습니다. 고통과 재난을 당한 후에야 구약의 이스라엘이 하나님께 돌아온 것처럼, 지금의 나라나 개인들도 마찬가지입니다.
C. S. 루이스는 이렇게 말했지요.
"하나님은 우리에게 기쁨을 통해 속삭이시고, 양심을 통해 말씀하시며, 고통을 통해 소리치신다. 고통이란 귀머거리 세상을 일깨우는 그분의 메가폰이다."
물론 회개는 다시 놀라운 삶, 곧 복된 삶으로 우리를 이끌어 줍니다. 하나님이 모든 기쁨과 모든 생명의 근원이기 때문입니다. 저는 고통과 하나님의 사랑이 양립할 수 있다고 믿습니다. 고통이 치유와 교정을 위해 꼭 필요한 것이라면, 즉 우리가 중병이 들어 치료제가 절실히 필요한 상황이라면 말입니다. 사실 그것이 우리의 상황입니다. 예수님은 '건강한 자에게는 의원이 쓸데없고 병든 자에게라야 쓸데 있느니라…내가 의인을 부르러 온 것이 아니요 죄인을 부르러 왔노라'고 했습니다.

"우리 앞에 닥쳐오는 고통 때문에 하나님께 감사한다는 것이 정말 가능합니까?"

"그렇습니다. 우리가 천국에서 할 일이 정확히 그것입니다. 우리는 하나님께 이렇게 말할 것입니다. '당시 제가 이해하지 못했던 작은 아픔들을 감사합니다. 그런 아픔들이 제 생에 가장 소중한 것이었음을 이제야 깨닫습니다'라고요. 지금 당장 감정적으로 그럴 능력이 없다 해도, 다시 말해 고통의 한복판에서 '하나님, 이 고통 때문에 감사합니다'라고 말하지 못하고 '저를 악에서 구해 주옵소서'라고 말할 수밖에 없다 해도 그 말은 지극히 온당하고 정직한 반응입니다.

하지만 나는 그것이 끝이 아니라고 믿습니다. 주기도문의 마지막은 '우리를 악에서 구하옵소서'가 아니라 '권세와 영광이 아버지께 영원히 있나이다'니까요. 하나님과 가까워지는 것, 하나님을 닮아가는 것, 하나님과 일치되는 것, 단순히 하나님과 가깝다는 느낌이 아니라 존재 자체로 하나님과 가까워지는 것, 영혼이 하나님을 닮는 것, 이것은 고난에서 비롯되며 그 효력은 엄청납니다."

"박사님은 천국을 언급하셨습니다. 성경은 이 세상에서 겪는 우리의 고난이 천국에서 경험할 일에 비하면 가볍고 순간적인 것이라고 말합니다. 고통에 있어서 천국은 어떤 역할을 합니까?"

"천국이 없다면 이런 이야기도 의미가 없을 겁니다. 신약성경에서 천국에 대한 언급을 전부 빼보십시오. 남는 것이 별로 없습니다. 테레사 수녀는 이렇게 말했습니다. '지상 최악의 고난, 지상 최악의 잔학한 고문으로 점철된 인생도 천국에 견주어 생각하면 불편한 여관에서 보내는 하룻밤 정도에 지나지 않는다.' 어떻게 보면 잔인하기까지 한 말입니다. 그러나 이것은 세파 없는 온실에서 나온 말이 아니라, 고통에 가득 찬 삶을 사는 사람들 옆에서 나온 말입니다.

저울의 한쪽에는 세상의 모든 고통이 있습니다. 저울의 다른 쪽에는 하나님의 얼굴이 있습니다. 고통 속에서 하나님을 찾는 사람에게 와 계신 얼굴이지요. 하나님의 선, 하나님의 기쁨은 세상의 모든 고통뿐 아니라 심지어 세상의 모든 기쁨까지도 능가할 것입니다.

욥에게도 그런 일이 있었습니다. 욥은 하나님이 우주의 사디스트처럼 보였지요. 고통의 문제에 관한 영원한 고전인 욥기의 말미에서 하나님은 드디어 대답을 가지고 나타나십니다. 그런데 그 대답은 질문입니다. '너는 누구냐? 네가 하나님이냐? 네가 대본을 썼느냐? 내가 땅의 기초를 놓을 때 네가 거기 있었느냐?' 욥은 아니라고 합니다. 그리고 그제야 만족합니다.

왜일까요? 하나님을 보았기 때문입니다! 하나님은 그에게 책을 써주시지 않습니다. 악의 문제에 대해 최고의 책을 써주는 대신 욥에게 당신 자신을 보여주십니다."

"욥은 거기에 만족했군요."

"맞습니다. 마땅히 그래야 합니다. 천국에서 우리에게 영원한 만족을 줄 것도 바로 그것입니다. 저는 욥이 천국을 조금 맛보았다고 봅니다. 하나님을 만났기 때문이지요. 하나님이 만약 그에게 말씀을 주셨다면 욥은 하나님과 대화하며 또 다른 질문을 던지고, 하나님은 다시 좋은 답을 주시고, 이튿날도 그 이튿날도 이런 질문과 답이 이어졌을 것입니다. 욥은 아주 끈질긴 철학자였거든요. 욥기도 끝을 볼 수 없었을 것입니다. 그러나 끝이 났습니다.

왜입니까? 하나님의 임재 때문입니다. 하나님이 욥에게 고난을 허락하신 것은 사랑이 부족해서가 아니라 그분과 대면하여 만나는 자리로 욥을 데려가실 만큼 사랑하시기 때문이었습니다. 그것이야말로 인류 최고의 행복입니다. 욥의 고난은 그의 내면에 커다란 구멍을 파놓았습니다. 하나님과 만난 기쁨이 그 자리를 채울 수 있도록 말입니다.

코리 텐 붐은 나치 수용소라는 죽음의 깊은 골짜기에서 이렇게 썼습니다. '우리의 어둠이 아무리 깊어도 그분보다 깊지 않다.' 그분은 죽은 자 가운데서 살아나셨을 뿐 아니라 죽음의 의미를 바꾸셨고 그리하여 모든 작은 죽음, 곧 죽음을 예고하며 죽음의 일부를 이루는 고통의 의미를 바꾸셨습니다. 그분은 아우슈비츠 가스실에 들어갑니다. 남아프리카 공화국 소웨토에서 비웃음을 받습니다. 북아일랜드에서 조롱당합니다. 수단에서 노예가 됩니다.

우리는 그분을 기꺼이 미워했지만 그분은 우리에게 사랑으로 갚으십니다. 우리가 흘리는 눈물은 그분의 눈물이 됩니다. 아직 눈물을 닦아주시지 않을 수도 있지만 결국 닦아주실 것입니다. 우리에게 정말 필요한 것은 그분입니다. 병들어 죽어 가는 친구가 가장 원하는 것은 설명이 아닙니다. 옆에 함께 앉아 있어 줄 사람입니다. 그에게 가장 무서운 것은 혼자 남는 것입니다. 하나님은 우리를 혼자 남겨 두시지 않습니다"(피터 크리프트, 《C. S. 루이스 천국에 가다》).

비행기로 여행을 하다 보면 때로 난기류를 만난다.

기체는 요동치게 되고, 승객들은 비명을 지르기도 하고, 어떤 이들은 기도하며 죽음을 준비하기도 한다. 기류가 심하면 심할수록 그렇다. 그러나 난기류 지역을 곧 벗어나게 된다.

인간의 삶 가운데서 일어나는 고난과 고통은 피할 수 없다. 물론 자신의 욕심과 악으로 인한 고난은 스스로 보응을 받는 것이라고 여기기도 한다.

그러나 그런 일로 인해서 변화 혹은 변환이라는 기회가 제공된다. 가치도 고난을 통해 얻어지는 것이 귀한 것과 같다.

학창시절에 감동적으로 읽었던 책 중 러시아 문호 알렉산드르 솔제니친의 《이반 데니소비치의 하루》가 있다.

1951년, 평범한 농부였던 슈호프는 독일과 소련의 전쟁에 참전했다가 포로로 잡히게 된다. 그런데 간첩으로 오인 받아 조국을 배신했다는 죄목을 받고는 강제수용소에 입소한 지 8년이 되었다.

어느 때처럼 슈호프는 아침 5시 기상시간에 맞추어 일어난다. 그는 작업을 피하기 위해 의무실에 가지만 이미 의무실 정원이 다 차서 밖에 나가 일을 해야 했다.

식사시간이 되자, 그는 배급받은 빵을 감추고는 작업에 나갔다. 작업은 발전소의 집과 지붕을 만드는 것이었다.

슈호프는 고된 강제 노동에서도 빈대가 득실거리는 솜옷 속에 빵을 넣고 꿰맨 것을 생각하면서 '나는 빵이 있다'며 배고프면 언제든지 먹을 수 있다는 희망을 빵 한 조각에 의지하고 희망을 잃지 않았다. 한 조각의 빵은 하찮은 것에 불과하지만 그에게는 소중하고 귀한 가치였다.

'참된 삶의 가치는 어디에 있는가?'라는 질문에 수많은 철학자와 학자들은 그 의미를 여러 방면으로 밝혔지만, 진정한 의미는 결코 세상의 어떤 것에서도 발견할 수 없다.

예수님은 이런 말씀을 하셨다.

> "예수께서 대답하여 이르시되 이 물을 마시는 자마다 다시 목마르려니와 내가 주는 물을 마시는 자는 영원히 목마르지 아니하리니 내가 주는 물은 그 속에서 영생하도록 솟아나는 샘물이 되리라"(요 4:13-14).

다시 목마른 것은 참된 가치의 기준이 아니다. 영원히 목마르지 않는 것으로 새로운 가치를 얻기 때문이다.

인간에게 가장 중요한 변화의 시점은 고난과 어려움을 통해 스스로 고집과 아집을 포기하고 돌아서는 과정에서다. 중요한 것은 여기서 창조주 하나님을 찾게 된다는 사실이다.

복음에 대해 알레르기 반응을 보이다가 고난으로 인해 교만을 내려놓고 자신을 낮추는 기회가 된다. 분명한 것은 고통을 통해 주님을 만나게 된다는 것이다.

그런데 이런 과정이 있다 해도 결코 받아들이지 않을 수 있다. 하지만 고난의 강도가 강하면 강할수록 스스로를 내려놓게 된다.

이스라엘에 요나라는 선지자가 있었다.

어느 날 요나 선지자에게 하나님의 새로운 명령이 임했다. 앗

수르의 큰 성읍 니느웨에 가서 40일 후에 망한다고 외치라는 내용이었다. 그런데 그는 '내가 외쳤다가 그들이 회개하고 돌아서면 안 되지' 하는 마음에 멀리 외국으로 도망하기로 했다.

요나는 니느웨가 40일 후면 자연히 하나님의 심판을 통해 망하기 때문에 굳이 자신이 나설 필요가 없다고 생각했고, 하나님의 눈을 잠시 피하면 될 것으로 여겼다.

그는 다시스로 가는 무역선에 올랐다. 그런데 순조롭기만 하던 항해가 갑자기 폭풍을 만나게 되었다. 계절풍을 잘 알고 있는 선원들은 이런 일이 일어나리라고는 전혀 예상하지 못했다. 배가 뒤집힐 정도로 심하게 요동치자 선장은 배에 실은 물건을 바다에 버리기 시작했다. 물론 배에는 갖가지 물건들이 있었지만 그래도 먼저 버릴 것을 찾았다.

가장 값이 싼 것부터 버렸다. 그러다가 폭풍이 더 심해지자 결국 제비뽑기를 통해 재앙의 원인이 누구로부터 왔는지 찾기로 했다. 그 결과 요나가 뽑혔고, 요나는 사공들에게 자신이 하나님의 뜻을 저버리고 도망하는 과정에 이 배를 탔다고 고백했다. 그리고 자신을 바다에 던지면 폭풍이 잠잠하여 당신들이 살 것이라고 했다.

고난은 결국 버리는 것으로 정리가 되었다. 고난이 임하면 사람들은 자신의 소중하고 귀한 것을 버리게 되는데, 가장 값이 싼 것을 먼저 버리는 심리가 있다.

예수님을 따르겠다는 청년에게 "네 모든 재산을 가난한 사람에게 나눠주고 나를 따르라"고 했을 때 청년은 근심하며 돌아서고 말았다.

신앙인의 고난은 주님을 만나게 할 뿐 아니라 때론 연단을 통해 하나님께서 쓰시고자 하는 목적을 이루기 위해서 허락하신다.

> "다만 이뿐 아니라 우리가 환난 중에도 즐거워하나니 이는 환난은 인내를, 인내는 연단을, 연단은 소망을 이루는 줄 앎이로다"(롬 5:3-4).

고통은 참으로 괴롭고 힘든 일이 아닐 수 없다. 부득불 고난이 임했을 때는 원망과 불평이 아닌 최상의 방법으로 믿음을 따라 하나님께 영광을 돌리는 것이 가장 귀한 방식이다.

고난의 시간은 길고 즐거움의 시간은 짧게 느껴지는 것은 고난이 그만큼 힘들고 어려움을 반증한다. 이 고난과 고통 없이 사는 사람이 어디 있겠는가.

베드로 사도는 증언하기를 애매히 고난을 받았을 때 하나님을 생각하며 슬픔을 참으면 아름답다고 했다.

죄로 인한 고난은 칭찬이 없으며 선행을 하다가 고난을 받으면 하나님 앞에 아름답다고 했다. 의를 위하여 고난을 받는다면 복이 있는 자라고 했다. 그러므로 그리스도를 위한 고난은 영광스러움을 나타낸다.

몸의 병으로 오는 고난과 정신적인 고통으로 오는 고난이 있다면 어떤 것이 더 나은 고난이라고 할 수 있을까?

신앙인에게 고난은 여러 면으로 받아들일 수 있다.

가장 먼저는 자신을 돌아보는 계기가 된다. 일반적으로 부모들은 자식이 병이나 어려움이 임하면 자신을 먼저 돌아보게 된다. 혹 죄를 짓고 회개하지 않은 일이 있는지, 사람과의 관계에서 원한 살 만한 일이 있었는지 등을 살펴보게 된다.

고난이 유익이라 함은 바로 자신의 성숙을 점검하는 동기가 된다는 것이다. 교만과 불순종을 통해 자신의 신앙이 멈춰 있는지를 고난이란 잣대가 보여주기 때문이다. 힘들고 어려운 일을 통해 신앙인들에게는 새로운 기회가 주어진다. 믿음을 믿음답게 만드는 동기가 되기 때문이다.

튼실한 열매를 맺으려면 가지치기가 중요하다. 그릇을 비우지 않으면 다음에 쓰기가 어렵다. 그릇은 하나님께서 무시로 내리는 은혜와 감동을 받을 수 있는 것을 의미한다.

베드로 사도는 시련과 연단을 불로 비유하였다.

믿음을 키우고 믿음에 따라 살도록 하는 것이 신앙인의 목적이기 때문이다. 믿음은 하나님과의 관계성에 있어서 가장 밀접한 부분이며 요구사항이다. "믿음이 없이는 하나님을 기쁘게 할 수 없다"고 했다.

정금이 되려면 불을 통해 불순물을 걸러내야 하듯 믿음도 고난의 불을 통해 정금과 같은 믿음으로 단련된다.

> "너희 믿음의 확실함은 불로 연단하여도 없어질 금보다 더 귀하여 예수 그리스도께서 나타나실 때에 칭찬과 영광과 존귀를 얻게 할 것이니라"(벧전 1:7).

인간은 자신을 잘 돌아보지 못한다. 고난의 원인은 자신에게 있으면서도 인간의 죄성으로 인해 남의 탓을 하고 사는 것이다.

고난은 일종의 브레이크와 같은 역할을 한다.

하나님의 뜻을 저버리고 자기 고집과 의지를 따라 행할 때 자신을 붙잡아 줄 자가 없기 때문에 때론 고난이 사용되기도 한다.

병원에서의 생활은 끝없이 나를 살펴보는 시간들이 되었다.

좀 더 관용과 이해, 그리고 사랑으로 대했다면 목회가 더 아름다웠을 텐데 하는 아쉬움과 하나님의 뜻을 빙자하여 스스로 속고 속이는 과정이 있지 않았는지, 성도의 아픔을 강 건너 바라보듯 하지 않았는지, 성도들이 경제적으로 고통받고 있을 때 내 주머니를 털어 도와주었는지 돌아보게 되었다.

예수님의 마음으로 돌보고 살폈다면 좋았을 텐데 그렇지 못했던 내 자신이 무능하고 어리석어 탄식하게 되었다.

나에게 고난이 없었다면 교만과 거만의 이끼가 끼어 갈수록 영혼에 대한 사랑과 긍휼이 틀림없이 줄어들었을 것이다.

영어 속담에 "구르는 돌에는 이끼가 끼지 않는다"(A rolling stone gathers no moss)라는 말이 있다. 물살이 심하게 흐르면 가만히 있던 돌들이 구르게 된다. 가만히 있는 돌에는 이끼들이 달라붙어 있게 마련이다.

안일한 자세와 무능력한 방식을 고집하는 것은 세상의 이끼가 끼어 결국 본질을 잊어버리게 한다. 그런데 시련과 환난은 급하게 흐르는 물과 같아서 영혼을 일깨우며 자각하여 정신을 차리고 현실을 직시하여 영안을 열게 하는 과정이다.

믿음이 믿음의 역할을 하지 못하면 아무 데도 사용할 수 없다.

예수님도 소금이 맛을 잃으면 밖에 버려지고 세상 사람들이 밟고 지나간다고 하셨다.

어린아이들에게 백신주사를 맞게 하는 것은 세상에 있는 바이러스를 이기도록 하기 위해서다. 믿음도 강하면 강할수록 사탄의 계략과 유혹을 이길 힘을 갖게 된다. 하나님은 무시로 인간, 즉 믿음의 사람에게 명령과 은혜를 통해 세상을 이기도록 하신다.

시간 속에 살아가는 존재가, 하늘을 보며 주님의 세미한 음성을 듣고 나의 위치와 존재 가치를 확인하는 시간이 없다면 마치 브레이크가 파손된 채로 굴러가는 자동차와 같다 할 것이다. 본능적인 이기심과 욕망이 소리 없이 빠져 나가는 썰물과 밀물과 같았을 것이다. 아무리 큰 배라도 정박하면 반드시 앵커를 내리고 육지에 로프를 걸어 매는 것과 같은 것이다. 세속이라는 밀물과 썰물이 소리 없이 인간의 본성을 자극하고 유도하여 끌어가기 때문이다.

세상의 모든 이치와 섭리의 역사가 어찌 그리 아름답게 운행하고 있는지를 새삼 고난을 통해 깨닫게 되었다. 고난이 유익이라는 베드로 사도의 고백처럼, 현실 속에서 실존의 삶을 살고 있는 우리에게 하나님께서 속도 조절을 하도록 하신 도구가 고난임에 틀림없는 것이다.

병원 밖에 피어 있는 꽃을 보면서, 누가 봐주지 않아도 때가 되면 피고 지는 것이 순리인데, 왜 인간만이 순리를 거슬러 가려 할까 하는 고민 아닌 고민을 해보았다.

하나님이 내리신 순리의 법칙은 질서와 평화를 위한 방식인데, 그 방식을 벗어나보려는 의도는 자신의 의지뿐 아니라 속에서 조종하는 사탄의 계략이 분명한 것이다.

몇 해 전 일본에서 사역하는 우리 선교사를 찾아간 적이 있었다. 세계에서 가장 빠르다는 신간센 열차를 타고 동경에서 후쿠오카로 갔다. 별 진동 없이 고속으로 달리는 것이 매우 인상적이었다. 이렇게 빠르게 가는 기초가 바로 철로라는 것이다. 철로와 같은 것이 하나님의 순리의 법칙과 같음을 느꼈다. 순리의 법칙을 어기면 열차가 탈선하는 것처럼 인생의 모든 과정이 이탈하기 시작한다.

고난은 이탈하지 않고 바르고 정상적으로 가도록 하는 유도장치인 셈이다.

불순물 제거 과정

∴

나는 고난을 통해 내 마음의 불필요한 것들을 털어내기 시작했다. 나도 모르게 이끼처럼 끼어 있는 것들이 적지 않게 있음을 발견하게 되었다.

마음 한편에 도사리고 있는 목회에 대한 야망, 그리고 성공이라는 것들이었다. 이런 묵직한 짐을 지고 살아가려는 나에게 고난이란 과정을 통해 털어내는 작업이 시작된 것이다.

인간은 본성적으로 소유욕이라는 강력한 의지가 천연 고무원액보다 강하게 부착되어 있다. 또한 가장 큰 것은 가치의 실종이다. 성도의 아픔과 고통을 마음으로 전달받지 못한 불도체의 역할을 하고 있는 것이다.

전기가 흐르는 도체 중에 가장 손실이 적은 것이 은이라고 한다. 그래도 손실이 적은 구리 전선을 통해 전기가 전달된다고 한다. 하나님이 주시는 신령한 감동과 계시의 영을 순수하게 받지 못하는 까닭은, 바로 세상의 것으로 인한 불순물이 작용하기 때문이다.

고난에는 이런 불순물을 제거하는 과정이 있다.

우리 옆집에서 요란한 기계소리가 나길래 나가봤더니 물총으로 집 밖을 청소하고 있었다. 지붕과 벽은 이끼와 오물이 붙어 부식하고 냄새도 피우고 더럽기 때문에 강력한 물총을 통해 걷어내는 것을 보았다. 일반적인 수압으로는 세척을 할 수 없기 때문에 기계의 힘을 이용해 세척하는 것이다.

하나님께서 고난이란 강력한 과정을 통해 인간 내면의 교만하고 교활한 것들을 걷어내는 사역을 하신다. 나는 고난을 통해 정신을 차렸다. 정신없이 세속의 물결에 휩쓸리고 있었다.

목회보다 선교라는 일을 맡고 부지런히 외국을 들락거리며 분주했던 것이다. 해외선교는 피곤하지만 흥분되는 일이 많다. 원주민들의 삶의 애환을 보고 느끼면서 생각하는 것이 많아졌다. 거기에다 그 나라에는 다양한 먹거리와 볼거리가 있다.

그러나 정작 목양터의 양들을 보살피고 인도하는 목자가 외부에 눈을 돌리고 있다면 양 떼는 어찌 될까. 고난은 현재의 나를 보는 눈높이를 수정하는 시간이 되었다.

고난을 통해 잃은 것도 적지 않다. 그러나 고난을 통해 삶의 가치관이 바뀌었다. 무엇이 우선이며 삶의 중심에 무엇을 두어야 할지 알게 되었다.

예수님은 "먼저 그의 나라와 그의 의를 구하라"고 하셨다.

그런데 나에게는 하나님의 의가 먼저가 아니었다.

나 자신을 아끼고 돌보는 일과 세상의 것으로 만족을 얻는 것이 우선이 된 나를 발견하게 되었다. 주님을 위해 희생하고 죽을 각오로 목양에 전심을 쏟아야 하는데 그것이 우선이 되지 못했다.

학교에서 가르치는 일이 우선일 때가 많았다. 학생들과 소통하는 일이 즐거웠다. 본질을 벗어나면 본질이 훼손되는 것을 알면서도….

의의 길로 인도하심

고난은 하나님의 의의 길을 가도록 나를 수정하는 과정이었다. 나는 고난을 통해 발견하는 일이 많았다. 아픈 자의 소리를 듣게 되었고 복음을 떠난 자들의 외침을 듣게 되었다.

미국의 구급전화번호는 911이다. 위급할 때 911에 전화를 걸면 즉시 교환원이 응답을 하게 된다. 911 응급 교환원들은 특별한 훈련을 받는다. 보통 전화를 통해 위급한 소리가 있기 때문에 교환원은 전화소리를 통해 주위의 소리를 감청하게 된다.

일반인으로서는 들을 수 없는 소리지만 훈련받은 교환원들은 세미한 소리까지 듣는다고 한다.

고난의 과정을 거치면 성도의 신음소리를 감청하고, 상담으로 돕고, 치유 사역을 하게 한다.

33일 동안의 식물인간에서 깨어났지만 손상된 장기의 치유가 급하게 되었다.

우리 몸에서 가장 중요한 간과 콩팥이 문제였다. 외국에서 동양인으로 이식이 쉽지 않은 것은 맞지 않는 부분이 너무 많기 때문이었다. 피가 부족하여 수혈도 해야 했고 투석을 통해 피를 걸러내야 하는 수월치 않은 일이었다.

죽음의 끝자락에 선 나는 '주님의 뜻이라면'에 나를 맡기게 되었다. 내 스스로라는 것은 이제 없기 때문이다.

미국의 의사들은 최선을 다했다. 한 목사를 살려보려는 필사의 사투를 통해 회복시키려는 의지가 보이고 느껴졌다. 어쩌면, 아니 하나님께서 그 의사들에게 특별한 소명을 내리신 것이라 여겨진다. 의사들은 나보다 중요하지 않았을 텐데, 그들이 나보다 더 중요하게 생각하는 것이 특별한 하나님의 은혜임을 보았다.

가족은 고난을 함께 짊어지고 가는 동반자들이다. 미안하기 짝이 없지만 어쩔 도리가 없었다.

여름이면 종종 캘리포니아에 산불이 나는데, 많게는 한 달 이상 타오르기도 한다. 그 연기와 재가 저 멀리 미국의 동쪽 뉴욕까지 이동한다는 보고를 들으면, 고난에 대한 원망과 불평도 끝없이 진화될 수 없을 만큼 번지고 말 것이다.

고난으로 가족은 오히려 결속되고 흩어졌던 마음을 추스르는 동기가 되며 믿음의 기도를 하게 한다.

기도는 위급할수록 힘이 있고 강한 응집력이 발생된다.

얼마 전 친구 목사님이 위암으로 수술을 하게 되었다고 연락이 왔다. 다행히도 초기에 발견되어 쉽게 제거하고 회복이 빨랐다. 그 친구는 이번 일로 더 하나님께 충성하는 계기가 되었고, 더 값진 신앙의 모습을 발견했다고 했다. 불현듯 자신에게 닥친 고난을 통해 살아 계신 하나님 앞에 나를 정산하는 시간이 되었단다.

하나님과의 관계는 어떤가?

말씀과 은혜를 통해 영광 돌리고 있는가?
죄지은 것을 은폐하고 있지는 않은가?
하나님께 영광을 제대로 돌리고 있는가?
말씀과 찬양을 통해 주님을 만나고 있는가?

이를 점검한다면 새로운 미래의 계획이 될 것이며 좋은 믿음의 열매를 맺게 될 것이다.

고난은 아픔이고 괴로움이다. 그러나 이 과정을 피할 것이 아니라 정면으로 맞붙어 해결하는 것이 중요하다.

예수님도 고난을 받으셨다. 예수님의 고난은 죽음으로 직결된 고난이셨다. 예수님의 십자가 고난을 통해 우리는 죄 사함 받는 은혜를 입은 것이다. 그러나 예수님의 제자들은 고난에 동참하기보다 도망하고 말았다. 그들에게 닥칠 고난에 대한 두려움이 컸기 때문이다.

힘들고 어려운 문제는 누구에게나 다가온다. 다만 그 어려움을 어떻게 극복할 것인가 그 자세가 무엇보다 중요한 것이다.

어떻게 고난을 극복할 것인가

미국의 달러는 세계 경제를 움직이는 중심 화폐이다.

이 미국의 화폐 중에서 가장 작은 1센트짜리 동전에 미국인들이 가장 존경하는 에이브러햄 링컨(Abraham Lincoln: 1809~1865) 대통령의 얼굴이 새겨져 있다.

링컨 대통령이 고난을 이겨내고 성공한 대표적인 인물이기 때문이다. 가장 많은 사람들, 특히 가장 가난한 사람들이 많이 보는 1센트 동전에 링컨의 얼굴을 새겨서, 링컨처럼 인생의 위기를 극복하고 인생역전을 하라는 뜻이라고 한다.

우리 인생에는 고난이 있다. 이때 두려워서 뒤로 물러서면 실패자가 되지만, 담대히 나아가 고난을 극복하면 더 큰 성공자가 된다.

그러나 모든 사람이 다 인생의 고난을 극복하고 성공을 이루는 것은 아니다. 어떻게 하면 고난을 극복하고 성공을 이룰 수 있는가?

미국의 성공학자 나폴레온 힐(Napoleon Hill: 1883~1970) 박사는 현대인들은 일곱 가지 불안을 가지고 있다고 했다.

첫째, 가난에 대한 불안, 둘째, 실패에 대한 불안, 셋째, 질병에 대한 불안, 넷째, 사랑에 대한 불안, 다섯째, 늙는 것에 대한 불안,

여섯째, 자유를 잃을 것에 대한 불안, 일곱째, 죽음에 대한 불안이다.

첫째, 담대하라.

고난을 당하면 더욱 불안하고 위축되기 마련이다. 그러나 고난을 이기려면 오히려 불안과 담대히 맞서서 싸워나가야 한다.

'사오정'이라는 유행어가 있다. 45세만 되면 조기 퇴직을 당한다는 의미로, 요즘 직장인들은 46%가 사오정 악몽에 떨고 있단다. 그러나 아무리 불경기와 불황이 닥쳐도 그 가운데서 오히려 승진하고, 사업을 확장하고, 성공하는 사람들도 있다. 이런 사람들의 공통점은 어려움에 굴하지 않고 자신감과 용기를 갖고 도전한다는 것이다.

최근 미국 뉴욕에서는 새로운 형태의 하이힐이 유행하고 있다고 한다. 뒷굽 높이가 10~15cm를 넘고, 앞굽까지 장착한 '플랫폼 슈즈'이다. 이것은 자신을 높아 보이게 하려는 세태를 반영한 것으로, 굽의 높이가 높을수록 자신감도 높아진다는 말이다. 사실 하이힐은 허리와 다리에 무리가 갈 뿐 아니라, 넘어지면 큰 골절상을 입을 수 있다. 하지만 높은 구두를 신어서 자신감을 가질 수만 있다면, 높은 구두를 신어서라도 자신감을 가지는 편이 더 낫지 않겠는가. 인생의 고난을 만날 때는 두려워하거나 불안에 떨지 말고 담대히 맞서라!

둘째, 인내하라.

'인내'라는 말은 단순히 참는 것이 아니라 '기다린다'는 의미이다. 고난의 때에는 하나님께 기도하고 기다려야 한다. 농부는 땅에 씨앗을 뿌린 후에 쉬지 않고 흙을 갈고 거름을 주면서, 열매가 맺히기까지 오랫동안 참고 인내한다. 열매를 기대하며 수고함으로 기다리는 것이 바로 농부의 인내이다.

이처럼 어떤 일이든지 때가 되어야 결실이 있다. 그리고 그때가 이르기까지 최선을 다하고 인내하며 기다려야 한다.

초기 기독교 콘스탄티노플의 주교였던 성 그레고리(Saint Gregorius: Nazianzus Gregorius: 329~389)는 "인내 없이 믿음 생활 하려는 사람은 무기 없이 전쟁터에 나서는 군인과 같다"라고 말했다.

많은 사람들이 실패하는 이유는 끝까지 인내하지 못하고 조급하게 중도에 포기해 버리기 때문이다.

미국의 미시시피 대학에서 소고기에 대해 연구한 결과, 성질이 급한 소는 근육질도 질긴 것으로 나타났다. 이렇게 질긴 고기는 질이 좋지 않아 헐값에 팔린다고 한다.

사람도 마찬가지다. 성격이 급하다 보면 여러 가지 질병을 얻게 된다. 미국의 정신의학회 진단에 따르면, 불면증에 걸린 사람들은 대부분 성격이 급하고 참을성이 없다고 한다. 특히 우리나라 사람들은 '빨리빨리'를 입에 달고 살면서, 조급하기로 유명하다. 자동차를 운전할 때 우리나라 사람처럼 경적을 많이 울리는 나라는 없다. 연애를 할 때도 '번개팅'을 해야 하고, 술을 마셔도 '폭탄주'를 마셔야 한다. 이렇게 조급하다 보니, 부실공사가 많아 다리도 무너지고 백화점도 아파트도 무너졌던 것이다.

요즘 각 기업체의 인사 담당자들은 신입사원의 단점으로 인내심 부족을 꼽았다. 극심한 경쟁률을 뚫고 어렵게 취직을 했어도, 회사에 대한 불만이나, 인간관계에서 생기는 마찰을 잘 참지 못하고, 쉽게 사직을 결심한다고 한다. 그래서 인사담당자들은 사원을 채용하기 위해 인터뷰를 할 때, '얼마나 실력이 있느냐' 다음으로 '얼마나 버틸 것인가'를 살펴본다. 인내한 자만이 성취한다. 아무리 똑똑하고 실력이 있어도, 인내하며 때를 기다릴 줄 아는 자가 성공하는 것이다.

셋째, 뒤로 물러가지 말라.

임진왜란 때 이순신 장군은 군사들에게 "절대로 물러서지 마라! 살고자 하면 죽을 것이요(필생즉사: 必生卽死), 죽고자 하면 살 것이다(필사즉생: 必死卽生)"라고 명령했다. 이순신 장군의 지휘를 받은 병사들은 엄청나게 몰려드는 왜군 앞에서도 장군의 명령에 따라 단 한 척의 배도 뒤로 물러가지 않고 죽기를 각오하고 용맹하게 싸웠다. 그 결과 13척의 함대로 200척의 왜군 함대를 쳐서 승리했다. 뒤로 물러가지 않으려면 믿음이 있어야 한다.

하나님께서 고난을 극복하게 하시고, 더 큰 축복을 주실 것이라는 믿음을 가지고 뒤로 물러가지 말아야 한다. 우리나라에 해병대가 있듯이 미국에도 해병대가 있다. 미국 해병대의 상징은 팔각모이다. 이 팔각모는 7전8기의 해병대 정신을 상징하는 것이다. 태평양 전쟁 때 미국 해병대는 일본 본토를 공격하기 위해 상륙작전을 펼쳤으나 7번이나 패배했다.

하지만 절대로 후퇴하지 않고 공격한 결과, 8번째 상륙작전에 성공하여 전쟁에서 승리했다. 이 7전8기 승리를 기념하여 팔각모를 쓰는 것이다. 인생에서도 실패가 거듭된다 해도 뒤로 물러서지 말고 다시 일어나야 고난을 극복하고 성공할 수 있다.

인생의 고난을 만났는가? 고난을 두려워하지 말고 담대히 맞서라. 인내하라. 혹시 실패하더라도 뒤로 물러가지 말라. 그러면 고난을 극복하고 더 큰 성공과 축복을 얻게 될 것이다(굿뉴스 강남신문).

고난은 마치 터널을 지나는 것과 같다. 사방이 막히고 오직 앞과 뒤만이 열린 공간이다. 어둡고 답답한 터널을 지나는 것이 그렇다. 그러나 그 터널은 오래 가지 않고 곧 환한 밖으로 나오게 된다.

고난을 두려워하지 말고 고난을 이기게 하시는 능력의 하나님을 의지해야 한다. 만약 고난을 회피하고 자신을 탓하는 쪽으로 방향을 바꾸면 진정한 고난의 유익을 얻을 수 없다.

"주님의 법을 내 기쁨으로 삼지 아니하였더라면, 나는 고난을 이기지 못하고 망하고 말았을 것입니다"(시 119:92, 새번역).

고난과 현실은 맞물려 있어 톱니가 맞물려 돌아가는 것과 같다. 언제 고난이 끝난다는 보장도 없다. 다만 고난 가운데서 무엇을 배울 것인지를 살펴보는 것이 현명한 자세다.

성경에서는 고난에 대해 여러 가지 예를 들어 설명하기도 했다. 임금과 백성, 그리고 국가의 고난이 적지 않게 있음을 알 수 있다. 그들은 어떤 고난을 받았으며, 그 고난의 교훈은 무엇인지를 살펴 자신의 삶에 반영하는 것이 지혜로운 모습이다.

믿음의 조상 아브라함도 많은 역경을 경험했다. 백 세가 되어 얻은 아들을 금이야 옥이야 하고 키웠는데, 어느 날 모리아 산에서 번제물로 바치라는 하나님의 명령이 주어졌다. 아브라함은 이에 즉시 순종하였다. 죽기까지 순종했던 예수님의 삶도 고난과 무관하지 않다.

죄로 오는 고난도 있지만 하나님의 의와 뜻을 위한 고난도 있다. 물론 일반적으로 고난은 자신의 잘못이나 문제로 인해 빚어진 경우가 대부분이다. 불순종과 욕심을 따라 행한 결과는 고난을 불러일으키는 원인 제공이 되기 때문이다.

그러면 고난을 고난답게 받는 방법은 무엇일까?

역설적이지만 고난 가운데 감사하는 마음을 갖는 것이다.

욥이 몸에 욕창이 나고 죽음의 늪에 있을 때에도 하나님을 섬기고 찬양하는 일을 멈추지 않았던 것은 감사의 마음이 깔려 있었기 때문이다.

고난 가운데 불평은 매우 합리적인 것 같지만 결과는 그렇지 않다. 오히려 영혼은 피폐하고 사막의 죽어 있는 나무처럼 변하고 말기 때문이다.

신앙인에게 고난은 분명한 뜻이 있기 마련이다. 개인마다 신앙관이 다르고 하나님과 관계성도 달라 고난을 공통적으로 정리하기는 어렵다. 개인마다 고난을 통해 특별한 섭리와 뜻이 있기도 하고 변화를 요구하는 방식도 있다.

하나님의 계획은 무한하시다. 태어나서 인간의 삶 자체를 우리 스스로 만들어 가도록 하지 않으셨다. 본질적으로 피조물인 인간이 창조주 하나님을 섬기고 경외하며 영광을 돌리는 것을 원칙으로 하고 계신다.

하나님께서 바라고 원하시는 일이 있는데, 그 영혼이 곁길로 가거나 깨닫지 못하고 시간 낭비를 하고 있다면, 적절한 때에 고난을 통해 변화의 기회를 갖도록 하신다.

고난의 교훈

●

나는 병원에 있으면서 많은 아픔과 고통을 통해 고난이라는 부분을 재정리해 보았다.

죽음이 없는 인생이라면 어떨까? 터무니없는 생각이지만 죽음이 없다면 지금의 인간은 타락에 타락으로 짐승처럼 변질되어 악을 물마시듯 하고 살 것이다. 그러나 죽음이 있기 때문에 그 죄를 멈출 수 있고 인간임을 스스로 자각하게 되는 것이다.

행복이니 축복이니 하는 삶의 거대한 슬로건을 걸어놓고 더 많이 가져야 한다는 욕심의 뿌리가 지구를 돌고 있다. 타락된 인간의 모습은 처참하고 처절한 흉악한 것들로 둘러싸여 있다.

예수님은 왜 바리새인들에게 '독사의 새끼들, 회칠한 무덤 같은 자'라고 말씀하셨을까? 예수님은 사람의 악하고 패역한 모습을 보신 것이다.

우리가 살고 있는 미국도 얼마나 도덕적으로 무너지고 있는지를 실감하게 된다. 도박장이 도처에 세워지고 심지어 마약을 파는 상점도 여기저기에 있다. 동성애 금지가 아니라 법으로도 동성애를 인정하는 일을 보면서 때가 악하다는 말 외에는 다른 할 말이 없다.

구약의 다니엘 선지자는 말세에 대한 예언을 이렇게 말씀했다.

개국 이래로 그때까지 없던 환난이 일어날 것이며, 인간은 땅의 티끌 가운데 깨어 있는 자도 있고 그렇지 않은 자도 있으며, 부끄러움이 극에 달할 것이라고 예언했다.

말세를 바라보는 우리는 어느 정도 공식적인 언어를 접하게 된다. 지진, 기근, 온역, 전염병, 가뭄, 환난, 핍박, 전쟁, 동족분쟁 등 말세에 대한 〈크리스찬신문〉 리뷰에 실린 기고문을 보니 다음과 같이 기록하였다.

> 예수님께서 일찍이 말씀하셨다. "곳곳에 큰 지진과 기근과 전염병이 있겠고 또 무서운 일과 하늘로부터 큰 징조들이 있으리라"(눅 21:11). 분명한 것은 지구상에 일어나고 있는 모든 재앙들을 예수님께서 마태복음 24장에서 이미 말씀하셨고, 요한계시록이 그 사실을 조명하고 있다. 지금 세계적으로 일어나고 있는 강도 높은 지진과 가뭄과 기근과 온역(신종 전염병) 등 이러한 현상들은 놀랍게도 성경에 기록된 마지막 때의 징조와 연결되어 있다고 하는 사실이다.
>
> 성경에 나타나는 종말은 인간의 죄악과 하나님의 심판사건과 관련되어 있다. 그러므로 그 끝날은 재난으로부터 시작된다고 하였다. 이 끝날의 재난은 무서운 날로 표시하고 있다. 도처에 혼란이 일어나고 마침내 우주는 붕괴하고 만다. 별들이 떨어지고, 태양은 그 빛을 잃어버리며, 피조물들은 녹아 없어져 버린다.
>
> 또한 모든 인간관계는 파괴되고, 증오와 적의가 지구상을 지배하고, 모든 사람은 살육과 살상으로 변하고, 형제가 형제를 죽이며, 피차 손을 들어 칠 것이다(슥 14:13).

21세기에 들어서면서 지진의 횟수는 과거의 수십 배이고 이전 것과는 비교가 안 된다. 인명 피해도 수십 명이 아니라 수천 수만 명이다. 아무리 과학이 발달하고 예방조치를 취한다 해도 자연의 재해 앞에는 속수무책이다. 사람들의 기술과 과학이 마지막 시대의 재난을 막지 못한다.

요한계시록이 말하는 마지막 때의 재앙에는 사람은 물론이고 생태계가 포함된다. 넷째 인을 떼실 때에 사망이 임한다. 나팔재앙에는 땅과 바다의 3분의 1과 강들의 3분의 1이 사망에 임한다. 대접재앙은 전 세계에 미치는 재앙이다. 바다 가운데 모든 생물이 죽고 강과 물의 근원이 쑥이 된다. 사람들이 마실 물이 없어진다.

"보라 내가 도둑같이 오리니 누구든지 깨어 자기 옷을 지켜 벌거벗고 다니지 아니하며 자기의 부끄러움을 보이지 아니하는 자는 복이 있도다"(계 16:15).

"내가 진실로 속히 오리라"(계 22:20).

"아멘 주 예수여 오시옵소서"(계 22:20).

그러므로 고난과 환난은 주님께서 인간에게 주시는 교훈이며 가르침이다. 즉 깨어서 자신을 보고 이웃을 볼 수 있는 눈이 열려져야 함을 말한다. 자동차의 브레이크가 파열된다면 막대한 사고로 인명피해가 클 것이다.

시대적으로 하나님은 자연의 변화를 통해서 인류에게 경종을 울리는 나팔소리와 같은 것이다.

농부는 열매 맺는 방식을 잘 알고 있다. 적당한 시기에 꼭 필요한 일은 약을 쳐서 병충해를 사전에 봉쇄하는 것이다. 만약 그대로 두면 성한 것이 없을 것이기 때문이다.

우리 집 뒤뜰에는 여러 과일나무가 있는데 제때에 약을 치지 않으면 결코 좋은 열매를 얻지 못한다는 것을 알았다. 좋은 과실을 얻기 위해서는 적절한 때에 가지치기를 해야만 한다. 무성하게 뻗어나가는 가지를 그냥 두면 결코 실한 열매를 얻지 못한다. 그래서 사정없이 가지치기를 하게 된다.

고난은 이런 과정과 같아서 하나님은 고난을 통과시켜 우리 인생에 좋은 열매를 맺기 원하신다.

미국인들이 교회에 출석하게 된 동기는 대부분 어려운 일, 고난, 외로움, 지친 삶 등으로 나타났다. 구름이 있는 곳에는 비가 있을 확률이 높은 것처럼, 고난이 있다면 다음의 것들이 준비되어 있다는 신호인 것이다. 그래서 고난을 고난답게 받아들이고 자신을 깨우치며 돌아보는 기회와 주님께 가까이 가려는 시도가 요구되는 것이다.

고난은 하나님의 본질을 찾게 하는 유도 과정이다.

하나님의 말씀을 생각나게 하고, 깨닫게 하며, 양심의 소리를 통해서도 자신의 위치와 자신이 누구임을 보게 하는 거울이 된다. 우리는 짐승으로 변해 있는 자신을 알 리가 없고, 교만과 악으로 치장된 모습도 결코 알지 못한다.

거울을 통해 자신의 본 모습을 보면서 놀라고, 그제야 정신을 차리게 하는 것이 고난이다. 그러나 굳이 고난을 통해서만 보게 하지는 않으신다.

하나님과의 관계성에서 소통이 되고 있다면 고난을 통할 이유가 없다. 그런데 하나님과 소통 관계를 유지한다는 것은 쉽지 않다. 끝없이 밀려오는 세속의 바람과 사탄이 깔아놓은 거미줄에 걸리기가 쉽기 때문이다. 물론 영은 신령한 삶을 얻는 데 있지만, 내적으로 혼은 여전히 행복이라는 위장술을 치고 영이 식어지도록 하고 있다.

인간은 강하다 해도 약점이 있다. 흙으로 지음을 받은 까닭이다. 흙은 부서지기 쉽고 깨어지기 쉽다. 흙으로 빚은 사람의 코에 하나님이 생기를 불어넣으니 생령이 되었다.

기독교는 도를 닦아 성찰하게 되거나 신령해지는 것이 아니다. 오직 믿음을 통해 은혜의 하나님을 만나면서 변화가 시작된다.

물이 변하여 포도주가 되는 첫 기적의 역사를 예수님은 가나 혼인집에서 베풀었다. 그 의미는 신앙인의 삶은 변화에 있다는 것이다. 믿음은 하나님의 말씀을 듣고 깨달아 스스로 변화를 바라게 된다. 그런 과정에서 성령의 도우심을 통해 구원의 확신을 얻게 되며 믿음의 능력이 나타나도록 돕는다.

죽음보다 강한 고난은 없다. 설령 고난이 죽음으로 이끈다 해도 그 죽음은 헛되지 않는다. 사드락, 메삭, 아벳느고는 바벨론 왕 느부갓네살의 신상에 절하지 않았다는 이유로 극렬히 타는 풀무에 던져졌다.

하나님을 믿고 섬긴다는 이유로 이런 시련이 어디 있을까? 그러나 그들에게 시련은 오히려 하나님의 영광을 드러내는 길이라고 여긴 것이다. 살아 계신 하나님, 전능하신 하나님, 구원의 하나님을 향한 그들의 믿음을 시련과 환난도 막지 못했다.

　사도 베드로는 여러 가지 시험이 온다면 오히려 크게 기뻐하라고 했다. 그 이유는 시험은 믿음을 믿음답게 만드는 과정이며, 하나님이 쓰시고자 하는 데 긍정적으로 반응하기 때문이다.
　신앙인에게는 영원한 하나님의 나라 천국이 예비되어 있다.
　이 땅에 존재하는 것은 주님의 뜻을 많이 이루고 적게 이루는 차이가 있을 뿐이다.
　고난은 분명히 특효약이 될 수도 있고 독약이 될 수도 있다. 고난을 받는 자세에 따라 그 방향이 결정되기 때문이다. 귀한 것일수록 그 가치가 크다.
　서양의 선교사가 남아프리카의 어느 마을을 찾았을 때 원주민 아이들이 공기 같은 놀이를 하고 있었다. 그것을 목격한 선교사는 경악을 하고 말았다. 그 아이들이 갖고 놀고 있는 공기는 다이아몬드였기 때문이다. 그 아이들에게는 다이아몬드가 초콜릿보다 못했다.
　가치를 재는 저울은 매우 세미하다.
　고난의 가치는 소중하고 귀하며 하나님이 측량하실 때도 세미하게 점검하실 것이다.
　나는 아픔과 고통을 통해 십자가의 예수님을 생각했다. 그러나 나의 고통이 그만한 것으로 간주나 될까 싶었다.
　고난을 통해 믿음을 다시 발견했다. 믿음은 자신의 신앙을 뒷받침하는 근본이며 동력이기 때문이다.

나는 고통 가운데 보았네
지금의 나를 알게 했네
죽음도 곁길로 새고 있네
주님의 음성을 듣는 방향을 알았네
무가치를 가치로 바꾸는 능력을 얻었네
교만과 불순종이 넘어짐의 앞잡이임을 알았네
이제 나는 급하게 달리는 자가 아니라
목적을 향해 마라톤과 같이 뛰리라

   잃은 것이 있다면 얻는 것도 있다. 소중하고 귀할수록 얻는 것은 그만큼 노력이 요구된다. 신앙의 가치를 셈할 수는 없지만 믿음의 척도는 어느 정도 가름된다.
   탄소의 원료가 다이아몬드로 바뀌는 것은 그만큼의 압력과 고열이 필요한 것과 같이, 고난과 어려움 속에서 정금 같은 믿음을 만들어낸다.

2부

︙

기적처럼
찾아온 회복

치유의 여정

오랜 병원 생활을 통해서 몸은 거의 뼈밖에 남은 것이 없었다. 마치 낙엽이 떨어지고 앙상한 가지만이 바람에 나부끼는 것처럼 육체는 몰골이 말이 아니었다. 몸의 회복을 위해 간호사들은 밤낮없이 뜨거운 물로 욕조에서 목욕시키는 일을 먼저 했다. 혈액 순환이 급선무였다.

그동안 몸이 많이 쇠약해졌고, 근육도 약해져 물건을 들거나 일어서는 일도 어려웠다. 오랫동안 목 안으로 튜브를 넣어 두었기 때문에 성대의 한 부분이 손상되었다. 목소리도 투명하지 않을 뿐 아니라 몇 마디 소리를 내면 이내 쉬어 버렸다. 소리는 상대에게 의사를 전달하는 도구인데 도구가 망가졌다. 의사는 성대 회복이 어려울 것이라며 목소리를 조심스럽게 사용하라고 권면하였다.

고난을 통해

자목련이 미소를 짓는다
무서리에 긴 겨울을 견딘

대견함에 탄성이 나온다
저리고 아픔은
누구에게나 있어도
그것을 믿음으로
바꾸는 일은 쉽지 않다
살아 있는 믿음은
고난을 이긴 증거며
침묵 가운데
깊은 만남이 있었던 일로
만들어진 보석이다
값지고 고귀한 것일수록
시련과 연단이
만들어낸 작품이다
당신의 내면에 쌓인
묵은 것을 버리고
새것을 얻으려면
고난을 고난답게
여기고
여기서 깊은 만남을
가져야 한다
주님은 당신을 만날
준비를 늘 하고 계신다

회복이란 말이 좋기는 한데 시간이 필요하고 인내가 요구되었다. 매일 회복센터에서 여러 가지 운동기구를 이용해 근육운동을 하도록 하였다. 종이 한 장 들기도 힘들 정도로 근육이 약화되었기 때문에 고무줄을 당기는 훈련부터 시작되었다. 가벼운 스트레칭으로부터 시작하여 걷기와 가장 무게가 적은 아령 들기를 했다.

근육이 약해진 탓에 매사에 힘들고 고통스러운 운동이었지만 꼭 해야 했다. 회복은 한순간에 이루어지는 것이 아니라 인내와 끈기로 계속적인 반복훈련이 요구되었다.

매일 운동이 반복되면서 신경도 예민해졌다. 말라붙은 막대기에 물이 올라야 소성함을 얻는 것처럼 육과 마음의 소성을 주님이 도우셨다. 아내의 기도와 찬송과 말씀을 읽어주는 일이 내게는 소성함을 얻는 동력이 되었다.

회복은 육체가 아니라 심령이 먼저임을 알게 되었다. 어떤 조건과 상황에서도 주님을 의지하고 믿음을 세우는 일이 우선이었다.

하나님의 은혜로 새 생명을 얻어 회생이 되었지만, 의사의 말대로 반신불수와 기억상실, 그리고 언어 장애까지 왔다. 사람으로서 기능을 상실한 상태에서 본 나의 모습은 한마디로 비참하고 불쌍한 모습이었다.

고통스럽고 절망을 느끼는 것은 맘대로 뜻대로 되지 않는 몸 상태가 되었기 때문이었다. '차라리'라는 말이 적합할 정도의 상황이었다. 몸의 기능이 새롭게 되기 위해 물리치료부터 시작했다. 한쪽의 마비로 인해 불편은 고사하고 감각이 없다는 것이 큰 어려움이었다.

신경치료를 위해 뜨거운 초물에 손과 발을 담그는 일도 쉽지 않았다. 신경이 예민해져 있지만 반대로 신경이 기능 역할을 하는 부분도 있었다. 뜨거운 모래찜으로 신경을 살리는 일도 고통이 따랐으나 참고 견디었다.

육체의 큰 손실이 회복되기까지는 여러 과정이 요구되었다. 마치 충돌로 망가진 자동차를 보면 우그러지고 찌그러진 바디를 수리하고, 안에 있는 기계 부품이 망가졌다면 새것으로 교체하는 등의 과정이 필요하듯 사람 몸의 회복도 마찬가지였다.

스스로 음식을 먹을 수 없고 도와주지 않으면 안 되는 처지가 될 때, 회복하면서 때론 우울증과 자괴감이 일어난다고 한다. 그래서 몸과 심령까지 치유를 병행해야 함을 알게 되었다.

환경의 변화를 위해 휠체어에 앉아 병원 주위를 돌게 한 것도 치유의 방법이었다. 의사는 회복을 위해 많은 물을 마시라고 했지만 여간해서 하루에 몇 잔의 물을 마시는 것조차 쉽지 않았다.

〈브리티쉬 의학저널 오픈〉(BMJ Open)에서 말하기를, 병에서 치유에 이르는 복잡한 진행과정을 '치유의 여정'(healing journey)이라고 했다.

그 여정은 그만큼 모험적이고 인내를 통해 끝없이 자신을 보고, 새로운 세계를 바라보아야 함을 말한다. 한순간 무너진다 해도 다시 일어서야 하는 회복의 과정은 길고 긴 여정과 같은 것임을 깨달았다.

매일 회복을 위해 몸을 단련하는 시간들은 삶의 현장에서 마치 투쟁하는 것과 같았다. 매일 같은 훈련을 반복하는 것도 지겹고 힘들었다. 그러나 치유의 여정은 본질적으로 단계적이 아니라 반복적으로 해야 한다고 했다. 인내를 발휘하고 절망과 싸우면서 지속적으로 관계를 형성하고 새로운 변화에 용기를 얻기도 했다.

환자들은 점차 고통으로부터 회복되었고, 기대감과 자아 수용, 그리고 치유의 선도적 표지인 다른 이들을 돕겠다는 열망과 같은 새로운 특성들을 보이기 시작했다.

기억을 상실하다

회복을 위해서는 어떤 일도 감수하지 않으면 안 되었다. 그러나 나에게 가장 어려운 일은 기억상실이 더 큰 문제였다. 오래된 기억은 되지만 최근 기억은 상실된 것이다. 마치 컴퓨터에 저장되어 있던 기억장치가 날아가 버려 기능이 제대로 되지 않는 것과 같은 상태였다.

하나님이 인간에게 선물한 가장 중요한 것 중에 하나가 기억이라는 것이다. 기억은 과거 자신의 삶의 모든 것을 보관하는 창고이고, 그 창고를 통해 현실의 자신은 미래를 설계하게 된다.

기억이란 신경단위에 실질적으로 남겨진 흔적으로 비교적 오랜 시일 동안 저장되어짐을 의미한다. 이를 두고 기억 흔적(memory trace)이라고 부른다.

이에 대한 부호를 알 수 있다면, 신경단위에 남겨진 흔적이 무엇을 뜻하는지 알 수 있을 것이며, 이어서 한 사람의 일생을 한눈에 알아볼 수 있을 것이다.

나는 기억을 떠올려보려고 애를 쓰고 노력하였다. 기억 흔적이 신경세포에 남겨놓은 자국을 찾으려는 노력을 하고 있는 것이다.

오래된 기억들은 있는데 최근의 기억이 없고, 특히 언어 부분에 대해 기억을 하지 못했다. 기억장치 가운데 언어 기억 부분이 있다. 특히 제2외국어의 기억 일부분이 유실되었다. 모국어인 한국어는 정상적이었지만 제2언어, 즉 영어가 많이 상실된 것이다.

영어 설교와 통역하던 언어 능력이 많이 사라짐으로 말미암아 제2언어 손실을 입고 말았다. 단어가 생각나지 않고 맴돌며 영어를 들어도 쉽게 해석하지 못하는 상태였다.

학창 시절에 '걸어다니는 영어 콘사이스'라는 별명을 얻기도 했던 나에게 영어 단어들이 생소하게 들리는 것은 전혀 내가 아님을 보여주는 것이다.

아마도 33일 동안 식물인간 상태로 있을 때 뇌의 손상이 컸던 것으로 보였다. 사람의 모든 것을 관장하고 주관하는 뇌의 기억 부분이 문제가 되어 여러 방면으로 영향을 주었다. 식도에 튜브(tube)를 장기간 끼워두어 성대가 손상됨으로 말의 억양도 분명치 못했다.

의사들은 내 몸의 기능이 회복되도록 좋은 약으로 도와주려 노력하였다. 그러나 이런 상태로는 인간의 기능뿐 아니라 삶을 영위하는 데도 막대한 장애가 있을 뿐 아니라 목회자로서 설교는커녕 대화조차도 어렵게 되었다.

목회에 있어 가장 꽃을 피우고 열매를 맺게 되는 나이인데도 불구하고 극한 상황에 처하였으니 가혹한 시련이 아닐 수 없었다. 입술이 부르르 떨리고 음식을 질질 흐리는 모습을 쳐다보는 아내는 그래도 살아 있어 감사하다고 했다. 한쪽의 마비로 인한 불편은 이만저만이 아니었다.

다윗이 사울을 두려워하여 피한 곳이 가드 땅인데, 그곳에 갔을 때 그가 가드 왕 아기스 앞에서 미친 척하고 침을 흘리며 정상적인 모습이 아닌 것처럼 위장한 것이 생각났다.

옷도 스스로 입지 못하고 음식도 제대로 먹지 못하는 장애자를 돕는 이들에게 미안한 마음이 들기도 했다. 간호사들이 옷을 벗겨주고 샤워를 해주었다. 이렇듯 타인의 도움을 받지 않고는 나 스스로는 어떤 일도 자유롭게 할 수 없었다.

병동에는 의사와 간호사를 빼고는 모두 병자였다. 병원에서는 온통 고통으로 절규하는 주변 환자들의 소리를 듣고 잠에 들곤 했다.

인간은 왜 고통을 가지고 있을까? 인간은 병들었을 때에 죽음을 생각하게 된다. 통증이 심하면 심할수록 그런 생각이 들게 마련이다. 신앙 안에서 보면 고통을 통해 자신을 돌아보는 기회가 될 뿐 아니라 믿음의 바른길로 이끄는 과정으로 받아들이기도 한다.

나는 고통과 아픔의 순간들을 가능한 주님의 십자가의 고통을 생각하면서 이겨보려 애썼다.

목회를 할 때 수많은 고난과 어려움에 대한 설교를 했었다. 그러나 한편으로 생각하니 성도들의 아픔과 고통을 아는 것처럼 말한 것이 얼마나 위선적이었는지를 깨닫게 되었다. 물론 그 고통과 아픔을 당사자가 아니면 어찌 느끼고 알 수 있을까?

그들이 아픔과 고통 속에서 신음하고 있을 때 나는 무엇을 했는가에 대한 양심의 가책을 느꼈다. 그들을 위해 눈물로 애절한 절규를 하지 못했으며, 그들이 힘들어 할 때 심령으로 위로하지 못했다. 단지 말로만 위로했던 포장된 나의 모습을 생각해보니, 내가 얼마나 어리석고 교만한 목회자였는지를 다시 한 번 돌이켜 보게 되었다.

위선은 달리 위선이 아니라 함께 동참하고 함께 아픔을 나누는 진정한 그리스도의 정신이 배어 있지 못하기 때문에 나타나는 모습이다. 남의 아픔을 나의 아픔으로 받아들이는 농도는 과연 몇 퍼센트나 될까?

인간은 매우 자기중심적이고 이기적인 속성을 지니고 있다. 자기라는 울타리를 얼마나 견고히 쌓아놓고 있는가. 이것은 이성이 깨달아지면서부터 형성되기 시작한다.

'나'라는 존재는 오직 나 외에 어떤 것들도 침범할 수 없는 영역이어서, 자기 외에는 이해도 관심도 사랑도 쉽게 문을 열지 못하는 특징을 가지고 있다.

나의 아픔을 상대는 결코 느끼지 못한다. 자신이 아무리 그것을 설명해 주어도 상대방은 그 속을 알 수 없다. 왜냐하면 그것은 누구도 침범할 수 없는 자기 존재의 울타리이기 때문이다.

그러나 예수님을 주로 믿고 난 후에는 변화가 일어난다. 주님의 마음이 부어지는 믿음의 과정이 시작되는 것이다.

예수님의 체감온도는 쉽게 알 수 없지만, 믿음의 힘과 성령님의 도우심을 통해 어느 정도 접근할 수 있다.

바울 사도는 예수의 심장을 가졌다고 고백했다. 그 의미는 주님의 심정을 깊이 이해하고 그 뜻을 따르겠다는 믿음의 선언이었다. 그는 또한 "예수의 마음을 품으라"(빌 2:5)고 권면하고 있다.

그리스도의 능력과 은혜가 우리의 믿음 안에 지속되려면 그만큼 고난이 요구된다.

율법에 흠이 없을 정도로 완벽하였던 바울도 몸에 가시가 있었다고 고백했다.

> "여러 계시를 받은 것이 지극히 크므로 너무 자만하지 않게 하시려고 내 육체에 가시 곧 사탄의 사자를 주셨으니 이는 나를 쳐서 너무 자만하지 않게 하려 하심이라 이것이 내게서 떠나가게 하기 위하여 내가 세 번 주께 간구하였더니 나에게 이르시기를 내 은혜가 네게 족하도다 이는 내 능력이 약한 데서 온전하여짐이라 하신지라 그러므로 도리어 크게 기뻐함으로 나의 여러 약한 것들에 대하여 자랑하리니 이는 그리스도의 능력이 내게 머물게 하려 함이라"(고후 12:7-9).

분명한 것은, 고통과 고난이 결코 영혼을 무너지게 하는 것이 아니라는 것이다. 오히려 이런 과정을 통해 믿음의 가치를 바로 세우는 기회가 되며, 은혜를 받는 통로가 되기도 한다.

그러나 부정적인 생각으로 원망과 불평을 마음에 두고 있다면 사탄에게 빌미를 제공하는 기회가 될 수 있다.

영적 회복을 위해서 고난을 고난답게 받아들이고 승화시키는 과정이 중요했다. 회복의 과정은 멀고 먼 여정과 같아 때론 너무 지쳐 '오히려 의식이 없을 때가 좋았을 걸…' 하는 부질없는 생각이 들기도 했다.
 앙상한 나뭇가지도 봄이 오면 잎이 나고 꽃이 피며 푸르름을 갖게 될 것이라는 희망이 있다. 몸의 회복도 신체의 기능이 제대로 움직일 때 시작점이 된다.

회복의 단계

회복을 위해서는 부단한 인내와 노력이 필요하다.

회복에는 무엇보다도 하나님과의 관계 회복이 먼저 이루어져야 한다. 인간의 생명의 원천을 다스리고 계시는 하나님과의 관계가 좋아야 함은 당연한 것이다. 그렇지 못하다면 스스로 얻는 것들에 대해 책임지지 않게 된다. 그러므로 관계성이 절대적임을 알고 있어야 한다.

나의 회복의 과정에서는 영적 회복이 함께 이루어지기 시작했다. 형식적인 하나님과의 관계성뿐 아니라 기도와 찬양, 그리고 말씀에 이르기까지 온몸과 온 뜻을 다해야 하는데 그렇지 못한 것을 회개하였다. 하나님과의 관계성이 회복되면 놀라우리만큼 회복이 신속해진다.

> "여호와는 죽이기도 하시고 살리기도 하시며 스올에 내리게도 하시고 거기에서 올리기도 하시는도다"(삼상 2:6).

목회하면서 성도들이 주는 힘이 있었지만 가족에게 주는 고통도 적지 않았다. 회복은 자신뿐 아니라 가족과 함께 이루어져야 함을 절실히 느낀다.

셋째 아들 제임스가 돌이 채 되지 않을 때 헐리우드 어린이 병동에 입원한 적이 있었다. 열이 나고 아이가 의식이 없는 상태에서 정신없이 응급 병동에 입원시키고, 대기실에서 우리 부부는 무엇이 잘못된 것이 없는지를 서로 고백하면서 회개의 시간을 가졌다.

아이의 조속한 회복을 위해 우리가 할 수 있는 것은 오직 하나님께 매달리고 회개하는 것뿐이었다. 진정한 회개만이 하나님과 관계성을 회복하기 때문이다. 아무런 죄가 없는 것 같아도 위급한 상황에 이르자 미주알고주알 다 토해내는 시간이 되었다.

쉽게 넘어갈 일도 다시 한 번 되짚어보고 하나님의 영광을 가린 적이 없는지 지난 시간들을 깊이 돌아보게 되었다. 아이가 퇴원하여 정상적으로 바뀌자 언제 그런 일이 있었느냐는 듯 곧 잊게 되었다.

고통은 쉽게 잊어버리되 그 가치는 소중하게 기억하고 있어야 한다.

영원한 손길

부서진 파도는
미장공의 손이 되어
모래알을 쓰다듬는다
저만치 흘러간 파도
그새 발자국을 지운다

말씀이 감동으로
흘러든 마음에는
주님의 손길이
스친 자락 되어
편편한 마음이 되었다

양탄자가 된 그대여
바닷가에 새벽 공기를
가슴에 품고 달려도
밤새도록 스친 손길
아무리 주려 밟아도
여전히 되돌아온
그 평평함
영원한 동반자
파도의 손길

4월의 향기와 봄바람이 심령을 녹이다

•

　지루하고 암울했던 병원에서 어느 정도 물리치료를 통해 회복이 되자 퇴원이란 선물이 왔다(2003년 4월 18일, 고난주간 성금요일). 미국에서는 Good Friday라고 부른다. 수개월 만에 세상 밖으로 인도를 받았다.
　춥고 비가 부슬부슬 내리던 시애틀의 날씨도 계절의 변화를 경험하고 있었다.
　도로 주변의 꽃나무들이 눈을 뜨고 환하게 웃고 있었다.
　코끝으로 흘러 지나는 바람이 좋고 시원했다.
　꽃들의 향기도 그렇게 좋을 수 없었다.
　파란 하늘에 뭉게구름이 흘러가는 것도 아름다웠다.
　새 생명이란 말이 무색할 정도로 내 심령은 요동치고 있었다.
　다시 살아난 영혼이여, 새 생명을 얻은 영혼이여, 하나님의 능력이 아니면 어찌 이런 감격을 누리리요.
　"오, 하나님! 당신은 위대한 의사이시며 나의 아버지이십니다."
　앞으로도 회복을 위해 많은 과정이 남아 있었지만 지금은 마냥 행복함으로 가득 차 있었다.
　교우들에게 깊은 감사를 드릴 것이고, 어떤 말씀부터 전해야 할지 이런저런 생각에 감격해 있었다.

'많은 의사들과 간호사들의 수고에 어찌 다 보답할꼬.'
'나를 위해 중보기도해 주신 많은 분들에게 어떻게 보답할꼬.'
시간이 지나면서 고난을 통한 가치를 혹시나 잊어버릴까 염려되기도 했다. 소중한 것을 소중하게, 그리고 가장 가치 있게 사용하는 것이 지혜자의 마음이다.
하나님은 인생을 소중하고 귀하게, 그리고 보람되게 살도록 하셨다. 죄를 지으면 사함을 주시는 길도 열어놓으시고, 미련하고 약하면 강하게 하시고, 담대함과 지혜도 주셨다. 때론 곁길로 가는 영혼을 깨닫고 돌이킬 수 있는 용기도 주시는 분이다.
요나같이 반대로 가는 자에게도 해결 방법을 주시는 하나님이시다.

5번 고속도로를 달리고 있다. 수많은 차량들이 분주하게 스치고 지나간다. 몇 달 전만 해도 이 도로를 앰뷸런스로 급히 달렸는데, 지금은 집으로 가는 반대 방향으로 가고 있다. 죽음에서 생명으로 가는 길처럼 느껴졌다.
지난 몇 개월이 수십 년과 같이 생각되었다.
인생의 가는 길이 이처럼 단순하고 시원하게 달릴 수 있다면 얼마나 좋을까?
저 빌딩, 저 건물도 여전히 자기 자리를 지키고 있다.
캐나다 밴쿠버가 얼마나 남았는지 도로 표지판이 보이고 맥도날드 간판도 눈에 들어온다.
마치 우주의 어느 공간에서 와서 신기하게 지구의 한 곳을 쳐다보는 것과 같다.

모든 것이 신기하고 신비스러움마저 느껴졌다.

33일 동안 식물인간으로 있을 때, 아마도 나는 타임머신을 타고 수십 년 아니 수백 년의 세월을 여행했을지도 모른다.

하나님께서 갖가지 현상과 신비로운 모든 세계를 보여주셨을지도 모른다. 하나님께서는 하루가 천 년 같고 천 년이 하루 같다는 시간차의 존재 안에서 무엇인가 느끼고 본 것이 있었겠지만 지금은 아니다. 이제 나는 세상이라는 시간 속에 들어와 있다. 부정도 부인도 할 수 없는 세상 안에 섞여 사는 것도 잠시 잠깐이다.

세상이란 시차 안에 잠시 머물다가 우리는 모두 주님이 예비하신 곳으로 가게 될 것이다. 이 세상에서 하늘나라로 갈아타는 것은 그리 어렵지 않다. 복잡하고 어려운 과정도 결코 아니다. 주님이 부르시면 지체하지 않고 갈 곳이다. 다만 이 땅에서 주님을 나의 구주로 믿고 살았느냐가 가장 중요한 부분이다.

만약 그런 일이 없다면 그는 지금 가장 위험한 상태에 있음을 알아야 한다. 이것은 주님의 부름이 있기 전에 있어야 할 일이다.

자기라는 복잡한 성을 쌓고, 그것을 영원히 지키겠다는 어리석음을 버려야 한다. 많은 종교가 있어 하나쯤 선택하면 될 것이라는 착각도 버려야 한다.

종교는 인간이 만들어낸 가장 큰 불순종의 결과이다. 태초라는 말은 어느 종교도 흉내 낼 수 없는 부분이다. 거기에는 우주와 만물을, 인간을 지으신 분이 있었고, 자연의 법칙과 순리도 만들었을 때이다. 세상에 수많은 종교가 있지만 인간의 출처와 만물의 근원, 그리고 순리의 법을 내놓은 종교는 없다.

> "다른 이로써는 구원을 얻을 수 없나니 천하 사람 중에 구원을 받을 만한 다른 이름을 우리에게 주신 일이 없음이라"(행 4:12).
> "Salvation is found in no one else, for there is no other name under heaven given to men by which we must be saved."

세상 종교는 인간의 고도의 이성으로 흉내 낸 가짜 작품이다. 거기에는 구원도, 영원한 천국도 없다. 결국은 그 흉내 낸 자들도 하나님이 예비해두신 불못에 던져지게 될 것이다. 그곳에서 영원한 고통과 괴로움 속에 있게 될 것이다.

인류 역사를 보면 모든 것이 예수님을 중심으로 짜여 있음을 알 수 있다.
우리가 사용하고 있는 달력의 예를 보면,
B.C.(Before Christ)는 예수님이 이 땅에 오시기 전을 말한다.
A.D.(Anno Domini 라틴어)는 예수님의 시대라는 뜻이다.
우리가 사용하는 달력에 예수님의 시대 2018년이라고 붙이게 되지만, 예수님의 시대는 일반적으로 빼고 사용하고 있다.
우리의 생일도 예수님의 시대 아무 날이라고 말한다. 우리가 배우는 세계사의 역사는 성경의 역사라는 것을 알 수 있다. 그것으로도 충분히 증명되는 것이다.

타락한 인간의 모습이 악하고 악하기 때문에 인간의 생명도 연수가 줄었다는 것을 성경은 말씀하고 있다. 죽음을 이기거나 넘어설 수 있다면 그 사람은 그리스도를 믿지 않아도 된다. 그렇다면 그 사람이 주장하는 뜻에 의해서 수년, 수만 년을 이 땅에서 살 수 있을까? 그렇지도 않다. 종말이 있기 때문에 그것도 불가능하다.

내가 모르는 사이에 이 도로로 얼마나 많은 사람들이 이동을 했을까? 사업차 가는 사람들, 직장을 오고 가는 사람들, 학교를 오가는 이들, 애인을 만나러 가는 이들, 식당을 찾아가는 사람들, 또 누군가를 만나러 가는 사람들…. 이 모든 이들이 이 도로를 통해 가고 있다.

예수님은 "내가 곧 길이요 진리요 생명이라"고 하셨다. 주님의 길은 분명히 영원한 영생의 길이다. 인간은 언젠가는 주님의 길로 갈아타는 때가 있을 것이다. 만약 복음을 거절한 사람이라면 결코 주님이 예비한 길로 갈 수 없다.

미국 서부 고속도로는 거의 통행료가 없다. 그래서 고속도로를 프리웨이(free way)라고 부른다. 그러나 뉴욕 지역은 가는 구간마다 통행료를 지불하게 된다.

주님이 우리를 위해 예비하신 영원한 천국의 길은 통행료가 없고, 다만 믿음이라는 것을 통해 구원 얻는 사람에게만 허용되는 길이다.

오랜만에 강단에 서서 끝까지 남아 있는 성도들을 보았다.
서로가 눈물이 앞섰지만 목회자로서 강단에 설 수 있다는 것이 회복의 첫걸음이었다. 그러나 의지와 마음은 원하지만 육신과 정신이 온전치 못했다. 같은 내용의 설교를 반복하는 등 두서가 없고 앞뒤가 안 맞는 메시지를 전하는 것은 성도들을 지치게 하였고, 스스로 온전치 못함을 증명하는 일이 되었다.

의사는 설교를 해서는 안 된다고 했지만 나는 그 말을 무시하였다. 마음은 할 수 있다고 했지만, 실질적으로 기억이나 말, 그리고 행동까지 부자연스럽고 어색하기 짝이 없는 상태였다.

무슨 말을 했는지도 기억이 없었다. 오직 성도 사랑만으로 만족해야만 했다.

회복의 속도가 빨라지는 것을 지켜본 의사들은 기적이라며 다들 감탄을 하기도 했다. 그런데 잘 회복되던 어느 날 몸에 이상이 생기기 시작했다.

가려움증이었다. 온몸이 미칠 정도로 가렵고 가려움을 견딜 수 없었다. 의사의 처방약과 바르는 연고도 소용이 없었다. 가려움의 고통은 참으로 말할 수 없는 괴로움이었다.

아내는 밤새 내 등을, 나는 손이 가는 곳마다 피가 날 정도로 긁어댔다. '세상에 이런 고통이 어디 있을까' 하는 탄식이 밤이고 낮이고 흘러나왔다. 약도 소용없고 미칠 것 같은 증상을 보고받은 담당의사는 정밀검사를 하기에 이르렀다.

재수술

●

　문제는 심장에서 간으로 연결된 중요한 5개의 관 중에 하나가 문제였다. 동맥으로 연결된 관이 꼬여 문제가 되었음을 발견하게 되었다. 꼬이게 된 관으로 인하여 여러 가지 부작용이 일어나게 되었다. 그중에 하나의 증상이 가려움증이었다.

　밤낮없는 가려움증은 정말 고통스럽고 괴로웠다. 피부에 피가 흐르고 있어도 상관없이 긁어대는 내 모습은 추악하기 짝이 없었다. 간으로 연결된 관 하나가 막히자 그 증상이 가려움증으로 나타난 것이다. 보이지 않는 작은 곳에서 발생된 문제가 피부의 가려움증으로 나타났다. 가려움증은 말로 표현할 수 없을 정도로 고통스러웠다.

　의사는 약을 처방했지만 수술 외에는 답이 없다고 했다.

　꼬여진 관이 중요한 흐름을 막아 소통을 어렵게 했다.

　신앙도 주님과의 관계에 있어 어느 한 부분이 꼬여 있다면 삶에 막대한 영향을 미치게 될 것이다. 꼬여진 부분을 해결하지 못한다면 여전한 고통이 수반될 것이다. 병원에서는 스테로이드를 통해 통증을 일시적으로 해소해 보려고 했다. 꼬여진 관을 기계 로봇을 통해 풀어보려고 여러 차례 시도했다. 갖가지 약물 투여와 기계장치를 통해 꼬이고 막힌 관을 뚫어보려 시도했지만 쉽지 않았다.

결국 날짜를 잡아 수술하기로 결정되었다. 끔찍한 수술을 다시 해야만 했다. 이미 배에 큰 수술의 흔적이 있다. 처음 수술을 하고 봉합하는 것을 볼 때 내 스스로 흉측하여 차마 볼 수 없었다.

스테이플러를 삼십 개가 넘게 찍어놓은 배를 보면서 아픔과 통증이 얼마나 컸는지 모른다. 생각만 해도 끔찍한데 다시 수술을 해야 한다고 할 때 '어찌 이런 일이 또'라는 탄식의 소리가 절로 나왔다.

미국에서 손에 꼽는 워싱턴 대학병원은 최첨단 장비와 의술과 신약 개발로 정평이 나 있었다.

나의 담당의사팀들은 많은 회의를 거쳐 장기 상태가 매우 안정적이고 심장 맥박도 정상수치여서 수술에 지장이 없다고 결론 짓고 신속하게 날을 정했다. 담당의사는 우리 가족들에게 매우 세밀하게 수술 과정을 설명해 주었다.

조그마한 관이 있어 어느 정도 잘라내고 그 관에 미세한 플라스틱 관으로 연결한다는 복잡한 설명을 귓전으로 들으며 나는 오직 주님의 도움을 의지하고 있었다.

세상의 의술은 매우 발달되어 가히 의술의 혁명이라고 부를 정도가 되었다. 몸 안의 좋지 않은 부위를 도려내고 붙이고 하는 기술은 이 시대의 문명 이기 중 하나일 것이다.

그런데 '인간의 영혼이 잘못되었을 때 하는 수술 방법은 없을까?' 하는 생각도 들었다. 그러나 결코 쉽게 바꾸지 못하는 것은 사람의 생각과 마음일 것이다. 사람의 마음이 얼마나 강퍅하고 강한지를 성경은 이렇게 말씀하고 있다.

> "유다의 죄는 금강석 끝 철필로 기록되되 그들의 마음판과 그들의 제단 뿔에 새겨졌거늘"(렘 17:1).

금강석 끝으로 새긴 것은 그만큼 사람의 마음이 강하고 쉽게 바뀌지 않음을 시사하고 있다. 그러나 인간에게는 가장 큰 약점이 있다. 죽음과 병, 그리고 고독이라는 것으로 인간은 약해지고 변할 수 있는 여지가 있다.

그렇다면 마음과 심령이 병들면 어디서 고칠까?

가장 현명한 방법은, 그리스도 앞으로 나와 자신의 죄를 고백하고 회개함으로 사함을 얻어 심령의 평안을 얻을 수 있다.

궁극적으로 치료의 근원은 하나님이시다.

> "나는 너희를 치료하는 여호와임이라"(출 15:26).

수술 부위가 아직 아물지 않은 상태에서 다시 그 자리를 연다는 것은 매우 안타까운 일이지만, 여러 연구 끝에 내린 진단을 받아들일 수밖에 없었다.

고통과 아픔이 가시기도 전에 또 한 번의 수술이 기다리고 있었다. 그러나 매일 계속되는 고통스런 아픔과 가려움이 어느 정도 해결된다면, 어떤 일도 감수할 수 있다는 마음의 자세가 되어 있었기 때문에 쉽게 수술대에 누울 수 있었다.

옷을 갈아입고 침대에 누웠을 때 간호사들이 분주하게 움직이기 시작했다. 팔에 아이비 주사와 혈압기와 산소마스크를 씌우고 서서히 수술실로 진입하게 되었다.

수술 담당전문의들은 만반의 준비를 하고 환자를 기다리고 있었다. 마침 간호사가 "홍 선생님, 지금 전신 마취에 들어갑니다. 마스크를 코에 대면 크게 숨을 쉬세요"라고 했다.

크게 숨을 쉬면서 "주님, 나에게 또 다른 은혜의 역사가 시작되고 있습니다. 주님의 손에 의탁합니다"라고 했을 때 나는 깊이 잠들고 있었다.

"미스터 홍……미스터 홍……" 하는 가느다란 소리가 귓전에 들렸다. 의식적으로 "네, 네" 하는 반응을 보이자 간호사는 안도의 숨을 쉬면서 수술이 끝났다고 말했다.

회복실로 옮기는 침대 수레소리가 들려왔다.

나는 8시간 동안 깊은 잠에 들었고, 다시 깨어났을 때는 잠을 자고 깬 상태라고 여겼다. 나의 배 부위를 천으로 둘둘 감아놓은 것이 작은 산 높이만큼 보였다.

이것이 삶의 현장과 같다는 야릇한 마음도 들었다. 이 과정이 지나면 또 다른 일들이 기다리고 있을 것이라고 생각되었다. 기억의 회복과 언어의 회복이 또한 중요한 것이므로 하나님께 간청하고 기도하는 방법 외에는 없었다.

의사들은 많은 세월이 필요하다고 했지만 나는 그렇게 오랜 시간을 기다릴 수 없었다. 할 일이 태산인데 언제까지 회복에 매달릴 것인가.

그러나 아무리 급해도 우물에서 숭늉을 기다리는 것은 어리석은 일인 것처럼, 나도 느긋하게 기다리며 회복을 구하도록 마음을 가져야 했다.

놀라운 것은 그렇게 심하던 가려움증이 사라졌다. 역시 문제는 거기에 있었던 것이다. 문제의 근원을 해결하면 해방과 기쁨이 배로 늘어난다.

사람의 인체조직에 새삼 경이로움과 신비로움을 느끼게 되었다. 사람을 만드신 분도 하나님이시며 생명을 취하시는 분도 하나님이라는 것을 절감하였다.

수년의 회복 과정에서 불가능하다고 하던 부분들이 하나님의 은혜로 회복되기 시작하였다.

그 첫째가 반신불수에서 몸이 풀어지기 시작했다. 처음에는 휠체어를 타고 다녔지만 서서히 홀로 서기로 자리 잡았다. 근육운동을 통해 살이 붙기 시작하고 몸의 기능들이 정상처럼 가동되고 있었다. 마치 구약에 나오는 에스겔 골짜기 사건이 떠올랐다.

그곳에는 오랜 세월 동안 비바람에 씻겨 극심하게 말라 버린 뼈들만 널려 있었다. 그러기에 이 골짜기는 오직 황량함과 전율, 공포, 그리고 절망만이 존재하는 곳이었다.

선지자 에스겔의 눈앞에 펼쳐진 골짜기의 모습은 바로 이스라엘 민족이 겪고 있는 절망감의 극치를 보여주고 있었다.

또한 골짜기에 가득한 마른 뼈들은, 바벨론 땅에서 당하는 포로 생활의 비극과 고통 때문에 소망이 완전히 말라 버린 이스라엘 백성들의 삶의 현장 그 자체였다. 이는 영혼이 말라버리고 심령이 고갈된 상태를 묘사하고 있다. 오늘날 이런 상황과 상태는 우리 주위에서 얼마든지 볼 수 있다.

하나님께서는 에스겔에게 골짜기를 뒤덮고 있는 심히 많은 마른 뼈를 보여주시면서 "인자야 이 뼈들이 능히 살겠느냐?"라고 에스겔에게 질문하셨다.

여기에서 "살겠느냐"는 말은 히브리어로 '하야'인데 '재생시키다, 회복시키다'라는 뜻이 담겨 있다. 그러므로 에스겔에게 던지신 하나님의 질문은 "이 골짜기의 뼈들이 다시 살아나겠느냐? 이 뼈들과 같이 소망이 말라 버린 이스라엘이 회복되겠느냐?"라고 물은 것이다.

이와 같은 하나님의 질문에 에스겔은 간단하지만 확실하게 "주 여호와여 주께서 아시나이다"(겔 37:3)라고 응답한다. "주 여호와만이 이스라엘을 다시 살리시며, 오직 주님만이 회복시키실 수 있습니다"라고 고백하였다.

하나님은 에스겔에게 모든 말라 버린 뼈에게 하나님의 말씀을 대언할 것을 명령하셨다.

그래서 에스겔은 "너희 마른 뼈들아 여호와의 말씀을 들을지어다 주 여호와께서 말씀하시기를 내가 생기를 너희에게 들어가게 하리니 너희가 살아나리라 너희 위에 힘줄을 두고 살을 입히고 가죽으로 덮고 너희 속에 생기를 넣으리니 너희가 살아나리라"고 선포하였다.

에스겔이 이렇게 하나님의 말씀을 선포하는 그때에, 뼈들 가운데서 소리가 났다. 뼈들이 움직이기 시작했다. 뼈들끼리 들어맞아 서로 연결되었다(겔 37:7-8).

하나님께서 에스겔에게 다시 대언할 말씀을 가르쳐 주셨다.

> "너는 생기를 향하여 대언하라 생기에게 대언하여 이르기를 주 여호와께서 이같이 말씀하시기를 생기야 사방에서부터 와서 이 죽음을 당한 자에게 불어서 살아나게 하라"(겔 37:9).

에스겔은 하나님의 말씀에 그대로 순종하여 모든 마른 뼈들에게 그대로 외쳤다. 그러자 생기가 서로 들어맞은 뼈들에게 들어가 곧 살아났다. 죽은 정도가 아니라 말라 버렸던 뼈들이 일어났다. 그리고 큰 군대가 되었다. 이것이 에스겔이 본 마른 뼈 골짜기의 환상이다.

하나님께서 보여주신 이스라엘이 다시 살아나 회복되는 희망을 주신 것이다. 영혼의 회복도 예언을 통해 삶의 희망을 주시는 것과 같이 오늘날에 있어서도 하나님의 영이신 성령께서 우리를 돕고 믿음의 사람으로 인도하신다.

목 안으로 튜브를 오랫동안 끼워놓은 까닭에 성대가 상했다. 목소리가 갈라지고 곧 쉰 목소리로 바뀌고 나중에는 아예 말이 나오지 않았다. 목 전문 병원에서 갖가지 검진을 하였다. 소리를 내는 성대가 둘인데 하나가 손상되어 회복이 불가능하다고 진단했다. 목회자에게 소리는 생명과 같은 것인데…… 가능한 목소리를 조심스럽게 사용해야 했다.

무엇보다도 운동과 충분한 수면이 중요하다는 것을 새삼 깨닫게 되었다. 수시로 병원을 드나들며 몸의 상태를 점검받았다. 회복되는 과정을 지켜본 담당의사들은 놀라울 뿐이라며 당신이 믿는 하나님의 은총이라고 말하기도 했다.

기억력은 두 가지로 구분했다. 장기적 기억력과 근래의 기억력이다. 나는 근래의 기억이 상실되어 수년 간의 일을 기억하지 못하는 답답함이 지속되었다. 아내는 사진을 펼쳐 보이면서 "이때를 아느냐, 누구와 함께했느냐, 이 사람은 누군 줄 아느냐"는 등의 질문을 했고, 적당히 안다고 답을 했지만 사실은 기억이 나지 않는 부분이 있었다.

시애틀로 오기 전에 오레곤 포틀랜드에서 엘림한인교회를 개척하고 5년 반 동안 목회를 했었다. 아내는 시애틀에서 3시간 떨어진 포틀랜드에서 살던 집을 찾아가서 주위의 기억을 살려보라고 독촉했다.

"여보, 여기에 있는 고등학교가 큰아이가 졸업한 학교이고 저기가 둘째, 셋째가 다니던 초등학교와 중학교에요"라고 설명해 주었다.

당시 우리가 살던 집은 차량이 분주하게 다니는 도로변에 있었다. 다세대가 살아가는 단지 안에는 뒤뜰에 넓은 과수밭이 있었다. 심심하면 거기서 포도와 오렌지, 그리고 사과 등을 따 먹었던 일이 있었다.

그리고 도로 건너편에는 공동묘지가 있었다. 비가 부슬부슬 내리는 날에는 건너편의 공동묘지가 묘한 안개 연기로 감싸이는 것이 썩 기분이 좋지 않았지만 시간이 지나면서 오히려 정겹기도 했었다.

옆집과 벽 하나로 붙어 있는 집에는 나이든 할아버지가 홀로 살고 있었다. 우리는 어쩌다가 방귀가 크게 터져 나오면 할아버지가 듣겠다며 웃음을 터뜨린 적도 있었다.

집에서 약 30분 떨어진 곳에 한인이 운영하는 기도원이 있었다.

기도원 원장 목사님은 아내가 처녀로 있을 때에 일했던 안양에 있던 유치원 원장이었다. 그분을 포틀랜드에서 만났을 때 얼마나 기쁘고 감격했는지 모른다. 아내는 그 기도원을 가면 어느 정도 기억이 날 것이라며 인도를 했다.

포틀랜드 도시에서 26번 서쪽 고속도로를 타고 약 30-40분 정도 가다가 내려서 산 쪽으로 향하면 되었다. 구릉 산자락에 집들이 많이 들어서 있고, 기도원의 터는 산속 허리자락에 위치했는데 경관이 아름답기 그지없었다. 해가 지는 서쪽 하늘은 붉고도 화려한 음율을 지을 만큼 예술적 장관을 이루었다.

기도원 목사님은 어느 날 나를 부르며 상의할 것이 있다고 했다. 당시 우리 집이 가까이 있어 쉽게 달려갈 수 있었다. 그는 다름 아닌 성전 건축의 청사진을 펼치고 나에게 도움을 구했다.

일꾼 몇을 데리고 자기가 성전을 짓겠다는 것이다. 아니 어떻게 도면도 제대로 없고 설계도 없는 상태에서 몇 명의 노동자를 고용해서 성전을 짓는다는 말인가? 황당한 이야기였다.

그러나 그분의 의지는 강했다.

트럭으로 홈디포에서 시멘트며 나무 자재 등을 사다 날랐다.

이백 명이 들어갈 강단 바닥을 콘크리트 치고, 기둥을 세우고 벽을 세우는 일을 같이 거들었던 일이 있었다.

원장 목사님은 결국 해냈다. 멋진 건물을 완성했다.

문제는 과연 시 당국에서 어떤 제재가 없을까 걱정이 되었다.

목사님은 구릉지 평지에 과실나무도 심고 기도원을 찾는 사람들에게 무료로 먹을 수 있도록 하셨다.

겨울이면 통나무 장작을 피워 방안을 뜨겁게 달구고 고구마를 난로 안에서 꺼내 먹으며 찬양했던 행복한 추억이 있었다.

그런데 아내와 함께 기억을 찾아서 그 기도원을 찾았을 때는 이미 폐허로 남아 있었다. 잡풀이 무성하고 옛 성전은 한쪽이 허물어져 있었다. 그들이 살고 있던 이층집도 비어 있어 폐허가 된 건물이 눈에 들어왔다. 목사님이 떠나고 기도원 운영이 중단되었기 때문이다. 아마도 딸이 거하는 시카고로 갔을 것이라는 생각이 들었다.

그 원장 목사님에게는 두 딸이 있었다. 참으로 예쁘게 자란 공주들이었다. 큰딸이 대학을 졸업하고 직장을 다니지만 노처녀가 되어 가는데 아직 신랑감이 없다고 사모님이 탄식조로 말하는 것을 듣고 아내는 한 사람을 기억해냈다.

나는 포틀랜드로 오기 전 탬파순복음교회에서 담임목사로 사역했었다. 그때 의사였던 안수집사님 아들이 생각난 것이다.

그가 시카고에서 큰 무역을 담당하는 일을 하고 있었고, 당시 안수집사 부인이 아들의 신붓감을 찾아달라던 말이 기억난 것이다. 기도원 목사님의 딸에게 의사를 묻고 탬파의 안수집사에게 연락하고 젊은이들이 서로 전화 교제를 하다가 결혼하게 되었다.

이런저런 일로 하나님께서 기억을 어렴풋이 되살려 주셨다. 불가능한 일들을 현실 속에서 하나님이 생명라인을 통해 공급하고 있음을 실감하였다.

인간에게는 기억이란 장치를 통해 과거의 일들이 분명히 어딘가에 잠겨 있는 것이 분명했다.

컴퓨터에 저장된 하드 드라이버에 문제가 생기면 전문가에게 가면 어느 정도 복구가 되듯, 사람을 지으시고 만드신 분에게 요청하면 되살릴 수 있다는 것이다.

나는 분명히 되살려지고 있었다. 기억이 나기도 하고 안 나기도 했다. 안개가 걷히며 서서히 투명하게 보이는 것과 같이 과거의 일들이 서서히 뚜렷해지고 있었다.

아멘, 할렐루야!

생명은 변화를 시도한다

주인은 말했다
한 번 더 기회를 주자
그때도 열매가 없으면
찍어 불에 태우리라

꿈틀대는 애벌레도
날려는 변화를 열망한다
씨는 땅속에서부터
변화를 시도한다
변화는 생명에 내린
가장 큰 축복이다

육신의 사람이
영의 사람으로
변화되는 것은
신앙인에게 내린
가장 큰 선물이자 복이다
실패와 좌절의 아픔도
변화의 과정에 있다는 증거이다

하나님의 뜻대로
살려고 꿈틀대어 보라
그 뒤에는 변화라는
새 옷을 입게 되며
영광의 광채가 빛을 낼 것이다
변화하지 못하면
죽음만이
입을 벌리고 있을 뿐이다

   이제 남은 것은 언어장애이다. 언어장애로 인해 잃어버린 영어 복구가 중요한 과제로 남아 있었다. 분명히 아는 단어인데도 기억 장치에서 쉽게 내보내지 않았다. 문제는 분투와 싸움을 통해 기억을 새롭게 하는 방법밖에는 없다고 판단하였다.
   영어 단어장을 집어 들고 반복적으로 복습하였다. 영어 성경을 읽고 또 읽어가면서 기억을 되살리려고 부단한 노력을 기울였다. 언어장애는 수 년에 걸쳐서 서서히 회복되었다. 온전한 회복은 아니지만 목회 활동에 큰 지장이 없다고 판단되었다.

하와이 이반젤대학에서 특별초청 강의 신청이 왔을 때 과연 과거의 교수 생활을 할 수 있을까 하는 염려도 있었다.

영국 유학을 마치고 미국으로 들어와 목회하면서 약 8년 만에 상담학 박사학위를 취득하였다.

그 후 목회를 하면서 뉴욕, 나성, 하와이 등의 대학에서 상담학과 선교학을 가르쳤다.

하와이 이반젤 신학대학에서의 강의 준비를 마치고 비행기에 올랐다. 쓰러지기 전 하와이에서 발병의 증상을 알았고, 수 년에 걸쳐 회복되어 다시 하와이로 가는 것이 매우 감격적이었다.

집중강의를 통해 어느 정도 회복되었음을 확인하게 되었다.

강의를 통해 얼마나 뇌의 기능이 작동되는지, 지식의 전달은 충분한지, 과거의 강의에서 가르쳤던 내용들이 얼마나 생각이 나는지 등의 점검을 통해 앞으로의 진로 방향에 영향을 미칠 것으로 판단하였다.

회복이란 참으로 신기하고도 놀랍다. 몸의 회복뿐 아니라 기억과 마음의 회복이 그렇다. 할 수만 있다면 과거의 나쁜 기억은 삭제되고 현재의 아름다움만 저장되면 좋을 텐데……

특수 훈련을 받던 중 벼랑에서 떨어지다

나는 일찍이 육체적 회복에 대한 간증이 있었다.

대학생 때 데모에 가담했다가 졸지에 헌병들에게 붙잡혀 논산 훈련소로 직행되었다. 피끓는 젊은 청년 학생들은 나와 더불어 보광동 역에서 논산훈련소로 강제 입소되었다.

당시는 유신체제와 삼선 개헌 반대라는 명목으로 공부는 뒷전으로 하고 학생들과 어울려 다니던 때였다. 장발이던 나는 한순간에 머리가 밀렸고 정력 약화주사를 맞는 등 육체적인 시련이 시작되었다.

훈련생활을 통해 조교들에게 많은 들볶임을 받은 것은, 깝죽거리는 대학생들에게는 혹독한 훈련이 답이라고 생각했기 때문이다. 훈련이 끝나고 자대배치를 위해 우리는 트럭을 타고 강원도 춘천에 도착하였다. 인제와 원통이란 소리를 들으면서 불안한 마음이 들기도 전에 또 다른 트럭으로 올랐다.

모 사단에 도착하자 몇 주 동안 전방훈련을 받았다. 훈련이 끝나자 많은 동료들은 자대 배치로 물밀듯이 빠져 나갔다. 조교들은 훈련을 끝내고 떠나는 병사들을 환송하면서 손을 흔들어 주었지만 정작 나는 홀로 남아 있었다.

나를 조교로 삼으려나 하는 의혹을 갖고 있을 때 조그마한 사람이 식사하러 가자며 식당으로 안내를 했다. 조교들은 홀로 남은 이유에 대하여 어느 정도 알고 있는 눈치였지만 나는 감도 잡지 못하고 있었다.

땅거미가 내려앉을 때쯤 부대 안으로 지프차 한 대가 오고 있었다. 검은 베레모를 쓴 대위였다. 나의 이름을 확인하더니 지프차에 오르라고 했다.

지프차가 비포장도로 산악길을 계속 접어드는 것이 예사롭지 않다는 예감이 들었다. 대위는 나에 대한 어떤 질문도 없었고 나 또한 침묵으로 답했다. 강원도 민간인이 통제된 건봉산 깊은 곳에 자리한 부대는 특수부대였다.

이 부대는 HID(특수요원부대)와 매우 밀접한 부대였다.

국가 비밀상 언급은 안 하겠지만, 난 이 부대에서 매우 혹독한 훈련을 받게 되었다. 이 훈련을 마치면 이 부대에 행정요원으로 픽업될 거라고 한 요원이 나에게 살짝 귀띔해 주었다.

어느 날 한 요원이 다가와 "자네는 예수 믿느냐"고 질문했다. 나는 즉시 "그럼요" 하며 심지어 성령체험을 통해 방언도 받았다며 자랑을 했다.

그는 나의 말을 듣고 한참을 침묵하더니, 지금 중요한 것은 성령 충만이 아니라 어떤 상황이나 어려움 속에서도 주님을 부인하지 않는 것이 중요하다고 말했다.

나는 그의 의미심장한 말의 뜻을 알아차리지 못했다. 그리고 다음 주일예배에 갈 수 있도록 하자며 나의 어깨를 두드리면서 잘 견뎌보라는 말을 남기고 떠났다.

내무반 안에 있는 요원들은 이름도 계급도 없었다. 그들은 평안도 말과 함경도 말을 섞어 쓰기도 했다.

내무반 끝 벽에는 김일성 초상화가 걸려 있었다.

그들은 심심하면 손에 부착된 단도 검으로 20미터가 넘은 곳에서도 돌아서서 "코" 하고 비수를 날렸다. 어김없이 코에 칼날이 꼽혔다.

이들은 몇 번이나 저 너머를 다녀온 군인들이었다. 그들은 후방에서 특수 훈련을 받은 요원과 함께 안내를 하는 일을 하고 있었다. 우리 부대는 이런 안내를 전문으로 하는 일을 하고 있었다.

그러던 금요일 저녁 그들은 나를 불렀다.

내무반 통로 양쪽으로는 침실과 각자의 병기들이 도열되어 있는데, 겨울이면 워낙 추운 곳이라 뻬치카(난로)가 몇 개 설치되어 있었다.

"너, 어디서 왔어?"라고 한 요원이 질문을 던졌다.

"네, 서울 회현동에서 왔습니다"라고 하자 "회현동이 다 네 집이냐?"라고 큰 소리를 지르는 것이 예사롭지 않다는 생각을 했다.

"네, 회현동 1가" 몇 번지라고 말하기도 전에 "너, 예수 믿냐"라는 질문을 받자 꼭 로마 황제 앞에서 순교를 준비하고 있는 신자처럼 느껴졌다.

얼떨결에 "네, 믿습니다"라고 하자 "이리 와봐" 하는 음성을 듣고 자동 로봇처럼 다가갔다.

"정말 믿어? 확실해?"

"예, 네"라고 하는 순간 주먹이 날아들었다.

그들은 한 번 아니면 죽는다는 신념이 있는 자들이었다.

나는 순간 스타워즈에 있는 별들을 보았다. 오기로 다시 일어나자 또 다른 주먹이 얼굴을 강타했다.

생전에 이런 강한 주먹맛을 본 적이 없었고, 한 방에 이런 힘의 농도가 있는 것도 처음 알았다.

나에게 "예수 믿느냐"라고 한 형제의 질문이 무엇인지를 순간 알아차렸다. 나는 서너 방을 맞고 의식을 잃었다.

의무실에서 깨어난 것은 토요일 아침이었다.

나의 얼굴은 얼굴이 아니었다.

두 얼굴의 사나이보다도 더 심한 모습이었다.

치아는 드러 누웠고, 입 안쪽으로 12바늘을 꿰맨 얼굴은 괴물의 모습으로 변해 있었다.

몇 번 맞을 때 나는 결정했었다.

예수를 안 믿겠다고 말했다.

베드로가 3번 부인한 것과 같이 나는 예수님을 배신하는 것으로 그 순간 폭력을 모면하려고 한 것이다.

그러나 어찌된 일인지 그 요원들에게 "나는 죽어도 예수를 믿는다"라는 고백을 했다고 믿음의 형제가 와서 위로하면서 말했다.

너는 해냈다는 것이다. 무엇을 해냈는지는 다음 날 알게 되었다.
나와 그 형제는 지프차를 타고 민간인이 있는 강원도 백담사 입구 용대리교회로 주일예배를 가게 된 것이다. 그 부대에서 이제 유일하게 두 명의 예수 믿는 군인이 됨을 인정받은 것이다. 붕대를 칭칭 동여맨 나는 마치 죽은 나사로가 무덤에서 나온 것 같은 모양이라고 할까?
용대리교회에서는 경사가 났다며 환영을 하였지만 정작 나는 음식을 먹을 수 없었다. 교회 여선교회 회장이 미음을 끓여 간신히 몇 숟가락을 입에 넣기도 했지만 먹기 어려웠다.

몇 해 전 나는 한국 방문을 통해 극동교회 목사님 내외, 그리고 아내와 함께 40년이 넘어 용대리교회를 찾아보기로 했다.
비포장도로와 달리 잘 정비된 도로로 찾아가면서 감개무량함을 느꼈다. 기억을 되살려 현지에 도착했지만 교회는 없었다. 식당 종업원에게 물으니 저 산 쪽으로 이사한 지 오래라며 손으로 가리켰다. 그 시절 조그마한 목조나무 교회 대신 잘 지어진 현대식 교회로 변해 있었다.
교회 옆에 어린이 유치원이 있었다. 유치원 선생을 만나 여차저차 이야기를 하자 목사님은 출타하셨고, 그때 계셨던 분이 한 분 있다며 집을 가리켰다. 내가 당시 6개월을 다녔던 아련한 기억 속에 여선교회 회장님은 매우 젊은 분이었다.

이윽고 나이가 꽤 많아 보이시는 할머니를 만나게 되었다.

그분에게 자초지종을 이야기하자 눈시울이 붉어지면서, 그때 여선교회 회장이 자신임을 밝혀 한동안 서로 놀라 바라보다가 해우하게 되었다. 그분은 그때를 기억하고 있었다. 나의 이름은 모르지만 붕대로 칭칭 감고 와서 온 교인들이 눈물로 환영했음을 말해 주었다. 그가 바로 나라고 하자 더더욱 감격하였다.

나는 지면을 빌어 그때 함께 교회에 갔던 형제 이름이 주문진에 사는 김영환임을 밝힌다. 언젠가는 꼭 만나보고 싶은 나의 믿음의 형제이다. 짧은 부대생활을 통해 결코 잊을 수 없는 믿음의 동료였다.

주일 첫 예배를 마치고 부대로 복귀하자 어제의 악마 같은 자들이 내무반으로 나를 불렀다. 그들은 나의 몰골을 보면서 무릎을 꿇고 미안하다고 했다. 그리고 왜 이런 가혹한 방식을 썼는가에 대한 이유를 설명했다.

자기들은 쥐도 새도 모르게 죽음을 눈앞에 두고 있고, 위험한 처지로 향하는 발걸음에 하나님의 도움을 받는 것이 가장 큰 안위라고 생각하여, 김영환 외에 한 사람 더 있어야 참된 성도의 기도를 통해 자신들이 보호를 받을 수 있을 것이라고 하여 그동안 많은 시험을 했다고 한다. 하지만 모두가 가짜였고 너만은 진짜였음을 이제야 알았다고 눈물로 고마움을 전했다.

6개월의 훈련은 아침이고 저녁이고 시도 때도 없이 진행되었다.

매일 아침 기상과 동시에 360고지를 오르고 내리는 훈련은 가히 보통 사람으로는 할 수 없는 것이었다.

2주마다 16km 완전무장 상태로 구보를 하게 된다. 모래배낭에 모래주머니를 차고 네 명이 한 조가 되어 하는 구보 행진은 마치 지옥행진이라고 보는 것이 맞다.

출렁거리는 배낭은 등의 피부를 피로 물들게 하고 핏물이 군화에 고인다. 한 명이 쓰러지면 세 명에게 무거운 짐이 되므로 혈연의식을 갖고 뛴다. 인간의 본능적인 초인의 힘을 끌어내어 의식이 아닌 무의식 상태로 훈련을 하는 것이다.

어느 때는 예고 없이 밤 이동을 하게 되는데, 철책을 열고 비무장지대 안으로 매복을 나가게 되었다. 무장공비가 들어오는 통로를 밤에 지키게 된다. 옆에는 오수동이란 계곡의 폭포소리가 요란하게 들리고, 소쩍새의 처량한 울음 소리가 마음을 음산하게 한다.

2명이 한 조가 되어 다른 조와 손목에 인계선을 묶고 심야에 매복을 하게 된다. 몇 시간 동안 대화 없이 오직 인계선으로 당기고 하는 신호를 주고받을 뿐이다. 은신처 앞에는 크레모아(대량살상용 무기 / 벽돌만 한 플라스틱 박스에는 약 800개의 쇠알이 들어 있음)를 박아놓고 적을 기다리고 있다.

건너편에는 금강산에서 흐르는 난강이 있다. 분단되기 전에는 바로 비무장지대 안에 마을이 있었다. 그 마을에는 우물이 있어 종종 북한 병사들이 물을 길러 오기도 했다고 한다. 만약 무장공비라고 판단되면 크레모아를 터트려 사살하게 되는 것이다. 45도 각도로 약 100미터 이상 날아가는 무서운 무기였다.

나와 함께하는 선임요원은 태연하게 잠을 청하고, 심지어 금지

된 담배를 필 때는 내 심장이 오그라드는 것 같았다. 담배 불빛은 멀리서도 볼 수 있기 때문이다. 선임요원은 자신이 겪었던 일을 말해주기도 했다.

약 1년 전에 같은 장소에 매복을 나갔는데, 소로(小路)를 정찰하다가 북한의 무장공비와 맞닥뜨렸다는 것이다. 순간 이제 끝장이라는 생각이 스쳤다고 한다. 왜냐하면 그들이 가진 총은 M16이고, 상대는 AK45총으로 서로가 난사하면 살아날 사람이 없는 것이다.

그때 맨 앞에 섰던 요원이 바로 앞에 서 있는 공비에게 "우리 서로 돌아섭시다"라고 말하자 "우리가 서로 총으로 죽이면 되겠소, 동무?" 하고 서서히 돌아섰던 숨 막히는 순간이 있었다고 한다.

컴컴한 밤에 검은 물체가 지나가면 소스라치게 놀라지만 사슴 같은 짐승이 대부분이었다.

내가 매복을 따라나섰을 때는 무장공비는 볼 수 없었다. 밤새 이슬을 맞으며 몸이 으스스함을 느낄 때 서서히 철수를 하게 된다.

몸서리치는 그 부대를 40년 후에 찾아보려 했으나 없어졌다고 했다. 훈련을 전담한 제천 출신 송○○를 잊을 수 없다.

그는 사격에서부터 모든 훈련 과정을 6개월 동안 관리하였다. 25미터 검은 표적이 뚫어지도록 내게 사격 훈련을 시켰다. 그때는 지긋지긋한 악연이라고 생각했다.

그런데 지금 생각해보면 그는 나를 철저한 요원으로 만들기 위한 노력으로 적지 않은 수고를 했던 것이다.

그러던 어느 날 마지막 훈련과정인 요인납치 훈련이 있었다.

건봉산의 험한 산악을 200킬로가 넘는 통나무를 산 아래에서 꼭대기까지 끌어 올려가는 훈련이었다. 적지에 이르면 요인을 붙잡고 끌고 가는 훈련인 것이다. 나는 이 훈련이 끝나면 행정요원으로 근무를 하게 되어 있었다.

그런데 그런 가혹한 훈련은 사고가 있게 마련이다. 나는 통나무를 끌고 올리는 과정에서 그만 절벽으로 추락하는 사고를 당하게 되었다.

절벽바위로 떨어지는 순간 '이제 이것으로 나의 생명은 끝이구나' 하는 생각이 스치면서 "주여, 주여" 하며 의식을 잃고 말았다. 의식을 차렸을 때는 가까운 군인병원에 누워 있었다. 팔다리는 고사하고 척추를 심하게 다쳐 움직일 수 없는 상태에 이르렀다. 모르핀 주사로 고통을 이겨보려 했지만 소용이 없었다. 바늘로 찌르고 칼로 도려내는 듯한 아픔을 견딜 수 없었다.

군의관은 곧 의가사 제대를 하게 될 것이라고 귀띔해 주었다.

이제는 군인으로서 아니 사람으로 구실을 할 수 없는 상황에 이르렀으니 제대할 수밖에 없는 일이었다.

김영환 형제는 내 곁에서 병수발을 거들었다. 날마다 다락방 글을 읽어주고 기도하면서 하나님의 크신 뜻이 있을 것이라며 위로하였다.

병동 밖 야산에는 코스모스가 피어 흔들거리고 있었다.

'저 생명들은 누구도 알 수 없는 곳에서 홀로 피어 향기를 날

리면서 끝나겠지.'

'아니야, 그건 아닐 거야. 분명히 창조주 하나님이 만드신 목적이 있을 거야.'

이런 상태에 이르니 주님에 대한 원망이 모락모락 피어오르고 있었다. 주님은 나를 왜 이 지경까지 이르게 하셨나? 나를 버리려고 작정하셨을까?

'내가 과연 하나님을 크게 섭섭하게 하였는가?'

'주님이 아예 나 몰라라 하시는 것은 아닐까?'

'나의 잘못과 버릴 것이 있으면 인격적으로 알려주시지 어찌하려고 이 지경으로 몰아갈꼬?'

눈물도 마르고 마음도 바닥이 났는지 감정 자체가 죽어 가는 느낌마저 들었다.

'과연 의가사 제대 후에 몸이 회복될 수 있을까?'

'불구의 몸으로 무엇을 하고 먹고 살까?'

'아님 차라리 죽는 것이 나을까?'

별별 생각들이 매일매일 요동치고 있었다.

김 형제가 음식을 챙겨 주고 옷도 갈아 입혀주고 하는 일이 일상이 되었다.

그러던 어느 날 창밖을 보면서 저 움푹 패인 곳에 가서 하나님께 부르짖고 싶다는 생각이 들었다.

김 형제에게 "나를 업어 밖의 저곳에 옮겨주시면 고맙겠다"라고 요청하자 기도의 낌새를 알아차리고 나를 업어서 그 장소로 옮겨 주었다.

이제 나는 주님께 담판을 지을 생각이었다.

입이 마르고 생각이 마른 상태에서 내 영혼은 주님을 찾고 있었다. 이런 고난은 분명히 주님을 찾게 하시는 방법 중 하나임을 직감했기 때문이다. 주님을 부르는 진실하고 절실한 기회는 항상 주어지지 않는다는 것을 알고 있다.

탄식과 원망 어린 말투가 섞여 주님을 찾고 있었다.

이태원초등학교 때 친구들의 얼굴이 어른거렸다. 추운 겨울에 해방촌교회 옆 구멍가게에서 팽이를 훔친 일이 기억났다. 물론 그때 양심에 찔려 일부의 돈을 주면서 팽이 값이라고 말하지 않고 값을 덜 냈다고 얼버무리면서 양심을 무마시켰던 일이 생뚱맞게 생각이 났다.

남대문에서 사업을 하는 아버지의 아들로 태어나 사업으로 고통당하고 가게가 불이 나고 하던 일들이 스치고 지나갔다.

어느 날 귀가 시간이 지났는데도 아버지께서 오시지 않아 회현동 집에서 남대문시장으로 내달렸다. 퇴계로 길가에 술 취해 넘어져 있는 아버지를 보았다. 고등학생이던 내가 아버지를 등에 업고 회현동 오르막길을 가던 일 등등이 스치면서, 내 자신의 교만과 불순종이 여전히 깊은 곳에 남아 있음을 깨닫고 회개에 이르렀다. 고쳐 달라는 것은 고사하고 나의 심령을 찢고 있었다. 얼마나 부르짖고 울었는지 모른다.

나라는 존재가치가 얼마나 있는지를 물어보는 의문식 답을 찾고 있었다. 그런저런 답도 소용이 없다는 것을 느끼면서 더 이상 어떤 것도 물어볼 의사가 없었다.

오직 자신의 잘못을 용서해달라는 것 외에는 없었다.

얼마나 지났을까. 몸도 마음도 지치고 공허한 상태에 있을 때 갑자기 조그마한 불덩이 하나가 내 정수리에 떨어졌다. 그 불덩이는 점점 몸 아래로 내려가고 있었다. 불이 척추에 다다를 때 따끔함을 느꼈다.

"아!" 하는 소리와 함께 불은 나의 발까지 내려갔는데, 어느덧 내 몸이 공중으로 떠오르기 시작했다. 둥둥 떠오르는 나의 몸이 무엇인지 분간을 할 수 없는 상태에 이르렀다. 얼마를 떠다녔는지는 알 수 없다.

다만 저녁 무렵이 되었을 때 나는 스스로 걸어서 야산을 내려갔다는 것이다.

군 식당에서 저녁을 먹고 나를 데리러 오던 김 형제는 아연실색하게 되었다. 나는 그 순간부터 지금까지 내가 여차저차 하여 병원에 있었다는 것도 기억이 없었다. 내가 김 형제에게 어디 가느냐는 질문에 소스라치게 놀랐다고 한다.

이것이 나의 육신적 회복의 때였다. 회복은 점차적인 방식이 있는가 하면 급하게 일어나는 일도 있다는 것을 알았다. 병원 측과 부대에서는 '믿을 수 없다'는 답 외에 다른 말이 없었다. 군의관이 엑스레이를 찍어보더니 차트가 바뀐 것이 아닌가 하고 의심하기도 했다.

나는 정말 멀쩡해졌다. 비 온 뒤 날씨가 맑게 갠 하늘처럼 어제의 폭풍의 밤이 아니었다. '한순간에 이렇게 변해도 되는가?' 하는 의문이 있을 수밖에 없었다.

예수님은 나면서부터 소경 된 자를 고치셨다.

주위의 많은 바리새인들과 율법사들은 네가 나면서부터 소경 된 것이 맞느냐면서 그의 부모를 불러 추궁하기도 했다. 한순간에 일어나는 일도 사람들은 쉽게 받아들이지 못한다. 원리와 원칙이 존재하는 세상의 계산법에서 이치에 맞지 않는 일을 보면 누구라도 의심하고 의아해할 것이다.

하나님의 방식과 뜻을 누가 다 알겠는가?

하나님이 세상을 만드시고 인간을 지으신 이유는 서로 소통하며 나눔의 삶을 구현하려는 뜻이 있었다.

타락된 인간의 삶은 온통 의심과 불신이 피륙처럼 짜여 있어 쉽게 동화하거나 믿음을 갖는다는 것이 쉬운 일이 아니다.

월남 파병

●

난 그 부대에서 더 이상 존재가치가 없게 되었다.

그 이유는 갑자기 멀쩡해진 놈이 무슨 짓을 할지도 모르기 때문이란다. 나는 무장해제를 당했다. 누구도 나에게 흉기 되는 것을 지급해서는 안 되며, 보초도 설 수 없고, 그 어떤 일도 해서는 안 됨을 부대방침으로 내렸기 때문이다.

나는 졸지에 영웅 아닌 천치로 변해버렸다. 내가 믿는 하나님의 역사라기보다 우연과 운명의 역사라고 간주하는 것이다. 물론 서무행정 요원도 어렵게 되었다. 그런데 행정사무실로 들어가려고 할 때 긴 전화벨소리가 울렸다.

행정원의 대화가 내 귀에는 마치 타자기로 치는 문서 같은 느낌을 받는 순간이었다.

"폐품이요? 부대에는 없는데요. 네네, 알았습니다."

선임 행정요원의 전화가 끝나자 다짜고짜 물었다.

"폐품은 얼마든지 부대에 많은데 왜 거짓말을 하십니까?"

그는 한참 나의 얼굴을 쳐다보더니 "야, 임마! 폐품이란 더 이상 근무 못하는 병신을 말하는 거야. 바로 너 같는 놈 말이야"라고 했다.

그 말을 듣는 순간 나의 심장은 요동치기 시작했다. 잠잠하던 파도가 갑자기 흉용한 물결로 바뀌듯 나의 마음이 요동쳤다. 이 부대를 벗어날 수 있는 유일한 기회요, 찬스인 것이다.

나는 즉시 산 아래 벙커로 내달렸다. 그곳은 부대장의 직무실이 있다. 부대장을 면담하려면 행정장교를 거쳐야 하는데도 불구하고 나는 면담 신청차 부대장이 있는 문을 두드렸다.

부대장의 음성이 들렸다.

"누구냐?"

"저, 홍래기입니다."

"뭐, 홍래기?"

부대장은 순간 내가 폭탄이라도 들고 온 줄 알고 놀랐다.

지금 부대 상태가 나로 인해 무장해제까지 한 마당에 갑자기 부대장을 만나겠다는 말에 어찌 놀라지 않겠는가?

"뭐 때문에 왔냐?" 하는 말이 떨어지기도 전에 "폐품처리 때문입니다"라고 했다.

"무장한 것 있냐?"

"없습니다. 맨몸입니다."

그러자 "잠깐만" 하더니 행정실로 전화를 하는 것이었다.

폐품처리란 높은 상급부대에서 종종 사고로 부대요원이 될 수 없을 때 일반부대로 이송하는 것을 말한다. 그런데 부대장은 자기에게 보고도 하기 전에 내가 올라왔기 때문에 미처 상황을 알 리 없었다.

무장해제를 한 것을 알고 부대장실로 들어가게 되었다.

"야! 폐품이 뭔지 알고 하는 말이냐? 폐품은 월남으로 보내 처리하는 것인데 알고 하는 소리냐?"

"모릅니다. 그러나 저는 월남으로 가겠습니다" 하니 부대장은 "안 돼! 거기 가면 너는 죽는다"라고 했다.

부대장의 강경한 거부의 말이 떨어지자 나는 부대장에게 최후통첩의 말을 했다.

"만약 나를 폐품처리하지 않으면 수류탄을 까서 부대를 폭파하겠다"라고 으름장을 놓자 부대장은 어이가 없는지 나를 빤히 쳐다보고 있었다.

약간의 침묵이 흘렀다. 부대장은 나를 가까이 오라 하시더니 나를 꼭 안아 주시면서 이렇게 말했다.

"너는 꼭 살아 돌아와라. 부대장의 명령이다!"

"네, 알았습니다. 꼭 살아오겠습니다"라는 답을 마지막으로 남기고 그날로 화천에 있는 월남교육대로 이송되었다.

코스모스가 하늘거리는 어느 가을날, 온 산야가 단풍으로 물들어갈 때쯤 지프차로 비포장 산악도로를 빠져오면서 가장 아쉬웠던 점은 김영환 형제를 보지 못하고 떠난 것이었다.

작전 수행 중에 있을 때는 김 형제와 깊은 산속 이름 모를 폭포 앞에서 찬양하고 기도하면서 주일을 보낸 기억이 있었다.

6개월 동안 죽도록 훈련을 마치고 떠나는 나의 마음은 여름날에 오수동 폭포에서 떨어지는 물줄기를 맞는 환희의 심정이었다.

아침 나절의 사건으로 오후에 부대를 빠져 나가는, 전격적인 탈출의 감정을 억누를 수 없었다.

어찌 이런 일이 있을 수 있을까?

한편으로는 꿈을 꾸는 것 같고, 무슨 연극 한 편을 찍는 것 같고, 하나님의 일은 신묘막측하다는 것을 새삼 느끼면서 건봉산의 산바람을 만끽하며 콧노래를 부르는 동안 건봉산을 빠져 나왔다.

나는 이런 아픔과 고통 속에서도 주님을 만난 적이 있었다.
큰 은사를 체험하거나 신비한 세계를 환상으로 보는 등의 일보다 가장 중요한 것은 신실한 주님을 만나고 인격의 변화를 이루는 데 있다.

그리스도를 주로 체험한 다메섹의 사건은 바울에게 있어 전적인 삶의 변화로 이어졌다. 바울은 3일 동안 눈이 보이지 않는 상태에서 무엇을 생각했을까? 그는 바리새인으로서 유대교의 엄격한 율법을 지켰으며, 최고의 학문과 배경과 가문을 가진 자였다. 그런데 이 시간들을 통해 자신의 가식적이고 외형적인 틀을 벗어내고 있었을 것이다.

그는 빌립보서에서 자신에 대해 이렇게 말하고 있다.

"열심으로는 교회를 박해하고 율법의 의로는 흠이 없는 자라 그러나 무엇이든지 내게 유익하던 것을 내가 그리스도를 위하여 다 해로 여길뿐더러 또한 모든 것을 해로 여김은 내 주 그리스도 예수를 아는 지식이 가장 고상하기 때문이라 내가 그를 위하여 모든 것을 잃어버리고 배설물로 여김은 그리스도를 얻고 그 안에서 발견되려 함이니 내가 가진 의는 율법에서 난 것이 아니요 오직 그리스도를 믿음으로 말미암은 것이니 곧 믿음으로 하나님께로부터 난 의라"(빌 3:6-9).

Reset(리셋)하라

하루 종일 몸을 움직이면
1미터를 갈 수 있는 애벌레가
죽기 전에 10킬로미터를
이동하려면 어떻게 해야 할까?
더 열심히 몸을 꿈틀거려야 할까?
아니다. 리셋해야 한다.
나비로 변해 훨훨 날아가야 한다.
연연하는 것을 놓아버리면,
삶은 가슴 벅찬 도전이 된다.
삶을 리셋하고 싶은가?
아직 늦지 않았다.
놓아라.
준비하라.
그리고 시작하라.

「리셋! 내 인생」 중에서

이처럼 흔들리다가 지금 서 있는 곳과는 전혀 다른 방향에서 인생을 리셋하고 다시 시작하는 사람도, 또 제자리로 돌아가는 사람도 있을 것이다. 하지만 어느 쪽을 택하든 어른의 흔들림은 자연스러운 것이며, 그러므로 부끄러워하지도 말고 너무 많이 아파하지도 말라는 것이다.

삶이 나를 거칠게 흔들 땐 꼿꼿이 버티다가 나가떨어지거나 부러지기보단, 함께 흔들리며 한 뼘 더 '성장'하고 새로워지는 것이 진짜 '어른'이기 때문이다.

3부

무서울 만큼 정확한
하나님의 응답

서원기도

•

　전쟁 중이던 베트남 하늘 상공에서 헬리콥터로 물 공급을 위해 죽음의 특명을 받고 구름만큼 높은 곳에서 하나님께 서원기도를 하였다.
　전투 지역에서 포위된 한국군 중대병력을 위해 물 공급은 필수였지만, 종종 헬기가 적의 포에 추락하는 일도 벌어졌다.
　그러던 어느 날 프랑스에서 베트남 평화조약을 하자 전투에서 급하게 철수하게 되었다.

질문에 답을 하라

스티브 잡스는 늘 직원들에게
이렇게 물었다.
"이게 자네가 할 수 있는 최선인가?"
(Is this best you can do?)

인생은 수많은 질문을 받는다.
타인에게뿐 아니라 자신에게도

스스로 질문을 하게 된다.
자신의 위치, 능력, 꿈, 목적관,
가치관 등에 대하여 점검하는
일들이 종종 있다.
질문에 답이 있기도 하고
없기도 하다.

예수님은 제자 베드로에게
"네가 이 사람들보다
나를 더 사랑하느냐"
라고 질문하셨다.
그의 답이 "내가 주님을 사랑하는 줄
주님께서 아시나이다."

오늘 성도들에게
"네가 나를 다른 어떤 것보다
사랑하느냐"
하는 질문에 당신의 답은
어떤 것을 준비하고 있는가?
답이 분명할수록 당신의
신앙 가치관은 바로 되어 있는
것이 분명할 것이다.

미국이 베트남을 포기하고 빠지는 바람에 베트남은 공산화가

급속도로 진행되었고, 미국에서 제공된 TWA편으로 한국군 맹호부대는 베트남을 빠져 나왔다.

대구 동춘 비행장에 내렸을 때는 어둠이 깔리기 시작했다.

베트남에서 2년을 주둔했던 나는 남은 병역생활이 6개월 남아 있었다. 보통 남은 병역은 후방에서 마치고 제대하도록 되어 있었다.

사람의 마음은 조석으로 변한다.

죽음의 사선에서 살려주시면 주의 일을 하겠다던 나의 마음이 점점 흐려지고 있었다.

베트남을 나오기 전에 이런 기도를 했었다.

"주님, 남은 군복무의 보직을 군목으로 시켜주시면 주님의 확실한 뜻으로 받아들이겠습니다. 하나님은 응답하시는 분이고 실수도 없는 분임을 압니다. 만약 그렇지 않은 보직을 받게 되면 서원기도는 없는 것으로 정리 처리할 것입니다"라고 당당하게 기도를 마쳤다.

이런 철없는 기도에 교활하기까지 했던 나였다.

얼마 후 내 기도가 실제로 이루어졌다는 사실에 하나님에 대한 두려움을 느꼈다.

병역 6개월 이하로 남은 군복무자들은 마땅히 후방배치로 발령되었다. 그런데 나는 아니었다. 낌새가 이상하다고 느끼는 순간 15사단 전방으로 발령되었다.

속으로 '그래, 맞았어. 나 같은 사람을 주님이 원하시는 것이 실수인 것이야'라고 했다.

그런데 사령부에 도착했을 때 이상한 일이 일어나고 있었다.

군목이 나를 찾은 것이다.

"자네가 홍래기 병장인가?"

"네, 그렇습니다."

"음, 그렇군!"

잠시 차트를 확인하더니 나에게 이야기할 것이 있다며 사령부 안에 있는 군인교회로 가자고 했다.

그 군목은 자세하게 이렇게 이야기했다.

"자네, 문원철 군목을 잘 알고 있지?"

"네, 그렇습니다."

문원철 군목은 베트남 주월 사령부 맹호사단 기갑연대에서 군목으로 사역하던 대위였다. 그분은 수시로 작전 지역으로 심방을 원한다며, 작전 지역으로 군목이 갈 수 없다는 것을 알면서도, 나에게 헬기를 동원해 심방을 요구하곤 했다.

그는 말하기를 "우리 전우들이 생사를 오가고 있는데 어찌 후방에서 내가 가만 있겠나. 그들의 전투에 참여하여 기도해 주는 것이 나의 의무가 아닌가?"라고 했다.

문 군목은 한국으로 복귀하면 내가 할 일이 남아 있을 것이라며 특별히 부탁을 해두었다. 그가 나에게 부탁한 것은 나의 신앙이 투철하다고 평가를 했기 때문이다.

Tiger three three는 미군 헬리콥터 부대 명칭이었다.

당시 문원철 군목은 작전 지역으로 심방하는 것을 사명으로 여겼다. 나는 미군 헬기 조종사에게 간절히 부탁을 하여 헬기를 띄우고 작전 지역으로 나가는 심방을 도왔다.

그가 내 신상기록카드에, 이 사람은 살아 있는 믿음의 군사요 성령이 충만한 하나님의 일꾼이므로 군목으로도 손색없는 사역을 할 것이라고 명기했던 것이다. 그 기록보가 나를 따라다니며 결국 일을 만들고 말았다.

또 한 번 놀란 것은 나의 기도 응답이었다.

나는 그냥 해본 기도였지만 들으시는 하나님은 바로 응답을 하신 것이다. 만약 그렇게 된다면 정말 걱정이 태산 같았다.

군목생활이 시작되다

부대 군목은 나에게 모 대대에 교회가 비어 있어 주일마다 걱정이 많다며 당장 가서 사역을 하라고 명령하였다.

군 목회를 하라는 명령이 떨어지자 놀랐고 두려워 말을 잇지 못했다. 결코 함부로 기도할 것이 아니라고 다짐하기도 했다.

'이렇게 급하게 응답을 하시는가?' 하는 의문도 있었다. 나는 빼도 박도 못하는 코너에 붙잡히고 말았다. 더 이상 주의 사역에서 빠져나갈 길이 보이지 않았다.

어차피 군복무인데, 포기하고 하나님께서 도우실 것이라 믿고 비어 있던 교회로 이동하였다. 약 3백 명이 모이는 군인교회인데 목회자가 없어 민간목사를 동원하였다고 한다.

신참내기 군목이 왔다. 신학교도 안 나온 군목, 오직 예수만 알고 있는 군목이 왔다. 전쟁터에서 하나님만 의지하고 죽을 각오로 지냈던 자였다. 그리고 군목을 도와 군인교회를 활성화시키는 데 이바지한 바가 있었다.

전쟁터에서 살아 돌아왔으며 믿음의 용사로 불리었다. 어찌 보면 바울이 다메섹 도상에서 예수님을 만나고 변화된 것과 같다는 생각도 해보았다.

하나님은 전혀 예상치 못한 일을 하게 하시는 분이다.

교회를 살펴보니 물이 흐르는 냇가 옆에 위치해 있고, 옛 군인 식당을 개조해서 만든 낡은 교회당이었다. 교회 종탑이 있는데 낡고 헐어 볼품이 없었다. 오래전에 어떤 장로님이 기증했다며 종 안쪽에 '이수동'이란 하얀 이름이 아련하게 새겨져 있었다.

나는 두렵고 떨렸다.

'설교를 어떻게 하나, 찬송 인도는 어떻게… 그리고 군인 심방은 어떻게…… 아이고, 나는 죽었다.'

교회 안에 앉아 "주여, 나는 죽었습니다. 그냥 한 기도를 이렇게 들어주시면 어떻게 합니까?"라고 했다.

그런데 기도 가운데 자신감을 주셨다. 그동안 신앙생활을 통해 얻은 가락이 남아 있어 어쩌면 가능할 것 같은 믿음이 생겼다. 교회 뒤편에는 군목실이 있고 숙소가 있었다. 이 부대 군종 두 사람이 찾아와 나를 반기며 기뻐했다.

교회는 부대 밖에 있어 업무를 보려면 헌병초소를 지나야 했다. 나는 모자와 가슴에 계급장 대신에 십자가를 달았다. 지급품으로 딸따리(조그마한 오토바이)가 있어 심방용으로 사용하였다.

드디어 주일이 되었다. 떨리는 가슴을 억누르고 물도 마시며 깊이 심호흡도 해보았다. 군종과 신우회 회원들이 일찍이 와서 이곳저곳을 정리하고 주보도 만들어 왔다. 시간이 되자 '핫둘 핫둘' 구령과 함께 여러 부대에서 온 교인들이 줄지어 교회로 입장했다.

처음 상견례를 하게 된 것이다.

"베트남에서 혁혁한 공을 세우고 오신 홍래기 군목이십니다"라고 신우회 회원이 소개를 했다. 백여 명이 앉아 찬송을 힘차게 부르는 그들은 정말 십자가의 용사들이었다.

박수를 받고 강단에 오르자 앞이 깜깜했다.

그날 설교를 어떻게 했는지 '오직 하나님은 사랑이시다'라는 것 밖에 기억이 없다. 설교가 끝나고 호빵으로 점심을 함께하면서 그렇게 좋을 수가 없었다.

그렇다. 이제 남은 군 생활을 전우들과 함께 믿음의 백성을 만들어보자는 각오를 하게 되었다.

나는 종종 이민 목회를 하면서 군대 같은 교회를 생각해 보았다. 시간 맞춰서 교인들이 힘차게 들어오고, 시험들 이유도 없고, 심방할 것도 없다면……. 명령만 하면 "예" 하고 순종하는 그런 신자는 군대밖에 없다고 생각했다.

어느 날 사령부 목사님의 전령이 떨어졌다.

당시 육군 군종감의 지휘 아래 전 병력을 세례교인으로 만들자는 일종의 군대 작전이었다. 전군 신자화라는 취지에서 각 부대에 세례교인 만들기 작전이 시작되었다.

우리 부대에는 약 200명의 세례교인을 만들라는 명령이 떨어졌다.

도대체 어떻게 한 달 안에 이 많은 세례교인을 만들 수 있을까?

답은 간단했다.

명령이다. 명령에 죽고 사는 곳이 군대라는 조직 아니겠는가.
나는 부대장과 중대장, 소대장을 찾아가 취지를 설명했다.
그런데 의외로 반응이 차가웠다.

숙소에 돌아와 고심을 하게 되었다. 군종들과 머리를 맞대고 짜봐도 마땅한 답이 보이지 않았다. 어떻게 설득을 해야 장들이 움직이고 병사들을 세례 받게 할까? 이것은 마치 젖은 통나무에 불을 붙이라는 것과 같은 것이다.
사도행전에 나오는 로마 군대의 백부장 같으면 가능할 텐데….
그가 부하에게 이래라 하면 이렇게 할 것이고 저래라 하면 저렇게 할 것이라고 했던 그런 명령이 된다면 얼마나 좋을까 하는 생각도 들었다.

세례란 예수 그리스도를 믿는 구원의 표인데, 저들에게 구원을 그리고 세례를…… 참으로 까마득한 일이 아닐 수 없었다. 교회 나오는 군인성도를 포함한다 해도 수백 명이 필요한데…….
할 수 없이 부대장과 중대장을 개인적으로 찾아가서 으름장을 놓았다.
"부대장님! 만약 우리 부대에서 세례교인 수가 차지 않으면 당장에 부대장님에게 문책이 떨어지고 진급에 막대한 지장이 초래될 텐데 말입니다. 생각해 보세요. 국방부에서 내린 명령을 이행하지 않는다면 부대장이 그 책임을 지게 될 것이 뻔하지 않습니까?"
교회 계통이라고 무시하지 마시고 도와주시기를 간절히 요청했다. 부대장은 깜짝 놀라며 어떻게 도와줄 수 있느냐며 긍정적인 반응을 보였다.

"돌아오는 토요일에 전 군인들을 연병장에 집합시켜 주시면 됩니다. 집합만 시켜주시면 일단 세례에 대한 안내와 더불어 우리 부대의 실적도 있어야 함을 강조할 것입니다"라고 설명을 드렸다.

"좋습니다. 그러면 맡기고 중대장에게 명령하여 집합하도록 하겠습니다."

그렇게 부대장의 답을 받고 나는 나름대로 중대장들을 찾아가 설득 작업을 펼쳤다. 군종들과 신우회 회원들에게 취지를 설명하고 각자 부대를 다니면서 명단 작성을 하도록 지시했다.

여름의 신록이 사방으로 둘러싼 전방부대 연병장에 그윽한 숲속의 향연이 시작되었다. 연병장에 전 군인이 도열되었고, 간단한 부대장의 말씀에 이어 나는 단에 올라 의미심장한 각오로 연설을 하였다.

"조국을 지키고 수고가 많으신 장병 여러분, 우리 부대에 큰 행사가 있습니다. 이것이 바로 세례식입니다. 세례란 무엇인가 하면, 예수님을 나의 구주로 믿고 구원받은 표로 세례를 받는데 아주 간단합니다. 저기 교회 앞에 있는 냇가에 파놓은 물에 들어갔다 나오면 맛있는 빵이 제공됩니다."

여기저기서 수군수군 대는 소리가 났다.

"나는 불교 신자인데, 천주교인데……" 등등이었다.

"만약에 오늘의 행사에 거절을 한다면 앞으로 부대장의 지시로 화장실 청소며 휴가도 없고…" 등등을 나열하자 세례 받는 게 낫다는 여론몰이가 형성되었다.

"반대하는 사람, 손들어 보시오"라고 외치자 몇 사람 빼놓고는 거의 동의하였다.

신우회 회원들이 각 부대원들의 이름을 적고 어느 날짜에 세례식을 베풀 것이라고 일러 주었다.

부대 앞에 있는 냇가에 포클레인으로 골을 파고 한쪽에서 지나가면 다른 쪽으로 가는 통로를 만들었다.

인근 민간인 목사님을 동원했고, 교회 단체 여선교회원들이 빵을 준비하기로 했다.

약간 차가운 강원도 물이지만 순식간에 물속으로 들어갔다가 나가는 것이다.

교회 앞에 천막을 치고 병사들이 갈아입을 옷을 준비시켰다. 드디어 수백 명의 병사들이 장사진을 치고 세례 입장이 거행되었다. 물론 사전에 간단하게 예수님을 소개하고 믿음으로 구원을 받는다는 서약과 동시에 "아멘"으로 답을 주었다.

관등성명을 외치면 물로 내려가고, 물에서 준비한 목사님들은 성부와 성자와 성령의 이름으로 세례를 베풀었다.

몇 시간에 거쳐 세례식이 완료되었다.

참으로 감격적이고 하나님의 크신 은혜였다.

속전속결로 신자를 만들고 세례를 행하는 의식은 기네스북에 기록될 만한 일이라 여겨진다.

신우회 회원이었던 전우 금동진 형제는 지금 파주에서 목회를 하고 있다. 그때 금 형제에게는 사귀는 아가씨가 있었다. 강릉에서 보험회사에 근무하던 여성의 편지를 내게 보여주곤 했다. 얼마나 편지를 자랑하며 소중히 간직했는지 부대원 중에 모르는 사람이 없을 정도였다. 사랑이 얼마나 아름답고 큰 힘이 되는지를 그때 알게 되었다. 그는 노래도 아주 잘해서 부대 내 중창단을 통해 높은 부대에서 실시하는 경연대회에도 출전했다.

점점 짧아지는 나의 군대 사역의 보람이 어디 있을까를 생각하면서 얻은 것이 초소 심방이었다.

휴전선의 철책선을 지키는 초병들을 심방하기 위해 PX에서 껌을 잔뜩 사서 오후 6시부터 심방을 시작한다. 강원도 산악이라 워낙 험준하고 절벽에 가까운 철책을 따라 군데군데 초소가 있었다. 깎아지른 산 계단의 로프를 붙잡고 오르는 일이 여간 어려운 일이 아니었다. 두 명씩 초소를 지키는 그들의 모습이 대한민국을 지키는 위대한 수장처럼 보였다.

철책 앞에는 비무장지대로 겹겹이 철망장치가 되어 있지만, 비가 오는 날이면 공비침투가 심상치 않게 일어나는 곳이었다. 강원도 산악 지대의 전형적인 차가운 운무가 뒤덮여 있고 안개가 너울거리는 것이, 풍경으로 보면 환상적인 장면이지만 군인들에게는 별로 달가운 것이 아니었다.

나는 그들의 입에 껌을 넣어주고, 군목으로서가 아니라 친구와 형제처럼 다정스럽게 이야기꽃을 피우며, 간간이 예수님에 대한 이야기를 하며 믿음을 불어 넣어주었다. 이 일이 나에게는 신명나는 사역이었다.

하나님이 나를 이곳으로 보내신 것이 매우 큰 특권임을 깨달게 되었다. 한참 이야기를 하다 보면 좀 더 높은 초소에서 호출을 한다. 왜 거기만 오래 머물고 있느냐고 불평 아닌 불평을 하는 것이다.

초소를 오르고 오르다 어느새 꼭대기에 이르면 거의 자정이나 새벽 1시 정도가 된다. 산 하나를 오르는 데 대략 6시간이 걸리고, 심방을 하고 내려가는 데 약 6시간이 소요된다. 이런 심방이 매일 몇 달 동안 계속되었다.

거기에는 GP 초소 벙커가 있다. 벙커 안은 소대원들이 잠을 자는 곳이고, 휴식의 공간이 준비되어 있다. 이곳에 도착하면 몸을 페치카에 말리고, 따뜻한 물 한 잔으로 목을 축이고 난 다음 고개를 내려가면서 심방이 계속된다.

유승하 소위

●

얼마 전에 GP소대장이 부임했다는 정보를 들었으나 서로 길이 엇갈려 만나지 못했다. 정보에 의하면 육군사관학교에서 수석으로 졸업한 소위였다.

그러던 어느 날 비가 부슬부슬 내리는 때에 늘 하던 대로 심방을 마치고 벙커 초소에 도착했는데 만나보기를 원했던 소대장을 대면하게 되었다. 서로 악수를 하면서 반갑게 이야기를 나누었다. 그러던 중 나는 소대장에게 넌지시 이곳은 매우 위험한 곳이므로 신앙으로 잘 견디시기를 바란다고 했다.

"소대장님, 그래도 위험한 지역에서 근무하는 것이므로 하나님을 의지하는 것이 좋을 듯 싶습니다."

아주 정중하고 슬쩍 건네는 말로 던진 일종의 전도였다.

그러나 그는 정자세를 하면서 "그럴 수 없습니다. 저는 나약하게 신을 의지하지 않습니다"라고 했다.

나도 정자세를 갖추고 말했다.

"인간은 약하고 한 치 앞을 알 수 없으므로 의지의 대상이 필요한 것입니다. 그러기 때문에 하나님을 의지하고 믿어야 합니다. 이런 위험한 곳에서 자신을 의지하고 병사를 이끈다는 것은 무리입니다."

"아닙니다. 신을 의지하는 것은 나의 무능을 뜻하는 행위입니다. 그리고 저는 신의 존재를 부인합니다."

"그렇지 않습니다. 소대장님이 착각을 하시는데, 인간의 출처와 생명의 근원은 스스로가 아니라 창조주의 순리입니다."

"아닙니다. 인간은 스스로 만들어내는 지각의 동물로서 얼마든 창조하며 감당하는 능력이 있습니다."

"아닙니다."

우리는 몇 시간 동안 신이 있니 없니, 믿니 안 믿니 하는 격론을 토해냈다. 나는 적어도 사관학교에서 수련을 받은 이라면, 이런 위험한 현장에서 군목의 도움을 받고 기도 요청을 하는 엘리트일 것이라고 생각했다. 그러나 의외로 강경하고 고집스러움에 지쳐버리고 말았다.

나는 마지막으로 "당신 맘대로 하시오"라고 외치고 벙커 밖으로 나왔다. 뒤통수를 한 대 맞은 것같이 여간 찜찜한 느낌을 지울 수 없었다.

저 아래 초소에서는 나를 목이 빠지게 기다리고 있을 텐데……. 졌다는 생각도 들고, 분하다는 마음도 들고, 어쩌다가 이런 지경까지 왔나 싶고, 마음이 구름처럼 이리저리 흐르고 있었다. 도저히 이런 마음으로는 초소 방문이 어렵다고 판단되어 숙소로 돌아왔다. 대충 씻고 눈을 잠깐 붙였다.

긴 전화벨소리에 깨어 수화기를 들었을 때 높은 부대 군목의 전화였다.

"자네 부대에서 사고가 있었다는데 알고 있소?"

"아직……."

그러자 빨리 사고 현장을 가보라는 지시였다.

그때가 10일 정도였다.

현장에 가까이 이르자 헬기 한 대가 이륙하고 있었다. 현장은 바로 어젯밤에 믿어 안 믿어 하던 영적 혈투의 장소였다. 피가 도처에 묻어 있고 병사들은 고개를 떨구고 있었다. 어떻게 된 일이냐고 묻자 선임중사가 소대장이 사고를 냈다고 울먹거렸다.

자초지종을 알아보니, 소대장이 아침에 전령을 데리고 철책 밖으로 나가게 되었다. 전령은 말하기를 "소대장님, 이곳은 우리가 심어둔 지뢰밭이니 조심해야 합니다"는 말을 건네자 내가 사관학교에서 지뢰 공부를 했다면서 걱정할 필요 없다고 했단다.

전령에게 물을 달라고 하자 전령은 저 계곡에 내려가 물을 받아오겠다고 하고, 소대장은 지뢰 매설을 확인하면서 대검으로 이곳저곳을 찍어보고 있었다.

전령이 수백 년이 넘은 산삼을 씻어낸 물이라며 자랑하고 수통에 물을 담아 숨가쁘게 오르막을 올라오고 있었을 때쯤 거대한 폭음이 들렸다.

순간 사고라고 직감하고 전령이 현장에 왔을 때 소대장은 다른 곳에서 쓰러져 신음하고 있었다.

부대원들은 잠을 자다가 적이 공격하는 것으로 오해하고 비상체제를 갖추었다.

소대장이 밟은 것은 일명 폭풍지뢰였다. 제네바 협정에 의하면 인도주의 차원에서 지뢰를 가능한 발목만 잘라지는 것으로 사용해야 한다고 했다.

그는 부산통합병원으로 이송되었다. 어제와 오늘은 참으로 다르다는 생각을 가졌다.

그는 몇 개월만 전방소대에서 경험을 쌓고 미국의 웨스트포인트사관학교로 유학을 떠날 계획을 가진 미래에 훌륭한 군인을 꿈꾸는 이였다. 그런데 이런 끔찍한 일이 일어나리라고는 인간은 전혀 알 수 없는 것이다.

미래를 아시고 주관하시는 전능하신 하나님 외에 누가 앞날을 알 수 있을까?

나는 제대를 얼마 앞두고 편지 한 통을 받게 되었다.

장래가 촉망되던 북아현동 출신 유승하 소위였다. 몇 장의 편지에는 눈물로 얼룩진 흔적을 볼 수 있었다. '당신이 믿는 하나님은 과연 누구냐'에서부터 신의 존재에 대한 부르짖음이 편지 안에 배어 있었다.

그의 원망과 탄식의 절규 소리가 편지 속에 녹아 있었다. 하루 아침에 다리를 잃은 그에게 동정이 갔다. 젊고 패기 있는 장교로서 장래를 멋지게 꿈꾸던 그는 갑작스런 시련을 감당하기 어려웠을 것이다. 이런 현실이 그에게 꿈이었다면 얼마나 좋았을까 하는 생각도 들었다.

나는 그의 편지를 받고 한없이 울었다.

그날 밤에 차라리 만나지 않았더라면, 아니 그냥 인사만 할 걸 어쩌다가 믿니 안 믿니 하는 언쟁을 했을까? 그가 속으로는 부정

해도 군목의 간절함에 "그렇게 하겠습니다" 했다면 얼마나 좋았을까? 그의 씻을 수 없는 아픔이 나에게 그대로 전달되어 왔다. 가까운 곳이라면 그를 붙들고 실컷 울고 나면 어느 정도 마음이 정리될 텐데…….

나는 마음을 가다듬고 그에게 답을 줄 성경을 열었다. 마땅한 위로의 답을 찾지 못하고 갈등하고 있을 때 마침 이런 말씀이 스쳐갔다.

> "네 손이 너를 죄 짓게 하거든 잘라 버려라. 두 손을 가지고 지옥의 꺼지지 않는 불에 들어가는 것보다는 불구자로 영원한 생명을 누리는 곳에 들어가는 것이 더 낫다. 네 발이 너를 죄 짓게 하거든 잘라 버려라. 두 발을 가지고 지옥에 들어가는 것보다는 절뚝발이로 영원한 생명을 누리는 하늘 나라에 들어가는 것이 더 낫다"(막 9:43-45, 현대인의성경).

차마 이런 메시지가 그에게 위로가 될까 염려하면서도 편지를 보냈다. 제대를 며칠 앞두고 또 한 장의 편지를 받고 나는 다시 한 번 눈물을 쏟고 말았다. 나중에 안 일이지만, 그는 병원에서 거의 식음을 전폐하고 울부짖는 소리에 간호원들도 접근하지 못했다고 한다.

그는 유리병을 깨어 자해하려고 시도하는 등 광란의 상태였다. 병원 침대에 사지를 묶어놓은 것은 그의 행동이 점점 악화되었기 때문이었다. 그쯤에 내가 생각나서 미움과 분노를 가지고 편지한 것이었다.

나의 편지를 받고 그는 "간호원" 하며 고함을 질러댔다.

간호원이 오자 "하나님, 어디 있어?" 간호원이 덜덜 떨며 "네에, 교회에 있어요"라고 하자 "나를 교회로 인도해" 했고, 병원에서는 비상이 걸린 것이다.

실성한 군인이 외치는 소리에 군목과 헌병대장이 왔다.

"당신이 군목이야? 하나님이 교회에 있다며…… 내가 하나님과 담판을 지을 테니 교회로 옮겨줘" 하자 군목은 그렇게 하라고 했지만 헌병대장은 반대했다.

"목사님, 저놈이 교회에서 자결하면 당신이나 나는 끝장입니다."

그러나 군목은 "그의 원대로 일단 보내봅시다"라고 했고, 논의 끝에 교회 안 의자 밑에 헌병들이 숨어 있다가 여차하면 덮치기로 했다.

교회에 도차하자 군목은 다시 한 번 건의했다.

헌병들은 밖에서 기다리고, 모든 책임은 내가 질 것이라고 했다.

휠체어에 묶여 있던 유 소위를 교회 안에 들어서자 풀어주었다.

초저녁쯤이었다.

그는 교회 안, 긴 통로를 휠체어로 내달리더니 소강대상을 발로 걷어차며 하나님 나오라고 고함을 지르기 시작했다.

교회 안에 있는 웬만한 기물들은 그의 손에 잡히기만 하면 박살이 났다. 부르짖고, 부수고 고함치는 일이 계속되자 헌병대장이 끌어내자고 했다. 그러나 이왕 이렇게 되었으니 두고 보자며 설득했다.

몇 시간을 요동하던 소란이 점점 줄어들었고 급기야 조용해졌다. 살며시 교회 안을 살펴보니, 강대상 밑 소강대상 앞에서 잠이 들어 있음을 보게 되었다. 일단은 헌병들을 철수시키고 교회 관계자만 남아 지켜보기로 했다.

깊은 밤이 되었을 때쯤 어디선가 유승하를 부르는 음성을 듣게 되었다.

"승하야, 승하야!"

"너는 누구냐" 하고 반응을 하자 "나를 보라" 하시면서 예수께서 십자가에 달려 처절하게 고통당하며 피 흘리는 환상을 보여주셨다.

"왜 당신이 거기서 피 흘리고 있소"라고 말하자, 주님은 "너의 죄를 위해서 대신 내가 못 박힌 것이다"라고 말씀하셨다.

그 음성을 듣고 유승하 소위에게 믿음이 흘러들어오기 시작했다. 자신이 죄인인 것과 예수님이 그의 죄를 위해 십자가에서 죽으셨다는 것이 믿어지기 시작했다.

"나는 주님을 영접하여 마음의 평안을 얻었으며 나를 구원하신 주님께 감사한다"는 감격스런 두 번째 편지를 받고 군 생활을 마감했다.

나중에 수소문해 보니 그는 의족을 한 채로 육군사관학교에서 교관으로 사역하고 있는 것을 알게 되었다.

지금은

모든 열매는 껍질로
둘러싸여 있다
껍질이 손상되면 열매도 손상된다

사람의 생각은 마음을 품고 있다
생각이 헛되면 마음이 병든다
생각을 고쳐먹으면
새로운 길이 열리는데

자기만이 가지고 있는
울타리를 벗어나지 못한다
오랜 세월 동안
싸이고 싸인 덩어리를
제거하지 않아
자신의 길에 스스로
걸림돌이 되고 넘어지기도 한다

그래도 그것을 버리지 않는 것은
소돔 성의 백성처럼
끝장을 볼 때까지 갈 것이다

그래서 하나님은

이스라엘 백성들을 가리켜
목이 곧고 패역한 자들이라 하셨다

보라!
지금은 은혜로 변화를 받을 때요
믿음으로 자신을 세울 때요
성령의 불로 새롭게 할 때이다

4부

:

살아 있는 말씀에
벼락을 맞다

나의 목적, 나의 사명

●

가장 치열했던 베트남 전쟁터에서 하나님께 서원했지만 주님의 사역에 자신을 갖지 못했다.

전쟁은 죽음이라는 문턱을 들락거리는 숨 막히는 순간의 연속이었다. 그것도 안케패스라는 베트남 전쟁으로, 전쟁사에 기록될 큰 전투였다.

월맹 정규군 사단병력이 캄보디아 국경을 기점으로 남하하였음에도 미군의 정보 분석을 대수롭지 않게 생각한 것이 화근이었다. 약 2주간의 전투를 통해 수많은 사상자를 내어 죽음을 맞은 이들이 많았다. 급박한 상황에서 나의 고백은 진심이었고, 하나님도 나의 고백을 받으셨음을 느꼈다.

매일 헬기를 타고 정보전달을 하던 나에게는 죽음이 눈앞에 와 있음을 실감하게 되었다. 그런 위기 상황에서 나는 나름대로 주님과 협상 아닌 서원기도를 하게 되었다. 살아 돌아가기만 하면 나의 삶 전체를 주님을 위해 드리겠다는 굳은 마음이 있었다.

급류가 심하면 요동치는 것이 많지만, 평온한 물길로 바뀌면 조용하게 흐르는 물과 같이 마음도 바뀌었다. 생사를 오가는 위기의 시간들 속에서 주님을 찾고 서원까지 했지만 마음은 콩밭으로 향했다.

그렇다고 세상적으로 타락한 것도 아니고, 믿음을 지키고 있었지만 내 인생 전체를 헌신한다는 것에 적지 않은 두려움이 있었다. 한편으로 '과연 내가 주님의 사역자가 될 수 있을까?' 하는 걱정이 앞섰다.

특별한 콜링(부름 받음)이나 불도장 같은 확신이 서지 않았기에 내 마음은 여전히 갈대숲으로 변하고 있었다.

부친께서 평생에 장사를 하시는 분이었기에 그런 유전인자가 내게도 적지 않게 깔려 있었다. 분명한 것은 눈으로 보고 듣는 것이 사업의 센서가 작동하기 때문이었다.

길을 가다가도 '저기에 이런 아이템이 적용된다면 사업이 될 텐데…' 하는 생각이 들곤 했다. 부친은 남대문 시장에서 가방업과 의류업으로 알아주는 상인이셨다.

미래를 예측하시고 처음 코로나 자동차가 한국에 보급될 때쯤에 택시 사업도 시작하셨다. 보광동에 카센터와 차고도 구입하였지만 오래가지 못한 것은, 택시 운전사가 인사 사고를 내어 합의금으로 막대한 지출을 하였기 때문이다. 당시는 보험제도가 없었다.

지금의 서초동 법원 지역에 땅을 구입하였지만 연속 부도를 막지 못하고 파산하는 것을 본 나는, 좋은 아이템이지만 관리와 무리한 재정 방식이 문제였음을 학창 시절에 보게 되었다.

그런 연유로 내게는 필연적으로 성공해야 한다는 부친의 후속 사업에 대한 적지 않은 열망이 숨어 있었다.

사업에 대한 타고난 수단이랄까? 3형제 중 유일하게 나에게만 그런 마인드가 있었다. 그런 잠재력들이 나의 결정에 어려움을 주었고, 사역의 길을 막고 있음이 분명하였다.

서원했던 것을 이루기 위해서 마음의 결단이 된다 해도, 여전한 미련이 나의 앞길을 막고 있을 것이라는 미말의 불안함이 있었다. 고심 끝에 신학교에 편입하기로 마음을 먹고 있었지만, 마음은 딴 곳으로 움직이고 있었다. 차라리 한국을 떠나 독일로 유학을 가는 편이 낫다고 판단하여 준비했지만 모든 조건과 상황이 막혔다.

여우가 포도밭에서 힘차게 뛰어올라 포도를 먹으려 했지만 실패를 거듭하자 이 포도는 신포도라고 외치며 포도밭을 떠난 것처럼 내 마음이 그랬다. 그래도 어차피 한번은 관문을 통과하는 생각이 낫다는 것으로 지금의 한세대학에 편입하였다.

당시 학생들은 거의 부흥사 수준이었다. 목이 쉬어 걸걸하고 거룩한 외형에 기가 질렸다. 그들의 성경은 줄치지 않는 부분이 없고, 때만 되면 철야를 하고 기도원에 올라가 금식을 했다.

하나님의 부름을 받은 사명자들은 끝없이 영적 투쟁을 해서 승리를 얻어야 한다고 했다. 그들의 모습은 거룩하다 못해 신령해 보였다.

이 정도 되려면 얼마나 걸릴까? 아마도 죽었다 깨어나도 따라갈 수 없는 신성과 거룩함 속에 있는 신학도들을 보면서 나의 존재가치는 점점 약해지고 있었다.

"누울 자리를 보고 발을 뻗으라"는 속담처럼 주제도 모르고 날

뛰는 꼴이었다. 적어도 확신과 신념이 분명하고 사명이 투철한 자만이 이 관문을 들어서는 것인데, 주제 넘는 일을 했다 싶어 스스로 물러나는 것이 옳다고 여겼다.

강의를 들어도 마음에 차지 않았다. 쓸데없는 질문이나 하는 나의 적지 않은 반항기가 결국 한 학기도 넘기지 못하고 동료학생들에게 고별인사를 하고 신학교 문을 나서게 했다. 한편으로는 시원했지만 또 한편으로는 찜찜한 기분이 가시지 않았다.
내 심정이 고사에 나온다. 망자존대(妄自尊大: 앞뒤 아무런 생각도 없이 함부로 잘난체함)와 같다는 생각이 들었다.
구름이 끼면 비가 오는 것인데 나는 아예 구름을 피하는 꼴이 되었다. 뭔가 있기는 있는데 확실한 보장과 약속이 없다는 것이다. 중요한 문서에 도장이나 사인이 없는 상태의 모습이랄까? 잊는다고 해서 잊어지는 것도 아니요, 버린다고 해서 버려진 것도 아닌 상황이었다.

학창 시절에 좋아했던 로버트 프로스트의 시 '가지 않은 길'이 그 당시 내 심정과 같았다.

> 단풍 든 숲속에 두 갈래 길이 있더군요
> 몸이 하나니 두 길을 다 가볼 수는 없어
> 나는 서운한 마음으로 한참 서서
> 잣나무 숲속으로 접어든 한쪽 길을
> 끝 간 데까지 바라보았습니다

그러다가 또 하나의 길을 택했습니다
먼저 길과 똑같이 아름답고,
아마 더 나은 듯도 했지요
풀이 더 무성하고 사람을 부르는 듯했으니까요
사람이 밟은 흔적은
먼저 길과 비슷하기는 했지만,

서리 내린 낙엽 위에는 아무 발자국도 없고
두 길은 그날 아침 똑같이 놓여 있었습니다
아, 먼저 길은 한번 가면 어떤지 알고 있으니
다시 보기 어려우리라 여기면서도

오랜 세월이 흐른 다음
나는 한숨지으며 이야기하겠지요.
"두 갈래 길이 숲속으로 나 있었다
그래서 나는 사람이 덜 밟은 길을 택했고,
그것이 내 운명을 바꾸어 놓았다"라고

공항에 가면 전광판에 도착과 목적지 시간표가 한눈에 보인다. 목적 없는 비행은 없다. 승객들도 목적지를 향해서 그 비행기를 타게 되듯 인생도 분명한 목적이 요구되는 것이다. 나는 일단 청파동 부잣집에서 가정교사로 숙식하면서 융숭한 대접을 받고 학생들의 진학을 도왔다. 다음을 비상하려는 잠시의 휴식시간이었다.

여름 방학이 되었을 때쯤 편지 한 통이 날아왔다.
편지의 내용은 이랬다.

> 형제여!
> 신학교를 떠나서 어떻게 지내고 계신지요.
> 저는 과대표로서 형제의 결단에 놀랐고,
> 과연 하나님께서 부르지 않으셨는지에 대해
> 기도했습니다.
> 신학교를 그만둔 많은 사람들이 그렇더라고요.
> 하나님의 부름을 받은 사람이 곁길로 가면
> 만사가 불통이고 되는 일이 없다 합디다.
> 만약 하나님의 부름과 뜻이 아니라면
> 분명한 명분이 있어야 할 줄 압니다.
> 적어도 금식기도를 통해 하나님께 확실한 응답을
> 받으시고 결단하는 것이 옳다고 생각되어
> 혹시나 해서 드린 편지니 오해하지 마시고
> 생각해 보시면 좋겠습니다.

이런 찜찜한 편지를 받고 마음이 요동치기 시작했다.
'정말 하나님이 나를 주의 종으로 부르셨다면 내가 불순종하고 있는 것이 되는데 어찌할까. 그래, 그 형제의 말처럼 금식기도를 해보고 확실한 응답을 받자.'
이것이 나에게는 가장 중요한 일이라고 결단을 내렸다. 주섬주섬 보따리를 챙기고 주인아주머니에게 기도차 한 주간 비우겠다고 했다. 이 집은 아버지 친구 집으로 봉제업으로 성공한 가정이었다. 이 집의 주인은 나를 누구보다 잘 알고 있었고, 자녀들의 상급학교 진학에 대한 기대가 컸다.

어느 기도원으로 가야 할까를 알아보다가 금식을 하니 금식기도원으로 가는 편이 좋겠다고 여겨 오산리 순복음기도원으로 향했다. 버스에서 내렸는데, 기도원으로 가는 길은 포장이 되어 있지 않았다. 도중에 묵을 파는 좌판원도 보였다. 아마도 금식을 마치고 나오는 사람들을 위한 것이리라.

오산리 순복음기도원으로

•
•

나는 마치 도살장으로 가는 마음으로 창구에서 등록을 하고 방을 배정받았다. 나 같은 사람이 오는 곳이 아니라 병들고 실패한 영혼들이 찾는 곳이라는 편견을 가진 오만도 있었다. 냄새가 시금털털 나는 방에는 벌써 한 사람이 자리하고 있었다.

기도원을 찾는 사람은 성공하여 기뻐서 오는 사람은 거의 없다. 죽음의 늪에서 허우적거리고, 실패라는 커다란 인생의 몰락길에 오는 이들이 대부분이었다. 물론 그중에는 신앙의 본질을 찾아 믿음의 회복을 구하는 사람도 있다. 금식을 한다고 왔더니 배가 더 고프고 먹을 것이나 실컷 먹고 올걸 하는 생각이 들었다.

뛰어다니는 사람이 거의 없었다. 어슬렁어슬렁 걸으면서 방석을 끼고 가는 사람, 물병을 들고 다니는 사람, 피골이 상접한 사람, 희망과 꿈이 없어 보이는 사람, 금식을 얼마나 했는지 쓰러지기 일보 직전인 사람, 환자를 부축하고 함께하는 사람, 그중에 힘차게 다니는 사람은 기도원 직원들과 전도사들이었다.

기도원에 온 사람들은 마치 전투에서 진 패잔병이거나 부상자들 같았다.

이윽고 저녁 타종소리가 온 산하에 울렸다.

기도원 위쪽에는 공동묘지가 있어 묘한 대조를 이루었다. 육신으로 죽은 자들의 묘와 산 자들의 간구소리가 어울리고 있었다.

저녁 예배가 시작되자 숙소에 있던 이들이 여기저기서 나오는 모습이 눈에 들어왔다. 성전 안에는 아예 이불을 깔고 죽치고 있는 분들이 여기저기에 있었다.

이백 명이 족히 넘을 듯한 사람들이 모여 있는 성전은 썩는 냄새가 진동하였다. 안으로 들어가자니 역겹고 구토증이 있어 차라리 입구 쪽에서 바람을 맞는 편이 좋다는 생각으로 입구에 앉았다.

앞쪽에 빈 곳이 있으니 당겨 가라고 해도 나는 못들은 척했다. 그러지 않아도 속이 울렁거리는데 안에 들어갔다가 토하는 일이 벌어지면 나갈 길이 없었다. 빽빽이 들어찬 성전 안에는 열사들이 항전을 벌이는 전투형의 모습이랄까?

전도사의 열정적인 찬양이 시작되었다. 주로 보혈의 찬송이고 템포도 빠른 찬양이었다. 박수치는 것은 기본이고 두 손을 들고 고함을 치지 않는 자는 은혜를 받지 않겠다는 의지로 보였다.

나도 부지런히 목청을 높여 찬양을 불렀고 고함도 질렀다. 금식한다는 사람들이 어찌 저런 힘이 넘치는지 아마도 죽기 살기 전법임에 틀림없었다.

여기까지 와서 금식하면서 응답을 받지 못하면 안 되는 사생결단의 모습이 보였다. 늘 금식은 이사야 선지자의 말씀에서 인용된다.

"내가 기뻐하는 금식은 흉악의 결박을 풀어 주며 멍에의 줄을 끌러 주며 압제 당하는 자를 자유하게 하며 모든 멍에를 꺾는 것이 아니겠느냐"(사 58:6).

이 말씀은 가장 기본인 동시에 영적 불이 점화된 선과 같다.

금식 3일째가 되면서 기도원 위에 있는 동산 묘지에 올랐다.

'누구의 묘인지 알 수 없지만 여기에는 아마도 뼈만 있을 것이다. 인생은 다 이렇게 되는구나!' 하는 생각을 하면서 별거 아닌 인간이 살려고 몸부림치는 것이 가엾다는 생각이 들었다.

금식 3일째가 힘들다고들 했다. 정말 온몸의 기력이 소진됨을 느끼면서 공중에 날아가는 새가 통닭으로 보이기도 했다. 어머님께 밥투정했던 일과 식당에서 밥을 남긴 것들이 떠올라 사람은 참으로 먹지 못하면 유치하고 추악한 모습으로 변함을 새삼 느꼈다.

먹구름이 잔뜩 찌푸리더니 비가 제법 내리기 시작했다. 힘없이 숙소로 돌아온 나는 이게 무슨 청승인가 싶은 마음이 들었다. 꼭 기도를 해야만 응답이 있을 것이라는 생각도 서서히 무너져 내렸다.

하나님은 모든 것을 아시고 때를 따라 공급하시는 하나님이신데, 굳이 금식을 하면서 스스로 얽매려는 행위가 가소롭게 여겨졌다. 이렇게 힘든데 굳이 금식을 하여 스스로 의를 나타내려 하는 행위는 위선이라는 생각이 들었다.

점점 구토증세가 심하고 온몸이 떨리며 견딜 수 없는 상태에 이르자 결단을 내렸다. 일주일을 작정하고 왔지만 내게는 무리라는 것과 체질상 금식은 적합하지 않다는 스스로의 결단으로 짐을 챙기기 시작했다. 한 방을 쓰던 형제가 놀라면서 아니 벌써 하산하려 하느냐고 다그쳤다.

나는 더 이상 견딜 수 없고, 뛰어다니는 개구리가 먹거리로 보이는 등 환상과 환청까지 나타난다고 했다. 형제가 응답은 받았느냐고 물었다. 나는 전능하신 하나님께서 나를 잘 알고 계시고 마음을 아시니 응답을 받은 것이나 진배없다고 했다. 나의 완강한 의지에 형제는 그럼 하산하다가 쓰러질지도 모르니 식당에서 죽이라도 한 사발 먹고 가라고 일러주었다.

금식이 끝나면 시래깃국에 밥이 섞인 간단한 음식을 주었다. 그 형제의 충고에 따라 짐을 챙겨두고 식당으로 향했다. 그날따라 비가 계속 쏟아지고 있었다. 그때에는 도로 포장이 되지 않아 진흙탕 밭이었다. 신발에 진흙이 진드기처럼 달라붙어 떨어지질 않았다. 식당 안에는 많은 사람들이 식탁에 앉아 먹거나 이야기하며 붐볐다. 통로에는 가마니를 깔아두었지만 진흙으로 만신창이가 되어 있었다.

죽을 먹기 위해 열댓 명이 줄을 서서 기다리고 있었다. 죽을 기다리는 사람들은 이미 승리의 증표를 받았는지 얼굴에 희색이 만연했다. 나는 분명히 패잔병이 분명했다. 내 스스로가 승리를 하지 못하고 전투에 패한 병사의 모습처럼 되었기에 누구라도 알 수 있었을 것이다.

줄이 점점 짧아지고 있을 때 한 할머니가 식판을 가지고 통로 쪽 의자에 착석하시면서 식사기도를 하셨다.

나는 그때의 그 목소리가 아직도 쟁쟁하게 들린다.

할머니의 기도가 어찌나 큰지 식당을 울릴 정도로 컸다.

"하나님 아버지, 감사합니다. 이 늙은이에게 일주일 금식을 하게 하시고 응답을 주신 하나님께 감사를 드립니다."

여기까지는 기도가 일반적으로 됐다 싶었는데, 할머니는 계속하여 반복기도를 하였다.

"전능한 하나님, 감사합니다. 이 늙은이에게 일주일 금식을 무사히 마치고 응답을 주신 하나님께 감사를 드립니다."

여기서 비수 같은 칼이 내 심령을 찔렀다.

'나이 많은 분도 금식을 일주일 하고 응답을 받았다고 저렇게 감사하는데… 나는 뭐냐?'

충격과 압박이 순식간에 내 안에 요동치고 있었다.

'병신 같은 이, 멍청이 같은 이, 그렇게 인내심도 없이 하나님의 응답을 기대하는 교만한 영혼아! 너는 아무짝에도 쓸모없는 타다 남은 토막나무 같은 존재'라는 생각이 내 영혼을 괴롭히고 있었다.

"죽 가져가세요"라는 창구의 식당 아주머니의 소리를 듣지 못했다. 내 뒤에 있는 분이 쿡쿡 치면서 "죽 받으세요" 하는 것이었다.

순간 나는 이 죽을 받을 자격이 없는 불쌍한 영혼임을 깨닫고 뒷사람에게 가져가시라고 말하고 식당을 뛰쳐나왔다.

방황이 끝나다

비는 세차게 내리고 있었고 나의 심령은 울고 있었다. 그 시로 기도굴을 찾아갔다. 무덤같이 생긴 토굴은 사면이 콘크리트로 되어 있고 바닥은 나무 상자로 되어 있었다. 곰팡이 냄새가 퀴퀴하게 나는 기도굴 문을 열고 들어가 나는 사정없이 콘크리트 벽에 머리를 박았다. 너무 세게 박았는지 이마에서 피가 줄줄 흐르기 시작했다.

나는 피를 보는 순간 더 강하게 벽에 머리를 찍어댔다.

"주님, 나를 죽여주세요. 네? 나를 이 시간에 죽여주세요"라는 외침과 동시에 나의 무능과 응답받지 못한 죄책감이 동시에 밀려들어 나의 심령을 갈가리 찢어 달라는 반항의 절규를 토해냈다.

피로 범벅되어 있는 상태에서 닦을 이유도 없고, 오히려 피를 많이 흘려 차라리 죽는 편이 나을 것이라 여긴 것이다.

"왜 나를 부르셨다 합니까? 내가 언제 주님의 뜻을 따라 종이 된다고 스스로 말했습니까? 베트남 전쟁 때 그 공포의 순간에 어찌 내가 그런 말을 하지 못하겠습니까? 주님, 생각해 보세요. 나는 성경도 제대로 알지 못하고 기도도 못하는 자 아닙니까? 신학생들을 보니 그들은 성경에 줄이 쳐지지 않는 곳이 없고 기도도 청산유수인데 나는 어떻습니까? 금식을 통해 응답을 받으려 3일을 금식했는데 응답도 없었습니다."

이런 내용의 절규를 얼마나 부르짖고 외쳤는지, 목이 쉬고 콧물 핏물이 뒤섞여 몰골이 말이 아니었다.

몇 시간 동안의 절규와 외침이 끝나고 평온의 상태로 진입했다. 마치 오케스트라의 4악장 중 3악장까지 끝낸 상태였다. 그때 마지막 악장 피날레를 장식하는 끝이 장엄하게 마치는 것과 같이 나에게 빛이 비춰지기 시작했다.

나의 존재, 나의 삶의 현장, 내가 누구인지, 너의 인생의 주인은 누구인지, 알고 있는 지식이 얼마나 되는지 등등이 물밀듯이 다가오자 나의 교만과 아집, 그리고 불순종이 얼마나 큰지 깨닫게 되었다. 그때 나는 회개하지 않고는 견딜 수 없는 상태에 이르렀다.

이제 다시 눈물 콧물이 회개의 영으로 바뀌고 하나님께 용서를 구하는 기도의 영이 살아 움직이기 시작하였다. 인간의 교만과 얄팍한 지식을 가지고 하나님을 대항하는 어리석음이 깔려 있음을 발견하게 되었다. 기도의 사투를 무려 7시간 가까이 진행하였다. 마음의 평안을 얻고, 하나님의 깊은 의중을 티끌만큼 이해하고, 순종의 제물로 바치기로 스스로 결심과 결단을 내리게 되었다.

그때 밖에서 저녁예배 타종소리가 들렸다. 피로 엉망진창이 된 나는 사람들을 피해가며 수돗가에서 대충 얼굴을 씻고 숙소로 돌아와 옷을 갈아입고 성전으로 향했다.

놀라운 것은 성전에 들어왔을 때 향기로움을 느낀 것이다.

어찌된 일일까? 분명히 어제까지만 해도 썩은 냄새와 구토를 할 만큼 역겨운 냄새였는데 향기로운 냄새라니….

어제까지만 해도 성전 바람 부는 출입구에 앉아서 냄새의 진통을 억지로 참아가며 견디었는데….

이미 성전 안은 발 디딜 틈이 없었다.

그러나 나의 행동이 이상스러울 정도로 변했다.

사람들의 어깨를 넘어 넘어 강대상 바로 앞까지 도달하여 자리를 잡았다. 말씀을 전하는 강사가 열정적으로 설교를 하자 침이 내 앞으로 튀었다. 그래도 나는 "아멘"을 연신 질러대며 말씀을 마음으로 가득히 채우려고 몸부림치고 있었다. 수문이 열리면 물이 쏟아 내리듯 나의 심령은 곤고 속에서 메마른 사막이었음을 알 수 있었다.

죽어 잠자던 영혼들이 하나님의 말씀을 듣고 성령으로 회개의 영이 임하면 말대로 기적이 일어나게 된다. 누구도 땅 속에 있는 씨의 아름다움을 볼 수 없었지만 물의 침투로 씨앗이 살아나는 것과 같이, 하나님의 은혜의 물줄기를 만나면 변화의 역사와 함께 화려한 꽃과 같이 인생을 꽃피우게 된다.

설교가 끝나자 바로 통성기도가 시작되었다.

강사 목사님이 첫 번째로 내게 안수를 해주셨다.

그도 그럴 것이 바로 강단 밑이라 보이지 않는 청년이 "아멘"하면서 말씀을 받아먹는 것을 들으며 얼마나 신명나는 설교가 되었을까? 이 청년이 누구인가 궁금하기도 하여 통성기도 시간에 내려오셔서 안수하며 전심을 다해 축복해 주셨다.

"이 청년에게 말씀과 기도의 영을 주옵시고 능력을 내려주셔서 주님의 뜻을 이루는 믿음의 일꾼이 되게 하옵소서…주여!" 방언을 하시면서 강력한 기도의 능력을 내리셨다. 몇 명의 신학생들이 달려와 손을 붙잡고 간절한 기도를 해주었다.

그동안 나의 방황은 끝이 났다. 주저했던 일도, 주님의 뜻을 따르는 일도 더 이상 지체하지 않는 마침표를 찍었다. 남은 금식을 무사히 마치고 청파동 집으로 돌아왔다. 나에게는 무서운 각오가 있었다. 바로 '성경을 알자'였다.

거의 한 달 동안 매일 잠자고 화장실 가고 먹는 시간을 빼고는 성경을 읽었다.

감동의 소리여

하나님의 영감이 임하면
선지자는 먹통을 찾아
감동되는 대로 적어냈다
말씀은 이렇게
세상의 빛으로 태어났다
마음이 어두워 깨닫지 못하고
심령이 굳어 뜻을 잃어버린
영혼들에게
하나님의 말씀은
살아 역사하여 심령의 틈 사이로

빛을 비추기 시작하였다
내 영혼아!
소리 지르라, 외치라, 깨어나라
이대로 죽을 수 없어
살아야 한다고 외치라
그리고
죄악의 사슬에서 벗어나라
빛으로 보는 세계를 찾으라
거기는
영혼이 가야 할 길이 보이며
영혼이 숨 쉬는 곳이다
살아 있는 말씀은 이렇게
운행하며 역사하고 있도다

말씀을 만나다

어떻게 말씀의 벼락이 임했을까.

놀라운 것은 성경을 읽다가 말씀의 능력에 순간 감전된 듯 그 능력으로 의식을 잃었다.

사도들이 모여 기도에 전혀 힘쓰고 있을 때 갑자기 성령의 불이 각 사람 위에 임함으로 모인 곳이 진동하였고, 알 수 없는 방언을 하는 능력을 체험한 것과 같았다.

얼마나 강한 역사인지 도무지 감당할 수 없는 능력이었다. 마치 벼락이 떨어져 순식간에 물질을 태우는 것과 같은 현상이었다. 내가 순간 의식을 잃지 않았다면 나는 말씀의 능력으로 인해 죽었을 것이다.

성경을 읽는 순간 말씀이 살아 움직임을 느끼고 깨닫는 것이 마음과 영으로 순식간에 전달됨을 느꼈다.

이렇게 가면 분명히 나는 죽을 수 있다고 판단했다. 말씀이 살아 움직인다는 것을 들어본 적이 없었다. 번개가 칠 때 약 10억 볼트가 발생한다고 한다. 하나님의 말씀의 볼트는 인간으로서는 감당할 수 없지만, 믿음이란 용량을 통해서 내리기 때문에 죽지 않는 것이다.

나에게는 맛뵈기로 맛을 보여준 것이 분명했다. 하도 말씀 말씀하니 진정한 말씀의 능력이 무엇인지를 보여주셨다.

놀라운 것은 말씀의 벼락을 맞고 나니 변화가 생겼다.
성경을 보는 영감의 눈이 열린 것이다.
성경은 하나님의 영감의 말씀으로 되어 있다.
영감은 영어로 inspiration이다. 동사 inspire는 '숨쉬다', '무엇을 불어넣다'라는 의미인데, 하나님의 보이지 않는 영의 힘을 불어넣으신 것이다.

처음 아담을 흙으로 지으시고 그 코에 생기를 불어넣으니 생령이 되었다. 말씀의 영감은 하나님의 뜻과 섭리의 역사를 감지하는 능력이다. 마치 보이지 않는 멀리 있는 것들을 레이더로 탐지하듯, 신령한 것은 신령한 것으로 성령께서 말씀을 통해 영적 감각을 갖도록 하는 것이다.
시편 119편에서는 말씀의 역사에 대한 다양성을 밝히고 있다.
말씀으로 우둔한 자를 깨닫게 하시고, 말씀으로 소성케 하며, 세우기도 하시고, 수치를 당치 않게 하며, 탐욕을 물리치며, 어려운 상황에서 구원을 베풀며, 마땅하게 답을 주시며, 즐거워하며, 소망이 있게 하며, 긍휼을 얻으며, 양식이 되며, 발의 등불이 되는 등등의 말씀이 쓰여 있다.
눈으로 보는 성경이 아니라 성경의 본질, 즉 깊은 내면의 영감이 흘러들기 시작했다. 느낌, 감동이 아니라 영적 힘의 능력이 깨닫게 하고 알게 하는 신비한 접촉이 이루어졌다.

마치 집을 짓고 전기가 연결되어 불이 들어오듯, 내 심령에 비침과 보임의 능력이 순간순간 나타나는 것이다.

지금까지 보지도 듣지도 못한 말씀이 아니었다.

새로운 영적 선을 접촉했다면 이해가 될까, 순식간에 명령만 하면 될 것 같은 초자연적 능력이 나타나고 있었다.

순간 두려움이 임했다. '이러다가 잘못되는 것 아닐까? 내가 정상적으로 말씀에 접촉한 것인가?'라는 의문을 품기도 전에 불 같은 말씀이 심령에 성령으로 인 침을 주셨다.

하나님의 말씀이 살아 있다는 히브리서의 말씀처럼, 실제적이고 현실적인 생명의 능력이 분명했다.

"하나님의 말씀은 살아 있고 활력이 있어 좌우에 날선 어떤 검보다도 예리하여 혼과 영과 및 관절과 골수를 찔러 쪼개기까지 하며 또 마음의 생각과 뜻을 판단하나니"(히 4:12).

창세기 1장 1-5절을 보면 이런 말씀이 있다.

"태초에 하나님이 천지를 창조하시니라 땅이 혼돈하고 공허하며 흑암이 깊음 위에 있고 하나님의 영은 수면에 운행하시니라 하나님께서 이르시되 빛이 있으라 하시니 빛이 있었고 빛이 하나님이 보시기에 좋았더라 하나님께서 빛과 어두움을 나누사 하나님이 빛을 낮이라 부르시고 어둠을 밤이라 부르시니라."

성경은 하나님께서 천지만물을 말씀으로 창조하셨다.

요한복음 1장 1-3절에는 이런 말씀이 나온다.

"태초에 말씀이 계시니라 이 말씀이 하나님과 함께 계셨으니 이 말씀은 곧 하나님이시니라…만물이 그로 말미암아 지은 바 되었으니 지은 것이 하나도 그가 없이는 된 것이 없느니라."

하나님께서는 천지만물을 말씀으로 창조하셨고 사람은 하나님의 형상대로 지음을 받았다.
말씀은 곧 하나님이고 창조의 본질이다.

"하나님의 말씀은 살아 있고 활력이 있어 좌우에 날선 어떤 검보다도 예리하여 혼과 영과 및 관절과 골수를 찔러 쪼개기까지 하며 또 마음의 생각과 뜻을 판단하나니 지으신 것이 하나도 그 앞에 나타나지 않음이 없고 우리의 결산을 받으실 이의 눈 앞에 만물이 벌거벗은 것같이 드러나느니라"(히 4:12-13).

나는 살아 있는 말씀을 체험하게 되었다.
내가 말씀을 읽던 중에 벼락을 맞는 것같이 충격을 받고 쓰러진 것은 믿음의 용량 부족 때문이었다.
발전소에서 집으로 오는 전기의 성질은 같으나 전압은 다르다.
집으로 들어오기 전에 변압기를 통해 용량을 낮추는 것은 사용할 때 안전하게 하기 위함이다.
예수님께서 병든 자들에게 말씀하실 때 "네 믿음대로 되라"는 것은, 용량을 낮추어 명령하신 것으로도 충분히 나음을 받을 수 있었기 때문이다. 말씀에는 강력한 능력의 에너지가 들어 있다. 그 말씀의 용량을 받는 그릇은 오직 믿음이다.

하나님께서 믿음의 용량에 따라 능력을 주시고 사역하도록 하신 것은 믿음의 사람들을 안전하게 보호하기 위함이다. 만약 믿음으로 하지 않고 말씀을 그대로 받는다면 말씀의 능력으로 말미암아 죽게 될 것이다.

내가 체험한 말씀은 나에게 용량 초과 현상이 일어났다. 영어로 말하면 'overwhelming phenomenon', 즉 압도적으로 과도한 힘의 넘침 현상을 말한다. 하나님의 말씀이 살아 있다는 의미는 곧 영적 능력을 나타내는 것이다.

인간의 속성 가운데 본질적인 악의 요소와 습성을 끊어내는 것도 말씀 외에는 없다.

말씀의 능력은 다양성의 힘을 지니고 있기 때문에 인간으로서 가장 큰 축복을 누리는 기회가 된다. 문제는 말씀을 받을 수 있는 믿음의 그릇이 준비되지 않으면 아무런 소용이 없다는 것이다. 하나님은 믿음의 용량 외에 다른 부분으로 사용하지 않으시기 때문이다.

하나님은 그의 믿음만큼 사용하신다. 그래서 믿음을 크게 키우는 방법밖에 없다.

> "그러므로 믿음은 들음에서 나며 들음은 그리스도의 말씀으로 말미암았느니라"(롬 10:17).
>
> (Consequently, faith comes from hearing the message, and the message is heard through the word of Christ)

말씀의 에너지를 예로 살펴보면, 로키산맥에서 흐르는 물이 콜로라도 강이 되어 흐른다.

미국 서부 지역에 거대한 협곡이 있다. 그 강이 콜로라도이다. 콜로라도의 엄청난 강물이 협곡의 골짜기로 쏟아져 내리는 것을 본 미국의 후버 대통령은 과학자들을 동원하여 발전소를 세우도록 하였다.

1935년 미국 후버 대통령 시대에 역사적인 건설이 이루어졌고, 지금도 후버댐이라고 부른다. 강은 네바다와 애리조나의 경계이기 때문에 댐 위로 자동차들이 지나는 도로가 있는데 1시간 시차가 생긴다. 댐 중앙에서 엘리베이터로 내려가면 거대한 발전기를 볼 수 있다. 물이 쏟아져 내리는 힘을 따라 터빈의 돌고 도는 힘으로 생기는 에너지 전기는 미국의 서부 일부를 밝히고 있다.

나는 여러 번 이곳을 방문할 때마다 인간의 능력과 신비한 에너지 자원의 현장을 보면서 감탄을 하게 되었다.

엘리베이터를 타고 댐을 깊이 내려가면 거대한 터빈을 볼 수 있다. 모두 양쪽으로 8개씩 설치되어 있으며, 물의 낙차로 인한 터빈의 도는 소리가 윙윙 귓전에 전달된다. 한쪽은 애리조나로, 한쪽은 라스베이거스와 캘리포니아 지역으로 전기를 공급한다.

하나님의 말씀은 엄청난 능력이다.

수십, 수만 전압(Voltage)의 전기를 생산해내지만, 가정으로 공급되는 것은 미국의 경우 110볼트이다.

만약 가정으로 수천 볼트가 흘러든다면 어떻게 되겠는가?

모든 것이 망가지고 말 것이다. 다행히도 그런 고압이 흘러든다면 퓨즈 박스가 미리 차단하여 안전하게 보호하는 것이다.

전기를 많이 사용하는 공장에는 큰 용량이 있어야 한다. 볼트를 하나님의 말씀으로 본다면, 용량(ampere)은 믿음이라고 할 수 있다. 믿음이 없는 자들에게는 엄청난 능력이 있어도 감지하지 못하는 것은 자동으로 그 능력이 차단되기 때문이다.

12년간 혈루증으로 고통당하던 여인이 예수 그리스도의 옷자락만 만져도 낫겠다 하고 만졌더니 그 시로 나음을 입었다. 이때 주님이 누가 나를 만졌느냐고 제자들에게 물으셨을 때 제자들은 이해하지 못했다. 수많은 사람들이 만지는데 갑자기 무슨 말인가 했다. 그들이 이해하지 못하자 "내게서 능력이 나갔다"라고 하셨을 때 비로소 알게 된 것이다.

이 여인은 능력을 받을 용량의 그릇을 준비하고 있었던 것이다. 그러나 많은 사람들이 기적이 일어날 용량의 그릇을 준비하고 있지 못했기 때문에 예수님을 만졌어도 아무런 일이 일어나지 않았다. 이것은 오히려 그를 살리는 장치일 것이다.

> "여호와께서 이르시되 가서 이 백성에게 이르기를 너희가 듣기는 들어도 깨닫지 못할 것이요 보기는 보아도 알지 못하리라 하여 이 백성의 마음을 둔하게 하며 그들의 귀가 막히고 그들의 눈이 감기게 하라 염려하건대 그들이 눈으로 보고 귀로 듣고 마음으로 깨닫고 다시 돌아와 고침을 받을까 하노라"(사 6:9-10).

말씀과 믿음의 그릇이 준비되지 못하면 어찌 하나님의 예비하심을 보고 능력을 얻을 수 있겠는가.

오히려 보지 않고 얻지 못함이 합당하지 않겠는가? 그러니 믿음의 용량을 넓혀야 전기를 많이 전달할 수 있다는 것이 당연한 것이다.

그러면 믿음의 용량을 넓히는 방법은 어디에 있는가?

무디 목사의 간증이다.

"내가 하나님께 믿음을 달라고 기도한 시간만 합쳐도 몇 달은 족히 될 것이다. 내 생각으로 믿음이란, 번갯불과 같이 어느 날 나를 확 달아오르게 할 어떤 것인 줄 알았다. 그러나 수없이 기도해도 믿음이 오지 않았다.

그러던 어느 날 나는 로마서 10장을 읽다가 '그러므로 믿음은 들음에서 나며 들음은 그리스도의 말씀으로 말미암았느니라'(롬 10:17)란 구절을 보았다. 그 즉시 난 성경을 부둥켜 안고 믿음을 구했다. 그리고 성경을 다시 펴서 하나님의 말씀을 읽기 시작했다. 그랬더니 믿음이 자라나기 시작했다.

우리의 믿음을 자라게 하는 것은, 하나님의 말씀을 많이 읽고, 진리의 지식을 공부하고, 기록된 말씀대로 순종하는 것이다."

"그러므로 믿음은 들음에서 나며 들음은 그리스도의 말씀으로 말미암았느니라"(롬 10:17).

말씀을 들으면 영적 에너지가 생기고 그 에너지는 믿음의 용량을 넓히게 된다. 넓혀진 용량을 따라 흘러드는 말씀은 곧 믿음의 역사를 일으킨다. 말씀의 뜻과 내용, 그리고 그 속에 감추어져 있는 신비스런 하나님의 뜻이 알아지고 깨달아지는 것은 나의 의지가 아니라 성령의 알림이었다.

예수님께서 "네 믿음대로 되라" 하실 때에 맹인, 앉은뱅이, 문둥병자, 각색 병자들이 그 시로 고침을 받았다. 말씀은 순간 강력한 힘으로 죽은 영혼까지 살렸다. 말씀은 일반적으로 보는 물리적 힘이 아닌 초자연적인 강력한 힘이다.

태초에 하나님이 말씀으로 세상을 창조하신 그 능력은 가히 인간의 이성으로 감지할 수 없는 영역인 것이다.

대자연에서 일어나는 벼락에 대하여 〈과학의 향기〉에 실린 내용을 보면 다음과 같다.

지난 8월 러시아 일간지 〈프라우다〉는 벼락을 사랑으로 이겨낸 한 부부의 이야기를 소개했다. 시베리아 남서부 쿠즈바스의 벨로보 마을에 사는 사포발로프스 씨 부부는 어린이 캠프에 참가 중인 딸을 만나러 갔다가 마을 외곽에 있는 강가 풀밭에 앉아 쉬고 있었다.

이때 하늘이 시커멓게 변하더니 갑자기 천둥이 쳤다. 겁에 질린 아내는 남편에게 바짝 몸을 기댔다. 아내를 안심시키려던 남편은 아내의 입술에 입을 맞췄다. 그런데 입술이 맞닿는 순간 벼락이 두 사람을 덮친 것이다.

보통의 경우라면 이들은 즉사했을 것이다. 그러나 부부는 기적적으로 목숨을 건졌다. 남편의 몸에 들이친 번개가 아내의 몸을 지나 땅으로 스며들었기 때문이다. 두 사람이 키스한 순간 서로 달라붙은 몸이 도체처럼 작용, 충격이 반감되었다는 얘기다. '사랑의 힘'이 번개를 이긴 셈이다.

부부의 사랑을 제대로 확인시켜 준 번개, 그것에 대해 알아보자. 번개는 보통 적란운, 즉 소나기구름에서 발생한다. 구름 내부에는 작은 물방울이나 얼음 알갱이가 존재하는데, 이들이 움직이고 서로 부딪히면서 전하가 발생한다.

작은 물방울은 상승기류를 타고 올라가다 물방울(얼음)은 음전하로, 주변 공기는 양전하로 대전된다. 그 외에도 구름 속 얼음 알갱이들이 깨지거나 서로 부딪힐 때 마찰전기가 생기기도 한다.

미국의 과학자인 워크맨과 레이놀즈는 얼음 알갱이와 과냉각 물방울이 공존할 때 많은 전하가 발생한다는 사실을 실험을 통해 알아냈다.

번개에는 엄청난 힘이 있다. 번개가 한 번 칠 때 전압은 보통 10억 볼트(V)에 이른다.

가정의 전압이 110볼트이고 초고압선도 수십만 볼트를 넘지 않는다는 점을 볼 때 번개의 전압이 얼마나 높은지 짐작할 수 있다. 벼락 치는 순간 흐르는 전류는 5만 암페어(A)이다.

전압과 전류를 에너지로 환산하면 100와트 전구 7,000개를 8시간 동안 켤 수 있는 어마어마한 양이다. 또 벼락의 온도는 태양표면 온도(6,000도)의 4배가 넘는 2만 7000도에 이른다.

자연 물리적 현상도 이런데 하나님의 말씀에 비하면 먼지도 되지 않는 에너지인 것이다. 만물을 창조하신 전능하신 하나님이 영감의 말씀을 인간에게 허락한 것은, 사탄을 물리치고 세상을 이기도록 하는 강력한 에너지를 우리에게 주신 것이다.

다만 믿음의 암페어만으로 그의 능력대로 이루어지게 된다.

예수님께서 각색 병자들에게 "네 믿음대로 되라"고 하신 것은 주님의 능력 더하기 그의 믿음의 역사로 치유가 일어남을 보여준 것이다.

강물이 조용히 흐르다가 낙차가 큰 곳에 이르면 강력한 힘으로 돌변되듯 말씀이 그렇다. 살아 있는 말씀이 내게 흘러내린 것으로 쓰러지고 의식을 잃은 현상을 통해 나의 믿음의 용량이 부족했음을 알게 되었다.

로마의 백부장이 예수님께 나아와 "나의 하인이 중풍병으로 거반 죽게 되었으니 고쳐주옵소서" 하니 예수님은 "내가 가서 고쳐 주리라" 하셨다. 그러자 백부장은 "아닙니다. 주님이 말씀만 하시면 그대로 되겠습니다"라고 했다.

여기서 주목할 것은 말씀만 하시면 즉시 능력이 움직임을 알게 된다. 말이 떨어지기 무섭게 하인이 달려와 중풍병이 고침을 받았다고 기별한 것이다.

그렇다면 하나님의 말씀이 살아 있는데 왜 사람들이 죽지 않을까? 그것은 안전장치로 믿음의 용량만큼 말씀을 담을 수 있도록 조치하였기 때문이다. 수만 수천의 전기 용량이 가정에 흘러 들어오면 모든 가전제품은 불타고 망가질 것이다.

하나님은 그의 믿음에 따라 말씀으로 역사하시는 것이다.

나에게 그런 믿음의 용량이 없음에도 불구하고 내린 말씀의 능력은, 내가 하도 말씀이 없니 있니 하는 의심을 하니까 맛뵈기로 순간 역사하셨음을 알게 되었다.

"하나님의 말씀은 살아 있고 활력이 있어 좌우에 날선 어떤 검보다도 예리하여 혼과 영과 및 관절과 골수를 찔러 쪼개기까지 하며 또 마음의 생각과 뜻을 판단하나니"(히 4:12).

하나님의 말씀을 읽다가 죽지 않은 것이 다행이었다.
약 한 달 동안 말씀이 꿀 같다는 것을 체험했다.

말씀을 통해 내 길을 굳게 정하심을 깨달았다.
말씀을 통해 주의 계명이 부끄럽지 않음을 알았다.
말씀을 통해 정직한 마음을 배웠다.
말씀을 통해 깨끗한 행실을 갖게 됨을 배웠다.
말씀을 통해 전심으로 주를 찾는 방법을 알았다.
말씀을 통해 내 마음을 죄로부터 지킬 수 있음을 깨달았다.
말씀을 통해 찬송을 받는 것을 알았다.
말씀을 통해 내 입에서 주의 선포를 하게 되었다.
말씀을 통해 주의 재물이 복임을 알게 되었다.
말씀을 통해 주의 영으로 보게 됨을 깨달았다.
말씀을 통해 말씀을 사모함을 느끼게 되었다.
말씀을 통해 교만을 물리치는 힘을 배웠다.
말씀을 통해 비방이나 비난을 이기는 힘을 얻었다.
말씀을 통해 증거하는 힘을 얻었다.
말씀을 통해 살리는 능력이 있음을 알았다.

말씀은 내 마음을 넓히는 기능이 포함되어 있다.

말씀은 깨닫고 가르치는 능력이 포함되어 있다.
말씀은 세상의 탐욕을 이기는 힘이 들어 있다.
말씀은 주를 경외하는 힘이 들어 있다.
말씀은 환경에서 승리하는 비결이 있다.
말씀은 자신을 이기고 지키는 힘이 있다.
말씀은 진리 가운데로 인도한다.
말씀은 심령을 자유케 한다.
말씀은 고난을 이기게 하는 힘이 있다.
말씀은 은혜의 통로이다.
말씀은 명철과 지식으로 인도한다.
말씀은 거짓과 교만을 물리치게 한다.
말씀은 입술을 지키는 능력이 있다.
말씀은 믿음을 성장시키는 동력이다.
말씀은 꿀송이같이 달다.
말씀은 미래를 인도하는 등불이다.
말씀은 고난을 이기게 하고 깨닫게 하는 힘이 있다.
말씀은 생명을 지키는 일을 한다.
말씀은 사탄의 계략을 알게 하여 대비케 한다.
말씀은 악인을 징벌한다.
말씀은 빛과 같아서 어둠을 이기고 보게 한다.
말씀은 믿음의 사람을 굳게 하고 견고케 하여 승리하도록 한다.
말씀은 위경에서 건져내는 힘이 있다.
말씀은 핍박을 견디고 이기게 한다.
말씀은 영혼을 살리는 강력한 에너지 자원이다.

신학교를 무사히 졸업할 수 있었던 것은 살아 있는 말씀이 받침이 되었기 때문이다. 하나님의 말씀이 내 영혼을 살렸고, 나의 삶의 목적과 방향을 밝히 보여주었다.

이제 지체할 시간이 없었다. 그동안의 방황이 헛되게 보여도 결국 주님을 만나는 촉진제가 된 것이다. 나에게는 말씀이 소망이고 생명이고 즐거움이 되었다.

5부

목회 일지

1. 목회 시작 - 한국

개척교회를 시작하다

신학교를 졸업하고 유학을 준비하고 있었다. 모든 것들이 뜻대로 되지 않자 기도원을 찾아 금식기도를 하였다. 목적은 진로를 찾기 위함이었다. 응답은 '목회'였다. '어디에서 어떻게'라는 단서는 개척목회로 시작하는 수밖에 없었다.

개척 목회는 마치 미국의 서부 시대에 정착을 위한 험난하고 어려운 과정과도 같이 때론 인디언과 싸움을 해야 하고, 낯선 환경에 뿌리를 내리는 일과 같아서 결코 쉽지 않은 일이었다.

신학교에서 바울 신학과 신앙관을 관심 있게 고찰하고 마음에 두었다. 사도 바울은 소아시아뿐 아니라 멀리 로마에까지 복음의 씨앗을 뿌린 위대한 개척자였다. 나의 잠재의식 속에 '바울처럼'이란 큰 뜻을 품게 되었다.

나의 목회 첫 여정의 항로는 서울 동쪽 중곡동이란 곳에서 닻을 내리게 되었다.

나는 기도원에서 목회 응답을 받고 이렇게 기도했다.

"주님의 전적인 인도를 통해 능력을 보여주시고, 재정이며 시작과 끝을 주관하여 주옵소서."

비장한 결의를 가지고 한 달여 동안 개척지를 찾아 서울 곳곳을 헤맸지만 주님의 감동은 없었다. "주님, 이 지역이 좋을까요"라는 물음을 던지면서 보이는 건물을 유심히 찾았지만 소득이 없었다.

그러던 어느 날 중곡동이란 곳에 내 발이 멈추었다. 그리고 눈에 들어오는 복덕방이 있었다. 스르르 문을 열고 들어서자 복덕방에서 흔히 볼 수 있는 전형적인 한 장면이 눈에 들어왔다. 나이가 지긋하신 두 분은 장기판에 몰두해 있고, 한 분은 돋보기로 신문을 보고 있었다. 고객이 왔음에도 불구하고 아무 반응이 없었다.

그런데 신문을 보던 한 분이 신문을 반쯤 내리고 나를 쳐다보더니 정색을 하시면서 "혹시 전도사요?"라고 뜬금없는 질문을 하였다. 순간 저 양반이 내 신분을 어떻게 알아차리고 있었는지 약간 당황스러웠다.

"네, 전도사입니다"라고 하자 신문을 걷어치우고 나를 뚫어지게 쳐다보더니 벌떡 일어나 내 손을 낚아채고 밖으로 나왔다.

"따라오시오" 하면서 앞장서서 총총걸음을 걷는다.

그는 "나는 말이요, 교회 집사요. 그런데 거참 신기하게도 이런 일이…" 하시면서 자신이 꾸었던 꿈 이야기를 하였다.

"얼마 전 꿈에 젊은이가 나타나 개척교회를 세우겠다고 했어요. 그 후로 매일 복덕방을 찾는 사람이 어떤 사람인가 하고 관심을 기울였는데, 마침내 젊은이가 나타난 거요"라며 흥분을 감추지 못했다.

나 또한 긴장감이 고조되었다.

저기 신작로에 가면 길가에 2층 건물이 있는데, 교회가 부흥이 되어 장소가 비어 있다고 하셨다. 주인에게 어떤 업종이 들어왔으면 좋겠느냐고 물었더니 '교회'가 들어왔으면 좋겠다고 했다는 것이다. 주인 아주머니의 친정아버지가 장로였다고 한다.

그 건물에 들어서자 여기가 내 첫 목회지라는 감동이 왔다. 몇 달 동안 비어 있던 건물이라 먼지로 뒤덮여 있었다. 나는 나도 모르게 바닥에 풀썩 무릎을 꿇고 기도하였다.

"주님, 주님이 예비하신 곳이 이곳이었습니까?"라는 기도 응답의 기쁨은 표현할 수 없는 감동이었다.

복덕방 아저씨는 모 교회의 집사라고 자신을 소개하셨다.

건물 뒤편에 주인집이 있었다. 나의 마음을 확인한 아저씨는 아니 집사님은 당장에 계약을 하자면서 주인집으로 안내를 하였다. 전도사라고 소개하자 반가이 맞으면서 자기 빌딩이 교회의 터가 된다는 것에 매우 흡족하게 여기시는 것 같았다.

문제는 계약금과 건물 전세금이었다. 내 수중에는 이십만 원짜리 수표 한 장이 다였다. 적어도 10%의 계약금이라면 사십만 원이 되어야 하는데, 아주머니는 이 금액으로 계약을 하자고 했다. 이십만 원도 미국 선교사님께서 유학비에 쓰라고 주신 금액이었다. 계약서를 손에 들고 기뻐하면서도 한편으론 잔금을 어떻게 구할지 걱정이 앞섰다.

기도원으로 달려갔다. 나에게는 달리 방법이 없었다. 있다면 오직 주님께 알리는 방법이었다. 여차하면 금식기도가 나에게 유일한 방법이고 도구였다. 하나님이 하시는 일을 내가 막을 수 없고, 하시는 사역에 정당한 방법을 구하는 것도 나의 책임이기 때문이다.

목회사역을 시작하면서 다짐한 것이 오직 주님의 능력으로만 시작과 끝을 주관해 달라는 간절한 요구였다. 구차하게 누구에게 손을 벌리는 일은, 결코 있어서는 안 되는 나의 자존심의 신앙관으로 못을 박았다.

2주 후면 금액을 정산하고 건물로 입주해야 하는데, 나는 아무 것도 손에 잡히는 것도 보이는 것도 없었다. 개척을 명하신 하나님께 책임을 넘기고 주님의 역사를 기다리는 그때 심정은, 나의 믿음을 점검 받고 있는 시간이었다.

나머지 금액이 정산되지 않는다면, 하나님께 책임을 돌려 포기할 수도 있음을 마음에 두고 있었다.

과연 나는 개척교회를 할 수 있는 자격이 있는가?
영혼을 사랑하는 뜨거운 열정이 있는가?
말씀을 잘 가르칠 수 있는 역량이 있는가?
성도를 양육하는 보모의 젖은 충분한가?
리더십은 어느 정도 준비되었는가?
결혼하면 가족을 부양할 능력이 있는가? 등등의 점검을 통해 만약 계약이 되지 않으면, 이런 이유로 인하여 불가함의 판정을 통해 정리될 것이라는 생각도 들었다.

금식기도를 마치고 세상이라는 밖으로 나왔다. 금식기도까지 했으니 하는 느긋한 마음으로 주님의 응답을 기대하고 있었다.

그러나 시간이 갈수록 점점 초조해지고 불안한 마음도 들었다.
'왜 하나님의 역사가 없지?'
'내가 오판을 하고 있는 것은 아닐까?'
'목회가 무슨 장난이냐'라며 스스로 심판을 하고 피 말리는 시간의 싸움이 계속되고 있었다.

'목회는 나의 능력과 지식의 논리를 펼치는 것도 아니요, 오직 영혼을 불쌍히 여기는 주님의 심정으로 사명을 가지고 충성하는 것인데…… 과연 나는 그에 합당한 자리에 있는가?'라는 질문이 파도처럼 쉴 없이 나를 공격하고 있었다.
나의 의지는 팽팽하던 풍선이 바람 빠지듯 영혼의 갈망이 흔들리고 있었다.
2주의 계약 완료의 시간, 한 주간이 지났다.
약속이란 서로가 신뢰하는 차원에서 계약적 관계가 성립되는 것이다. 만약에 약속이 파기되면 나는 신뢰를 잃고 흩날리는 낙엽처럼 정처 없이 떠나고 말 것이다. 시간이 지날수록 먹는 것이 먹는 것이 아니고, 사는 것이 사는 것이 아니었다.
하나님의 의와 뜻을 이룬다는 것은 적지 않은 희생과 충성이 없이는 되지 않는 것이 분명하다. "죽으면 죽으리라"는 의미는 적어도 심령 깊은 곳의 진액에서 분출된 것이 분명하다. 말은 쉬우나 행동이 어렵고, 책임을 지고 가는 헌신의 모습이 필요했다.
2주 동안 나는 모리아 산으로 향하는 아브라함과 같은 길을 가고 있었다. 아브라함의 3일 길은 참으로 만감이 교차하기도 했지만, 죽은 자를 살리시는 하나님을 의지하는 그 뜨겁고 숭고한 신앙이 부러웠다.

나는 첫 항해에서 험한 세상의 파도와 씨름하고 있었다. 좌우로 흔들리고 위로 아래로 몸을 가누지 못할 정도로 시험을 당하고 있었다.

'세상이 어떤 곳이냐? 만만하게 보다가는 큰 코 다친다.'

'신학교를 갓 나온 풋내기가 세상의 거대한 도전을 이길 수 있을까? 아마도 첫 한방에 으스러지고 부서지고 말 것'이라는 속삭임에 저울질 당하고 있었다.

성도는 세상에서 죽기 살기로 충성하는 데 비해, 목자는 과연 죽을힘을 다해 양을 보호하고 지킬 수 있는 든든한 방어막이 되고 있는가? 그런 무장도 없이 덤볐다가는 낭떠러지로 떨어지는 지름길이 되고 말 것이다. 비장한 각오 없이 덤벼들었다가는 뼈도 못 추리고 마는 것이다. 그러니 이쯤에서 하차하는 것이 고통을 단축하는 길일 것이다.

'목회를 아무나 하나?'

투철한 사명과 주님을 만난 흔적을 가지고 있지 않다면 애초에 정리하는 편이 낫다. 이런저런 유혹과 싸움을 하고 있었다.

'그래, 나는 분명 부족하고 미련하고 어리석은 사람이다.

> "그러나 하나님께서 세상의 미련한 것들을 택하사 지혜 있는 자들을 부끄럽게 하려 하시고 세상의 약한 것들을 택하사 강한 것들을 부끄럽게 하려 하시며"(고전 1:27).

하나님의 섬세하신 손길

이윽고 계약 마지막 날이 되었다.

나는 광화문 길을 의미 없이 걷고 있었다. 문화방송국이 눈에 들어왔다. 건너편에는 서울고등학교가 자리하고 있었다. 시장기가 돌았다. 쓰러지더라도 먹고 쓰러지는 편이 낫다는 생각에 중국집에 자리를 잡고 짜장면을 시키려 하고 있었다.

그런데 '너는 지금 아무런 응답도 없이 목구멍으로 짜장면이 들어가느냐'는 내 안의 음성이 들려왔다. '그렇지! 짜장면은 무슨 짜장면이야' 하고 스스로를 자책하며 밖으로 나왔다.

눈앞에 공중전화 박스가 눈에 들어왔다.

나도 모르게 안으로 들어가 총회사무실로 전화를 걸었다.

총회 직원의 목소리가 들렸다.

막연하게 걸었지만 용건이 없는 전화 통화였다.

"누구세요?"

"아 네, 저는 홍 전도사입니다."

내 말이 떨어지기 무섭게 "전도사님, 이제야 연결되었네요"라고 반갑다는 듯이 여직원이 반색하였다.

"홍 전도사님을 찾는 선교사님이 있어요."

"네? 누가…"

"마일스 선교사님이요."

며칠 전부터 나를 애타게 찾고 있었다는 것이다.

유학 때 도움이 되었으면 하고 20만 원을 건넨 선교사님이었다.

'그분이 왜 나를 찾고 있었을까?' 하는 의문을 가지면서도, 한편으론 그곳에 답이 있지 않을까 하는 한 줄기 소망의 빛이 일어 났다.

지체하지 않고 택시를 타고 곧장 선교사님의 사택으로 달렸다. "딩동딩동" 초인종을 눌렀다. 스피커에서 "헬로" 하는 음성이 들렸다. "아임 미스터 홍"이라고 하자 문이 열리고 현관에서 덩치가 크신 분이 나를 끌어안고 어쩔 줄을 몰라 하며 반갑게 맞이하셨다.

소파에 앉아 커피를 마시며 하시는 말씀이, 홍 전도사가 유학을 포기하고 개척교회를 한다는 소식을 총회에서 들었다면서 흥분을 감추지 못하셨다. 그러면서 그가 한 주 전에 미국 뱅크 오브 아메리카 수표를 받았다고 하셨다. 선교사에게는 흔한 일이다. 그런데 금액을 보낸 이가 미국의 백인 할머니였는데, 편지와 함께 동봉이 되어 왔다고 한다.

내용은 그 할머니가 데이케어를 하면서 모은 돈인데, 어떤 방식으로 선교비를 보낼까 기도하던 중 마일스 선교사가 생각났다고 한다. "그러면 마일스 선교비인가요?"라고 기도하면서 주님께 여쭈니 "아니다. 마일스 선교사를 통해 꼭 필요한 사람이 있다"라는 응답을 받고는 편지와 함께 보내셨다고 한다.

마일스 선교사는 편지와 수표를 받고는 고민에 빠졌다.
누구에게 보내라는 지정이 없이 왔으니 기도하면서 성령님의 도움을 구했는데, 내가 떠오르자 견딜 수 없는 감동이 일어났다고 한다.

한시라도 이 돈을 건네지 않으면 화가 미칠 것 같다는 마음에

총회를 통해 나의 소재 파악을 하려 했지만 연결이 되지 않아 애를 태우고 있을 때쯤 내가 나타났으니, 그 기쁨과 감격은 말로 할 수 없었다고 한다. 그도 기쁘지만 내가 더 기쁜 상태였다.

수표를 받고 기도를 해주었다. 오늘이 바로 정산을 해야 하는 마지막 날이었기 때문에 지체할 수 없었다. 수표를 들고 불광동에서 을지로 외환은행 본사로 택시로 내달렸다. 환전을 해야 했기 때문이다. 택시가 은행 앞에 도착했을 때는 이미 문이 내려진 상태였다.

순간 정문은 내려졌어도 고객을 위해 뒷문은 열렸을 것이라는 생각에 뒷문으로 달렸다. 역시 열려 있었고 고객들이 있었다. 나는 수표의 금액이 얼마나 되는지도 모른 채 환전을 요구했지만, 직원이 전산 처리가 끝났다며 내일 오라고 했다.

나는 창구 직원에게 "여보시오! 고객이 안에 들어왔는데 이럴 수가 있어요!"라고 큰 소리를 쳤다. 그러자 직책이 높으신 분이 나와 직원에게 전산실로 가보라고 하면서 나에게 미안하다고 했다.

직원이 달려와 전산이 아직 열려 있다고 하자 빨리 환전 처리를 지시했다. 환전을 받은 나는 다시 택시로 중곡동으로 달렸다. 놀라운 것은 환전된 금액이 중도금 정산할 금액과 거의 같은 금액이었다.

'이럴 수가!'

순간 나는 말할 수 없는 감동으로 눈물을 흘리고 있었다.

'어찌 이런 일이!'

하나님은 멀리 계신 외국의 할머니를 통해 나의 상황과 형편을 아시고 꼭 필요한 금액을 예비해 주신 것이다.

아브라함이 독자 이삭을 번제로 바치려 할 때 "아브라함아! 칼을 멈춰라!" 하시고 숲에 숫양을 예비하신 하나님! 그 하나님이 바로 나의 하나님이시다. 그리고 지금도 여전히 내 삶 가운데 역사하고 계시는 그 섬세하신 손길에, 나는 그저 놀라며 감사와 찬양밖에 드릴 것이 없었다. 이렇게 해서 건물을 얻고 교회가 시작되었다.

교회에는 갖추어야 할 것들이 참 많다. 강대상, 의자, 피아노, 악기, 기타 등등…. 그런데 그런 것까지도 까마귀를 통해 엘리야에게 공급하셨듯이, 이곳저곳에서 순적히 준비하게 하셨다. 마치 퍼즐을 맞추듯 모양새가 잘 갖추어졌다. 목회 시작과 동시에 결혼을 하게 되어 아내의 고생이 이만저만이 아닐 텐데도, 오히려 기쁨으로 감당하며 나를 위로하고 격려해 주었다.

중요한 것은 성도가 있어야 하는데, 어떻게 전도를 해야 할까 궁리하면서 얻게 된 지혜가 있었다. 여름 방학을 맞이하는 때라 골목마다 아이들이 많았다. 나는 앞으로 북을 차고 동네를 돌면서 북을 쳤다. 그러자 아이들이 모여들었다. 여름이라 아이스케이크와 캔디를 주고 아이들과 함께 북을 치면서 개선행진을 하듯 교회로 이끌었다. 마치 초원의 야생마들을 몰이하여 우리 안에 넣고 길들이기를 시작한 것과 같이….

30명이 넘는 아이들과 여름성경학교를 시작했다. 찬송을 가르치고 예수님 이야기를 통해 복음을 전하는 동시에 간식으로 수박과 참외 등을 나누어주었다.

그렇게 천진난만하고 순수한 그들에게 복음의 씨앗을 심기 시작하였다. 그로 인해 자연스럽게 부모님들이 출석하게 되고, 교회는 점점 성장하기에 이르렀다. 교회 안이 차고 넘쳐서 더 넓은 장소로 이전해야만 했다. 청년들이 많아지자 주일학교 선생님으로 자원하시는 분들이 생겨서 주일학교도 원활하게 이루어졌다.

2. 유학과 목회 - 영국

영국 유학길에 오르다

그렇게 신명나게 수년을 목회할 때, 시간 강사로 출강하던 신학교의 학장이 면담을 요청했다.

"홍 목사님, 혹시 선교에 관심이 있으신지요?"

"선교요?"

갑작스런 질문에 "네, 관심이 있지요"라고 답을 했다.

당시는 선교 초창기라 교회마다 선교의 의미가 정착되지 않았을 때였다. 그런데 영국에 선교대학원이 있는데, 그 학교에서 각 나라의 목회자 한 사람을 추천받아 선교학을 배우게 하는데, 전액 장학금으로 공부할 수 있다고 했다.

런던 국제선교신학연구원은 대학원 코스로 INTENSIVE 방식으로 미국의 유명한 임마누엘 대학과 풀러 대학의 교수들이 집중 강의를 통해 선교전략을 공부하게 된다.

항공료에서 학비, 기숙사, 여러 나라 탐방에 이르기까지 전액 제공한다고 했다. 다만 현재 목회가 어느 정도 수준에 이르렀고, 나이는 30대에서 40대 초반이며, 영어에 능통해야 하는 조건이었다.

서울의 알려진 장로교 목사님이 추천을 받아 모든 입학 과정을 마치고 가려고 했는데, 교회 측에서 담임 목사를 보낼 수 없다고 해서 포기했다고 한다. 학장은 대타로 서울에 있는 교회 목회자를 물색하다가 우연히 나를 생각하게 된 것이다. 시간이 급하니 속히 가부를 결정해 달라는 요청이었다.

나는 늘 하던 방식대로 금식기도원으로 달려갔다. 한참 신명나게 목회하는 나에게 또 다른 결정이 요구되고 있는 것이다. '후임자를 맡기고 몇 년을 다녀올 것인가, 아니면 사임을 하고 갈 것인가, 그것도 아니면 영국 유학을 포기할 것인가'였다.

결국 영국 유학을 택하고 교회 사임으로 가닥을 잡았다. 좀 더 넓은 세상으로 가서 선교학을 공부하고 가르치는 사역을 하는 것이 내 적성에 맞다고 판단한 것이다. 우선 영국의 선교 대학원에서 인터뷰를 요구하였기에 시간을 내어 런던으로 향했다. 많은 교수진의 질문에 성실하게 답을 하였고, 한 달 안에 가부(可否)의 통고가 올 것이라고 했다.

한 달 후 합격 통보를 받고 기도에 들어갔다.

한국에 있는 영국대사관과 문공부 추천으로 비자를 받고 드디어 유학길에 올랐다. 비행기 요금이 조금이라도 싼 항공인 대만 항공을 이용해서 영국으로 가게 되었다.

대만을 거쳐 중동의 사우디아라비아 두바이 공항에 잠시 기착했는데, 공항 터미널 안에 두건을 쓴 여인들이 매우 인상적이었다. 지구의 옆구리를 돌아가는 항로라 무려 24시간이나 걸렸다. 승객이 많지 않아 누워서 자기도 했다.

암스테르담(Amsterdam) 공항에 착륙하는 과정에서 갑자기 바닥으로 쿵하고 떨어졌다. 비행기 안은 잠시 아수라장이 되었다. 선반에 있던 물건들이 튀어나오고 여러 사람들이 부상을 입었는데 우리는 다행히 안전했다. 사과 방송을 들으니 안개가 끼어 조종 불찰이라고 설명했다.

우리는 공항터미널 안에서 영국으로 가는 브리티시(British Airways) 항공을 갈아탔다. 드디어 긴 비행기 여정을 마치고 런던 히드로(Heathrow Airport) 공항에 도착하였다.

세 식구인 우리 가족은 언어와 문화가 전혀 다른 낯선 나라에서 삶이 시작되었다는 막연한 두려움과 설렘으로 입국 심사에 임했다. 입국 심사대에 선 우리는 마치 심판대 앞에 선 기분이었다.

이민국 직원은 우리의 여권을 이리저리 살펴보고 컴퓨터를 뚫어지게 살피더니 어디론가 전화를 걸고는 사라졌다. 쉽게 끝날 것 같지 않았다.

'무슨 일이 있는 것인가?'

우리에게 말 한마디 없이 떠난 것이 예사롭지 않았다.

'뭐가 잘못되었을까? 아니면 신원조회를 하는 것일까?' 하는 불안감이 엄습하였다. 그러나 우리는 비행기 안에서뿐만 아니라 기도로 무장하고 왔기에 두려움과 불안을 불식시키려고 애를 썼다.

'그런데 도대체 무슨 일로 이리도 우리를 4시간이나 묶어놓고 있는가?' 화가 났다. 아마도 동양인인 우리를 무시하는 것은 아닌가?

우리 가족은 한쪽에서 마냥 기다리고 있었다.

비행기 승객들이 다 떠나고 없는데, 우리만 멍하니 있는 것이 애처롭게 느껴졌다. 신고식 치고는 너무하다는 푸념이 나왔다. 이 방 나라에서 시작부터 무슨 격전을 치르게 되는가 하는 일말의 전쟁선포 같은 예감이 먹구름처럼 떠올랐다. 무려 4시간쯤 지나서 드디어 심사원은 비장한 결심을 한 모양으로 여권에 힘을 다해 '꽝꽝' 하고 입국비자를 찍어주었다.

이민국 직원은 미소를 지으며 미안하다고 말하고 좋은 일이 있을 것이라 말했지만, 화가 난 나는 귓전으로 퉁명스럽게 "땡큐"라고 말했다.

긴장한 탓인지 맥이 다 풀린 흐느적거리는 발걸음으로 짐을 찾으러 나섰다. 우리 짐은 공항 한구석에 덩그러니 놓여 있었다. 설상가상으로 이민가방 몇 개 가운데 가장 중요한 가방이 보이질 않았다. 끝내 그 가방은 영국에 있는 동안에 돌아오지 않았다.

영주권을 받다

6개월이 지나 이민국으로 비자 재신청을 하러 갔는데, 이민국 직원이 여권의 도장을 보고 또 보고 하더니 잠시 자리를 떴다.

'이게 또 무슨 문제…?'

지난번 공항에서 경험했던 일이 필름처럼 돌고 돌았다.

드디어 직원이 와서 하는 말이 "당신은 비자가 필요하지 않습니다"라고 하는 것이었다.

당황한 나는 "뭐요! 다시 말해봐요"라고 물었다.

"당신 여권에 찍힌 비자는 영주권 비자입니다."

"뭐요! 여 영주권이요!"

무언가 섬광처럼 빛이 지나갔다.

나중에 알고 보니, 공항에서 직원이 생각하기를 '이 사람들은 영국에서 아주 영주할 수 있도록 해야겠다. 앞으로 많은 한인들이 오면 그들을 상담하고 이끌어줄 지도자가 필요한데 잘 됐다' 싶어 한국으로 조회를 하는 등 부산히 움직여 이민국장과 상의를 통해 좀처럼 쉽지 않은 영주권을 내준 것이다.

어쩐지 알고 보니 수상한 것이 한두 가지가 아니었다. 무슨 일이든지 지나고 보면 별게 아닌데, 그 당시에는 참으로 암담함을 느끼는 것이다. 아무튼 우리는 이제 영국에서 각종 혜택까지 입을 수 있게 되었으니 하나님의 섭리는 신비한 것이다.

문제는 학교 당국에서 나에게만 혜택을 준 것이지 가족까지는 아니라는 것이다. 좋은 기숙사가 있지만 가족과 함께하는 것은 불허한다는 것이었다. 할 수 없이 가족이 거할 런던의 집을 찾기 시작했다. 다행히 개학이 몇 달 남았기에 여유는 있었다.

세계적으로 집 구하기와 직장 얻기가 가장 어려운 곳이 영국이다(외국인에게만 해당됨). 집을 구할 동안 아내와 아들 요한이를 독일 베를린에 있는 친구에게 부탁하게 되었다. 한 달만 구경삼아 있으면 그 안에 집을 구해놓기로 했다. 우리 가족은 다시 도버해협을 건너는 배를 탔다. 도버해협의 물살은 매우 심했는데, 이 해협은 한국의 조오련 수영선수가 헤엄쳐 건너간 것으로도 유명하다.

프랑스에 내린 우리는 다시 기차를 타고 독일 베를린으로 향했다. 당시 독일은 통일이 되기 전이기 때문에, 서독에서 동독 안에 있는 서베를린을 가려면 동독 땅을 거쳐야만 했다. 하노버에서 동독 기차를 타고 동독 땅을 지나는데 묘한 기분이 들었다.

기차에 오르자 동독 경찰관이 독일 셰퍼드를 앞세워 가면서 위협적인 인상으로 승객들을 주시하였다. 영화 속 독일 게슈타포들의 위협적인 모습이 한순간에 느껴졌다. 여권 검열을 하며 일정한 수수료를 내고 일일 비자를 찍어주었다.

나는 이미 여러 차례 베를린 여행 경험이 있었지만, 우리 가족은 긴장감을 늦출 수 없었다. 동독 안에 있는 베를린을 동서로 갈라놓고 있는 것이 희한한 느낌도 들었다. 그만큼 베를린은 중요한 도시요, 고도의 도시로서 히틀러가 백 년을 내다보고 설계한 도시라 한다. 가히 베를린은 아름다운 도시로, 낭만이란 말이 적합한 곳 같았다. 하벨 강을 중심으로 도시를 지나는 강은 매우 인상적이며, 전원의 향기를 물씬 풍겼다. 독일에 가족을 남겨둔 채 다시 영국으로 돌아온 나는 집을 구하기 위해 동분서주했다.

집을 구하다

드디어 집을 구하게 되었다. 아파트 형식인데 스튜디오 룸이었다. 그 주인은 베트남인인데 내가 베트남에서 군인으로 있었다고 했더니, 매우 반가워하며 월세도 깎아주었다.

한 주에 25파운드, 달러로 치면 40불 정도 되는 금액이지만, 그 돈도 우리에게는 버거운 금액이었다. 아내에게 집이 준비되었다고 하니 너무 반가워했고, 대궐을 얻은 기쁨 이상이었다. 샤워장과 화장실은 밖에서 공동으로 사용하는 것이었고, 집 안에 불이며 난방 모두가 동전을 넣어야 작동하게 되었다. 샤워장도 역시 동전을 넣고 들어가야 뜨거운 물로 샤워를 할 수 있다.

그런데 어느 날 동전을 넣고 샤워를 하는 중에 갑자기 얼음 같은 찬물이 쏟아지는 것이었다. 날벼락이라는 말을 이럴 때 쓰는 것 같다. 그러나 기도하면 마음이 편해지고 위로가 되는 것이, 해결해야 할 일들이 눈 녹듯 녹아지는 것이다.

그러던 어느 날 한 정보를 얻게 되었다. 어려운 사람들을 위해 크리스천 협회에서 좋은 집을 알선해 준다는 내용이었다. 나는 전철을 여러 번 갈아타고 협회를 찾아가서 내 사정을 이야기하고 도움을 청했다. 그러나 현재는 많은 사람들이 지원을 하고 있어 순서는 적어도 2년이 걸린다는 것이다. 2년이면 유학 공부를 마치게 되는데 포기를 해야만 했다.

기도하며 포기하지 말라는 마음의 음성을 듣고 또 찾아갔다. 번번이 어렵다는 대답을 듣곤 했는데, 어느 날 연락이 왔다. 집이 준비되었으니 와 보라는 것이었다.

이게 웬 말인가! 흥분된 마음으로 사무실을 찾아갔다. 담당직원의 자동차로 데리고 간 곳은 런던의 지하철 북쪽라인(Northern Line) 전철 끝 정거장 하이 바넷(High Barnet)이란 동네였다.

우람한 저택인데, 주인이 세상을 떠나면서 크리스천 협회에 기증을 한 것이었다. 그런데 기독인들 가운데 생활이 어려운 사람들에게 주는 혜택을 우리가 얻게 된 것이다. 저택을 개조하여 다세대가 살아가는 아파트 형식의 집이었다. 주님의 은혜로 월세가 적은 집을 얻게 된 것이다.

대부분의 입주자들은 나이가 많은 할머니 할아버지였다. 그중에 가장 젊은 청년은 1층 방을 사용했는데, 그런 젊은이를 두는 것은 비상시 돕도록 하기 위해서이다. 공교롭게도 우리가 그 집으로 입주한 날은 12월 24일이었다. 연휴(Boxing Day)가 되어 밖에 설치된 전기 시스템에서 우리 집으로 오는 전기가 연결되지 않았다.

춥고 으스스한 방에서 우리가 준비한 이불은 영국의 혹독한 날씨를 감당하기에 역부족이었다. 우리 세 식구는 오들오들 떨고 있었는데, 1층에 사는 데이빗이란 친구가 자기 담요와 몇 가지 가재도구들을 주었다.

그동안은 방이 비어 있어 냉골이었다. 잠시 눈을 뜨니 전깃불이 들어와 있었다. 깜짝 놀라 '이 어찌된 영문인가!' 탄성을 지르면서 전기난로로 열을 피우기 시작하였다.

아침이 되어 간밤의 상황을 알게 되었다. 데이빗이 전기회사에 응급 요청을 한 것이다. 전기 담당자는 휴가 중에도 만사를 제치고 한밤중에 달려와서 밖에 달린 전기 단자에 오픈을 한 것이다. 우리는 환호를 지르며 크리스마스 선물이라고 외쳤다.

집 정원에는 몇 그루의 소나무가 있었다. 보름달이 소나무에 걸려 있는 모습이 향수를 자극하였다.

이렇게 해서 영국 유학생활에 익숙해지기 시작했다. 우리는 맨 꼭대기 3층 다락방 같은 곳을 얻었다. 우리 가족은 런던 북쪽 하이 바넷(High Barnet)이란 곳에 정착하고 살았다. 전형적인 런던의 주택지역이며, 주위는 참으로 아름답고 고풍스러움이 느껴지는 동네였다. 대처 수상이 근처에 살았다는 자부심도 있었다.

그러나 자부심도 좋지만, 북해양쪽에서 불어오는 바람이 겨울이면 뼛속까지 파고드는 추위를 견뎌야 했다. 10월부터 5월까지 솜이불을 덮고 자야 했다.

아내가 어느 날 발이 아프다고 호소하였다. 알고 보니 발가락에 동상이 걸린 것이다. 홈닥터를 찾아갔더니 깜짝 놀라면서 어떻게 이 지경까지 되었느냐고 했다.

속히 병원으로 가보라고 했지만, 아내는 집에서 기도하겠다며 고집했다. 그러던 어느 날 동상 걸린 발가락이 불에 화상을 입은 것같이 되었다가 깨끗하게 치료되었음을 발견하게 되었다.

날씨가 혹독할수록 사람들은 더 강인해짐을 알 수 있다.

지하철을 타면 북쪽 라인 끝 정거장이다. 정거장에서 15분 정도 걸어가면 거대한 저택이 있는데, 그 집이 우리가 사는 곳이었다.

주말이면 점블(jumble) 세일을 한다. 미국의 거라지(garage) 세일과 같은 것이다. 집에서 입지 않는 영국의 전통 순모 옷들을 길거리 좌판에서 판다. 순모 자켓을 1파운드(약 2달러 정도)에 사서 오랫동안 입은 기억이 있다.

또 목사에게 주는 특혜가 있었다. 목사뿐 아니라 부인도 대학 공부를 하게 될 때 단돈 1파운드로 공부할 수 있음을 알게 되었다. 그래서 아내는 유명한 런던 칼리지(College)를 4.75파운드로 공부하기도 했다.

박 형제를 만나다

주일이 되면 근처에 있는 영국 교회에 가서 예배를 드렸다. 나중에 알고 보니 우리가 사는 북쪽과 반대되는 런던의 남쪽 윔블던 근처에 한인교회가 있다는 얘기를 듣고 주일날 서둘러 지하철(tube)을 탔다.

아직 런던의 지하철 노선에 익숙하지 않아 갈아타는 전철을 잘못 타고 말았다. 다시 내려서 정거장에서 전철을 기다리고 있던 중 웬 동양 청년이 한쪽에서 서성거리고 있는 것을 보았다.

전도할 목적으로 다가갔는데 알고 보니 한국 청년이었다.

그 청년이나 우리나 반갑기는 매한가지였다.

그는 얼마 전 중동의 사우디아라비아에서 왔다고 자신을 소개했다. 근처 YMCA 호텔에서 묵고 있다고 했다. 중동에서 몇 년 동안 근로자로 일하던 중 런던으로 가서 공부하고 싶은 꿈을 가지고 기도했다고 한다.

계약기한이 만료되면서 한국으로 가야 할 상황인데, 책임자에게 자신의 진솔한 마음을 이야기하자 간절한 마음이 통했는지 허락을 받고 왔다고 했다.

호텔에 머물러 있는 것보다 우리 집에 방 하나를 주어 당분간 같이 지내는 것도 괜찮다는 생각이 들었다. 이렇게 만난 박 형제는 후에 런던 에바다 한인교회를 세우는 데 주역이 되었으며, 지금은 런던에 여행사 사장으로 있다는 전갈을 받았다.

학업에 열정을 쏟다

미국의 조지아 임마누엘(Georgia Emmanuel) 대학과 풀러(Fuller) 대학 교수진들이 선교 프로그램을 가지고 와서 집중강의를 하게 되었다. 영어권에서 온 학생들은 쉽지만 한국인인 나에게는 영어로 리포트와 논문을 써야 하는 일에 밤잠을 이루지 못하는 일이 허다했다.

아침에 일어나면 묵상기도 시간과 함께 채플이 이어지고, 오전과 오후에 계속되는 강의를 통해 몸은 파김치가 되기 일쑤였다.

주말이면 학생들은 런던의 생활을 즐기는 데 반해 나는 학교 도서관에서 주구장창 원문을 읽고 쓰는 일에 몰두해야만 했다. 가장 힘든 시간은 발표 시간이었다. 매 과목이 끝날 때마다 자신의 입장과 배운 것에 대한 토론과 발표를 하는 것은 참으로 숨막히는 시간이었다.

영어가 술술 물 흐르듯 나와서 막힘없이 발표를 해야 하는데, 매끄럽지 못한 영어로 발표할 때 학생들이나 교수진들이 얼마나 이해했는지 의문이었다.

그러나 때론 해학적 말을 하여 청중들을 웃음바다로 만들기도 했다. 주어진 과제를 제때 맞추기 위해 코피가 나는 일이 일상이 되기도 했다. 그래도 교수진들은 동양인인 나에게 영어가 어려운 줄 알고 긍휼을 베풀어 좋은 성적을 얻도록 도와주었다.

여름 방학 때가 되면 미국의 젊은 크리스천 대학생들이 단기 선교로 공부를 위해 우리 선교본부로 오곤 했다. 나는 짬을 내어 그들에게 런던 안내 역할을 하기도 했다.

　그들과 함께 우정을 다지는 아름다운 시간도 있었다. 지나고 나면 아름다운 추억이지만, 당시에는 죽을 맛이 몇 번이었는지 모른다. 언젠가는 기숙사에 머물고 있는 동기 학생들을 우리 집으로 초청하여 만찬을 대접하기도 하였다. 그들은 원더풀을 외치며 코리안 음식이 맛있다고 칭찬하였다. 지금 그들은 세계 여러 나라의 선교 지도자가 되어 하나님 나라를 확장시키고 있을 것이다.

　선교학에서는 국제 문화로부터 각 나라의 종교와 민족성, 그리고 선교의 현재와 미래관에 대한 연구로 끝없이 학문에 도전해야만 한다. 선교가 무엇인지에 대한 눈을 뜨게 되면서 사도 바울의 심정을 어느 정도 알게 되었다.

　영국 런던 국제선교신학연구원(CICM) 출신 가운데 선배 되는 한국의 신학대학 김 교수와 미국에서 목회하는 호 목사(필라델피아 안디옥 교회 담임)는 세계전문인선교(PGM, Professional for Global Missions)를 세워 세계선교에 열정을 쏟고 계신다.

　어느 민족이든 사람의 속성과 습성들은 거의 같다는 것과 인간이 가진 욕망, 그리고 죄성은 다를 바 없다는 것이 특징이다.

　오늘날 선교의 잘못된 부분이 벌써 수백 년 전에 있었던 일과 흡사한 것은 이런 이유에 있는 것이다. 세월이 지나도 인간의 존재 역시 변함이 없기 때문이다. 그래서 역사는 오늘의 거울인 것이다. 역사를 무시하고 고집하는 것은 많은 경험의 지혜를 잃어버리는 것이다.

선교란 단순히 선교사를 보내고 후원하는 것만이 아니다. 선교는 기도와 물질과 관심과 사랑이 새끼를 꼬듯 꼬아져야 한다. 무엇보다도 선교에 대한 절대적 사명감을 가지고, 그 나라 현지에서 그 민족과 동화가 되어야 한다. 유능한 현지인을 훈련시켜 자기 민족에게 복음을 전하는 일꾼을 만드는 데 기여해야 한다.

예수님의 제자들이 선교 현장에서 순교를 했듯이, 온전한 희생이 없이는 참으로 힘들고 어려운 것이 선교이기 때문이다.

기도할 장소를 찾아서

기도하고 싶은 마음이 갈급하였다. 그런데 기도 장소가 없어 고심하는데, 마침 근처에 성공회 교회가 있어 그곳으로 찾아갔으나 문은 잠겨 있었다. 그래서 계단에서 기도하곤 하였다. 아내는 매일 새벽에 교회 입구 계단에서 추위를 무릅쓰고 기도했다.

어느 날 성공회 목사님께서 교회 앞을 지나가시다가 웬 동양여성이 계단에 쭈그리고 앉아 기도하는 모습을 발견하게 되었다.

기도에 목말라하는 여인의 간절함에 놀라고 탄복하였는지 언제든지 교회에 들어와 기도하라며 마스터키를 건네주었다.

교회는 크지 않았지만 아담하고 우아하며 아늑한 실내였다. 우리는 이 교회에서 작정하며 기도하기 시작했다. 참으로 감사한 것은, 언제든지 교회를 찾아 기도하는 것이 우리에게는 얼마나 큰 위로와 소망이 되었는지 그저 감사할 뿐이었다.

타국 땅에서 기도밖에는 다른 대책이 없었다.

에바다 한인교회를 세우다

당시 영국에는 유학생과 주재원 등이 주류를 이루고 있어서 많지는 않지만 서로 만나면 반갑고 즐거웠다. 공부를 마칠 때쯤 되어서 진로를 모색하고 기도하는 중에 독일에서 피아노 전공을 한 자매가 영국의 교수에게 사사를 받으러 왔다고 했다. 그 자매는 독일 교회에서 부흥회를 인도할 때 나를 알았다고 한다. 가끔 독일 여러 지역에서 부흥회를 인도한 적이 있었기 때문이다.

그 자매는 매우 넓은 집에서 그랜드 피아노를 놓고 연습 중에, 자기 집에서 예배를 드리면 어떨까 하는 생각으로 그 집에서 박 형제와 그 자매, 그리고 친구들이 함께 예배를 드리게 되었다. 이렇게 해서 에바다 한인교회가 탄생하게 되었다.

그랜드 피아노 앞에 둘러서서 찬양을 연습하는 시간은 참으로 즐겁고 행복했다. 점점 학생들이 소문을 듣고 찾아오기 시작하자, 장소가 비좁아 아예 영국 교회를 빌리자는 의견이 나왔다. 그러던 중 아내가 늘 기도하던 교회, 그리고 열쇠를 주며 언제든지 기도하라던 교회가 생각났다.

목사님을 찾아가 말씀을 드렸더니 당장이라도 쓰라며 허락하셨다. 당시 나는 10년이 넘은 프랑스산 르노라는 차를 헐값에 구입했다. 소형차라 네 사람이 타기도 버거웠다.

주일이면 이리저리 학생을 실어 나르는데, 그 작은 차에 여덟 명이 탄 적도 있었다. 꾸역꾸역 타고 보니 작은 타이어가 도로 전체를 덮는 느낌이었다.

아침에는 시동이 걸리지 않을 때가 많았는데, 우리 집은 높은 언덕이어서 비탈길을 내리 달리면 거의 다 내려와서 부르릉 하고 시동이 걸리기도 했다.

어느 때는 다 내려왔음에도 불구하고 시동이 걸리지 않아 애를 먹은 적도 많았는데, 으스스한 날씨와 뼈까지 파고드는 북해양 바람으로 인해 몸이 덜덜 떨리기도 했다. 재정적으로 어려우면 날씨도 감당하기 힘들고, 먹어도 배고프고 어찌나 춥고 떨리는지 이루 말할 수 없다.

영국에서는 감자와 빵으로 온전히 식생활을 해결했고, 토요일이면 거리 마켓에서 자동차로 고기를 싣고 와서 파는데, 그중에 제일 싼 것이 소꼬리였다. 일전에는 그냥 주기도 했다는데 사람들이 자주 찾다 보니 돈을 받는다고 했다.

소꼬리는 우리 가족과 학생들에게는 보양식과 같은 것이었다. 소꼬리마저 비싸다면 무엇을 먹을꼬! 학생들이 가장 원하는 것은 고기가 아니라 김치였다. 김치를 먹으면 공부도 잘되고 고향 생각도 덜 나는데, 김치를 먹지 않으니 심신의 기능이 제대로 안 된다는 하소연들이 많았다.

그렇다면 김치를 만들어 주일마다 학생들에게 배부르게 먹게 하자고 아내와 의견일치가 되어 차이나타운에서 배추를 박스로 사 날랐다. 그런데 한 주일이면 유학생들이 우리 집 형편도 모르고 마구잡이로 먹어치우는 것이 아닌가! 아내는 지금도 예전 일을 생각하면 영국에서 김치 담근 것밖에는 생각나는 것이 없단다.

'그놈의 김치가 뭐길래…. 역시 한국인은 김치 없이는 못살아!'

어느 날 예배를 드리는데 나이 드신 아주머니가 오셨다. 자신은 미국 뉴욕에서 왔노라고 소개하면서, 영국에 있는 딸이 예수님을 믿지 않아서 죽기 전에 전도를 할 양으로 왔다며 딸에게 복음을 전해줄 것을 간청하였다.

유학생 남자들은 딸이란 말에 눈을 번쩍 뜨며 서로가 "제가 하지요. 나이는 몇 살인가요?" 하고 묻는다. "유감스럽게도 결혼했어요"라고 하자 "네, 결혼했다구요?" 하며 어떤 친구는 혀를 차면서 "틀렸네"라고 중얼거린다.

가겠다는 학생들이 서서히 빠지고 특공대를 조직하기로 했다. 적어도 기도와 말씀으로 무장한 특수 군대요원과 같은 이가 필요했다. 선별된 몇 학생들과 함께 킹스 칼리지(King's College) 부근에 있다는 집을 찾아갔다.

전통적인 영국의 벽돌집 3층이었다. 벨을 누르자 미국에서 온 아주머니가 반겼다. 안내를 받아 이층으로 올라갔다. 집 내부를 보니 꽤 재력이 있는 집 같은 느낌이 들었다.

드디어 여성 한 분이 "안녕하셔요?" 하고 인사를 건넸다.

우리는 이분이 바로 딸이라는 것을 단번에 알 수 있었다.

첫인상이 보통 분 같지 않았기 때문이다. 그분은 차를 내놓고 이말 저말을 하는 가운데 "어머니가 얼마나 성화를 하는지 괴로울 정도예요. 예수 믿는 것이 그렇게 중요한가요?"라고 따지듯이 묻는 것이었다.

"예, 정말 중요합니다. 얼마나 중요했으면 어머니가 뉴욕에서 여기까지 오셨겠어요? 그 심정을 한 번 헤아려 보시기 바랍니다.

어머니께서 우리 교회에 찾아오셔서 간절히 부탁한 것은 따님의 영혼 구원을 위한 것이 아닐까요?"

그녀는 별 반응을 보이지 않고 위층으로 올라가 버렸다.

조금 있더니 다시 내려와 비장한 각오를 보이며 "좋아요. 저는 한 달 후에 코펜하겐(Copenhagen)에서 연주가 있거든요. 그래서 연주를 위해 하루에 8시간을 연습해야 한다고요. 오늘 연습은 내가 접을 테니, 그 대신 예수님을 나에게 확실하게 나타내 보여주실 수 있겠어요? 그렇지 않으면 헛수고가 될 테니까요"라며 퉁명스럽게 자신의 의지를 내비쳤다.

그 말에 나도 오기가 생겨서 굳은 각오로 "좋습니다"라고 말했다.

"그럼 먼저 성경공부를 통해 예수님을 만나보기로 하죠."

성령님의 간절한 도움을 구하면서 몇 시간 동안 공부를 하는데, 놀라운 것은 하나님의 은혜가 그분에게 임하였다.

"우리가 하나님을 믿지 않는 것과 교만한 마음으로 불신하는 것 자체가 얼마나 큰 죄인지 알고 계세요?"라고 질문을 하고 답도 드리는 과정에, 그분의 마음에 성령님이 역사하심으로 말미암아 깨달음을 주신 것이다. 결국 그녀는 예수 그리스도를 구주로 영접하게 되었다.

그분은 세계적으로 알려진 한국이 낳은 유명한 바이올리니스트 정경화 씨였다.

얼마나 감사한 일인지 지금도 잊지 못한다.

더욱 놀란 것은 그 어머니의 신앙의 열정이었다. 그분은 성경 전체를 필사하셨다. 필사본을 보여주면서 이제 이것을 사위가 책으로 만들어 준다며 자랑하였다. 무엇보다 딸이 예수님을 믿겠다는 것에 매우 흐뭇해하셨다.

그분은 7남매를 훌륭하게 키우신 이원숙 권사님이셨다. 자녀들을 장하게 만든 것은 역시 그분의 기도와 믿음의 열정이었다. 하나님을 믿는 믿음 안에서 주신 축복이 아닐 수 없었다.

에바다 한인교회는 유학생들로 북적거렸다. 젊은이들이 꿈을 안고 낯선 나라에서 공부를 한다는 것은 나라의 미래가 밝은 것이며 소망임을 알았다. 학생들 가운데는 서로 눈이 맞아 사랑하는 사람들도 생겼다. 그들은 당장이라도 결혼해야겠다고 야단이었다.

유학생들을 초청하고 성대한(?) 결혼 예식을 올렸다. 더러 외국인도 왔고, 유학생들은 공부 중에도 결혼을 할 수 있다는 것에 탄성을 지르며, 우리도 빨리 짝을 찾아 영국에 있을 때 홍 목사님 주례로 결혼해야겠다고 난리였다.

학생들이 사는 곳을 차례로 찾아가 대심방을 하고, 축복기도를 해주고, 앞으로의 계획을 놓고 함께 기도모임을 가졌다. 남학생들의 방은 구질구질하기가 짝이 없었다. 그래도 심방을 받는다고 부산을 떨면서 치운 것이 그 정도였다. 그래도 여학생이 사는 방을 심방하면 제법 아기자기하게 꾸며놓았고, 목사님을 대접한다며 나름 실력 발휘를 한 것이 보였다.

남학생들은 간단한 빵 대접이지만 여학생들은 정식(?)으로 차렸다. 그래서 때가 되면 남자와 여자가 만나 가정을 갖는 것이 하나님의 정한 이치임을 깨닫게 된다.

그런 학생들이 귀국하여 독주회도 열고, 음대 교수로, 사업가로 성공하였다는 소식을 듣게 된다. 그들은 영국 유학 모임 단체를 만들어 지금도 정기적으로 만남을 갖고 있다고 했다. 언젠가 서울에서 한 번 모임에 참석했더니, 모두가 한결같이 영국에서의 신앙생활이 가장 행복했다고 너스레를 떨었다.

3. 이민 목회 - 미국

이민 목회가 시작되다

영국에서 공부를 마치고 런던에 에바다 한인교회를 세워 목회 활동이 무르익고 있을 때였다. 어느 날 은사 교수이신 스켈톤 박사님이 나에게 말하기를 홍 목사는 가르치는 은사가 있는 것 같은데, 미국에서 박사 코스를 밟으면 좋겠다는 제안을 하셨다. 선교학을 공부하는 동안 나에게 많은 가르침과 조언을 주셨기에 그런 제안을 놓고 기도하기 시작하였다.

> "밤에 환상이 바울에게 보이니 마게도냐 사람 하나가 서서 그에게 청하여 이르되 마게도냐로 건너와서 우리를 도우라 하거늘 바울이 그 환상을 보았을 때 우리가 곧 마게도냐로 떠나기를 힘쓰니 이는 하나님이 저 사람들에게 복음을 전하라고 우리를 부르신 줄로 인정함이러라"(행 16:9-10).

주의 사역자들은 때로 성령의 인도와 감동을 입어 고난과 어려움을 이기기도 하고, 가야 할 길을 깨닫기도 한다. 이런 기회가 온 것은 주님의 인도하심이라고 생각했다. 영국에서 가르치는 교수진들 가운데는 캘리포니아의 풀러 신학교에서 오신 분들도 있었다. 그 교수님들의 조언에 따라 선교학 공부를 더 하는 편이 좋겠다는 쪽으로 가닥이 잡혔다. 무슨 일이든지 기도와 성령의 인도가 중요함을 알고 기다리고 있을 때, 마침 미국에서 좋은 소식들이 날아들었다.

여러 교회에서 돕겠다는 의사와 협력선교에 대한 관심이 있다는 소식들이었다. 나는 성령님의 인도하심에 따라 미국으로 갈 것을 결정했다. 때를 따라 인도하시는 하나님의 역사에 늘 기쁨으로 순종하고 믿음을 따라 행하는 나의 신앙관에 또 다른 도전이 시작되었다. 그럴 때마다 성령의 감동이 늘 나와 함께하였다. 1988년 한국에서는 올림픽으로 열기가 고조되어 있었는데, 나는 미국의 LA 북쪽 라크라센타라는 동네에서 이민교회 개척을 시작했다.

한인 타운에서 약 30분 정도 떨어진 곳이지만 주거환경이 좋은 곳이었다. 산자락 밑으로 210번 고속도로가 훤하게 뚫려 있어 미국다운 운치가 느껴지는 곳이었다. 몇 사람의 집사님들과 평신도를 중심으로 아담하게 시작된 목회였다. 한인들이 많지는 않았지만, 산동네는 전망도 좋고 교통도 좋으며 학군도 좋았다.

개척예배를 드리게 될 때 지방회장님의 말씀이, 여기는 노아의 방주와 같은 곳이라고 말씀하신 것이 지금도 생생하게 기억난다. 같은 미국 교단의 하나님의 성회 교회는 아름다운 건물이었지만 지은 지는 오래되었다.

미국 교회 비불러 목사님은 아버지처럼 자상하고 인상이 좋으셔서 한인들과 잘 소통되는 멋진 목사님이셨다. 이민 목회의 시작이란 것이 그리 넉넉하지 못하고, 들어가는 돈도 많은 편이다.

한인신학대학에서 강사로 지내면서 신학생들의 도움을 받아 교회 사역에 탄력을 받게 되었다.

그러던 어느 날 전화 한 통이 걸려왔다.

"안녕하세요. 목사님!"

"네, 누구신지…."

"저는 모 교회에서 일하는 ○○집사이고 부동산에서 일하고 있습니다. 다름 아니라 저희는 직장선교회라는 소규모 단체인데, 교파를 초월하여 매주 월요일에 성경공부를 하고 있습니다. 목사님을 강사로 초빙하고자 하는데, 자세한 것은 만나서 이야기하면 좋겠는데요."

직장선교회를 인도하다

그 다음 주 한인 타운 모처에서 그분을 만나게 되었다.

'직장선교회'라는 그 모임은 매주 월요일 성경 말씀을 배우고자 하는 순수한 크리스천들의 모임이었다. 한인 타운 근처 월셔라는 곳은 상업 건물이 가득한 곳으로 많은 한인들이 부동산, 은행, 무역 등 갖가지 비즈니스를 하는 곳이다.

그들은 교회 장로, 권사, 집사 등 평신도로 구성된 직장 선교팀이었다. 그들에게 말씀을 가르치고 강론하던 목사님이 한국 교회로 가는 바람에 공석이어서 마땅한 목사님을 찾느라고 의견이 분분할 때, 라성순복음교회 여집사님이 "그동안은 장로교회 목사님이 강의했지만 순복음 계통의 목사님은 어때요?"라고 하자 "그러면 집사님이 찾아보라"고 해서 신학교로 연락을 취하고, 학장은 나를 추천하게 된 것이다.

일단은 말씀 강의를 통해 선을 보고 결정하겠다고 했다.

물론 그들의 결정이 우선이었다. 윌셔의 건물을 사용하고 있는 회사의 사장이 자신의 사무실을 개방하여 몇 년째 운영하는 직장선교회라고 했다. 직장일로 늘 바쁜 그들이었지만, 말씀에 대한 목마름이 너무 커서 말씀 강론을 통해 성경을 알고자 하는 열심파들이었다. 그들은 한국에서 내로라하는 대학 출신들이었고, 미국에서 경제적으로도 어느 정도 힘을 가진 분들이었다.

월요일 저녁 처음으로 사무실을 방문했을 때, 우리는 마치 서로를 정탐하는 듯한 눈으로 인사를 건넸다. 제법 큰 보드판과 함께 커피며 간식까지 준비하고 계셨다. 약 30명 정도의 직장인들이 귀한 시간을 내어 말씀을 듣겠다는 열정을 가지고 기다리고 계셨는데, 정말 귀한 일이 아닐 수 없었다. 그러나 나 역시 약 2시간 강의를 통해 그들의 목마름을 충족시킨다는 부담도 적지 않았다.

창밖을 보니 로스앤젤레스의 화려한 불빛이 한눈에 들어왔다. 온종일 업무에 시달리고 피곤한 그들에게 무엇보다도 필요한 것은, 집에 돌아가 편히 쉬고 싶은 마음일 것이다. 그런데도 육신의 편안함을 뒤로하고 말씀을 향한 열정으로 모여 있는 그들을 보며 마음에 뜨거운 감동이 일어났다. 그들은 이 일을 몇 년 동안이나 지속해 온 것이다.

부동산 전문 컨설팅 직원, 은행원, 회계사, 빌딩에서 일하는 직장인, 보험 판매원, 여행사 직원 등으로 구성된 그들은 한결같이 믿음의 신비를 갈구하고 있었다. 각기 교회에서 장로, 권사, 집사, 성가대, 교사 등의 직책을 가진 분들이었다.

그들은 왜 신학교 교수를 통해 강의 듣기를 원하고 있었을까?

아마도 설교라는 틀을 벗어나 학문적이고 실질적인 성경 접근을 원하는 것이 틀림없었다.

성경의 이론과 학문적인 접근은 교회에서는 만나기가 쉽지 않았을 것이다. '설교 메시지보다 또 다른 측면에서 보이는 그 어떤 신비스런 것을 원했을까? 아님 누구보다 배움이 깊은 우월한 위치에서 보다 높은 차원의 말씀 강론이 요구된 것일까?'

'바울 사도가 에베소에 있는 두란노서원에서 6개월간 매일 수시간씩 강론한 메시지를 지금의 시대에서 찾으려 하는 것은 아닐까?'

나는 여러 각도로 생각해 보았다.

사실 말씀의 온도 차이는 매우 다를 수 있다. 땅속 깊이에 따라 수맥의 흐름이 다르듯이, 말씀도 믿음의 양에 따라 전혀 달리 운행하는 능력이 있기 때문이다. 믿음을 가질수록 사람들은 말씀의 깊은 영감을 간구하기 시작한다.

영적인 말씀을 듣고 믿음이 운행하고, 그 운행하는 힘이 더 강한 에너지를 가지고 다양한 하나님의 비밀에까지 접근하기 때문이다. 그런데 그런 과정에서 많은 사람들이 포기하기에 이르기도 한다. 이유는 그런 촉진제 같은 동기유발이 없기 때문이다. 잔가지로 불을 지펴서 큰 모닥불이 되기까지는 처음에 잘 타는 잔가지가 있어야 하기 때문이다.

과연 이들은 이런 경지의 말씀을 간구하고 있는가? 아님 주일을 열정적으로 드리는 헌신이 약하기 때문에 마음의 위로차 성경공부를 통해 땜하자는 것인지가 궁금하였다. 강의를 진행해 보면 그 반응을 보아 어느 정도 진단될 수 있을 것이다.

커피 냄새가 진동하는 넓은 사무실은 타원형의 의자들이 잘 배치되어 있었다. 과연 여집사가 추천한 홍 교수는 어떨까 하는 선보는 자세로 눈길을 주고 있었다. 쓴 커피 한 잔을 건네받고 돌아가면서 간단한 인사를 나누었다.

얼른 보기에 수심이 있는 사람, 피곤에 지쳐 있는 사람, 의심의 눈초리로 노려보는 사람, 한번 해보란 듯한 표정의 사람들이 한눈에 들어왔다. 두세 번의 강의를 통해 전담 강사가 되는지 그렇지 않을지는 이 강론에서 결정될 것이다.

나를 추천한 여집사는 매우 긴장한 듯하였다. 본인은 순복음교회에서 기도회, 금식기도 등을 통해 영적 갈망이 어느 정도 익숙해졌는 데 반해, 그들은 주로 장로교회 출신들이라 형식적 것이 많고 강론에 비판의식이 많다면서 미리 언질을 주었다. 물론 성령 충만하다는 말만 해도 알레르기 반응을 보이는 분들도 있다고 했다.

인사와 커피 타임이 끝나고 추천했던 여집사께서 나를 간단히 소개했다. 첫 시간이라 묵직한 아이템이 아니라 왜 말씀을 들어야 하는지에 대한 서론적 강의가 시작되었다. 매우 부드럽고 재미있도록 신경을 써가며 강의를 하게 되었다. 그들도 처음부터 재미도 없고 말씀이 귀에 들어오지 않는다면 다음 단계를 계획할 것이다. 대체적으로 그런 대로 마치고 집으로 돌아왔다.

로스앤젤레스는 사막성 도시로 비가 적기로 유명하다. 일 년의 강우량이 사막에 가깝도록 비가 오지 않는 곳으로 날씨는 매우 좋다. 중남미 사람들이 북적거리는 타운은 이들이 없이는 상업이 안 될 정도였다.

적은 임금으로 이들을 쓰는 것은, 거의 불법체류자가 많고 그들의 수준에서는 매우 높은 임금이 지급되기 때문이다. 그들은 방 하나에 대여섯 명이 기거하며, 돈을 벌면 쓰기에 바쁘고, 바른 정신을 가진 친구는 가족에게 송금을 한다.

식당이나 마켓을 가면 노동자들은 거의 멕시칸들이었다. 그들이 가장 먼저 배우는 한국말이 '빨리빨리'이다. 한국인의 성질이 얼마나 급하면 '빨리빨리'를 외칠까 싶다.

LACC(엘에이 커뮤니티 칼리지) 주차장은 꽤 크다. 할리우드 고속도로와 버먼트 지역에 위치한 주차장은 주말에 장터가 선다. 우리나라의 장날과 같은 것이다. 주 고객들은 주로 남미 계통의 사람들이다. 각자의 천막을 치고 물건을 정리하고 파는 것은 일반 가게보다 싸기 때문에 주말이면 인산인해를 이룬다.

우연히 이곳을 지나다가 한인들이 모여 있는 것을 발견하고 찾아갔다. 많은 한인들이 그곳에 프진하고 있었다. 주로 신발, 장난감, 액세서리, 의류, 가방, 꽃가게 등으로 절반 이상이 한인 업주였다.

그들에게 복음을 전할 양으로 접근하여 인사를 하고 교류를 가졌다. 그런데 대부분의 한인 상인들이 크리스천인 것을 보고 놀랐다. 그들에게 주말 장사는 가장 큰 소득을 올린다고 했다. 주일에는 오전 9시에 문을 열거나 천막을 치고 장사를 시작하는데, 제일 잘되는 요일이 주일이라고 한다.

일대일로 접근하여 목사임을 밝히고 전도에 나섰다. 그들이 가장 아쉬워하는 것이 주일 예배였다. 그들에게 제안을 했다. 주일 아침 7시에 오시면 함께 광장에서 예배를 드릴 수 있다고 하자, 10여 명이 좋다고 응했다.

"그러면 다음 주부터 시작합니다"라고 공고하고 기도하며 한 주간을 기다렸다. 본 교회 예배는 충분한 시간적인 여유가 있기 때문에 무리가 없다는 판단 아래 결정된 일이었다. 첫 주일에 광장 한쪽 텐트에 서서 7명이 함께 주일예배를 드리기 시작했다. 한인들은 이민 와서 꿀벌처럼 부지런히 돈을 버는 데 열정적이었다.

중남미 특히 브라질과 파라과이에서 재이민 오신 분들도 꽤 있었다. 그들은 의류 사업을 했던 터라 미국으로 와서도 자바시장을 장악했다.

우리 교회 장로님 내외는 파라과이에서 오신 분들이었다. 그들도 다운타운 자바시장에 점포를 열고 옷을 만들어 미국 전역으로 판매망을 구축하였다. 권사님은 얼마나 눈맵시가 좋은지 최신 디자인이 할리우드 쇼핑점에 걸리면, 눈으로 보고 그대로 옷을 만드는 뛰어난 기술을 갖고 계셨다. 의류의 색상이나 디자인 감각이 할리우드 쇼핑점 제품과 흡사했다. 그런데 값은 매우 저렴하여 미국시장에 통하는 것이다. 고등학생 딸도 얼마나 피아노를 잘 치는지 우리 교회 반주자가 되었다.

직장선교회에서 연락이 왔다. 앞으로 전임 강사 목사가 되어 달라는 요청이었다. 교회 안의 사역보다 밖으로 사역이 더 넓어지게 되었다. 매주마다 직장선교회 회원이 많아지기 시작하였다. 소문을 듣고 여기저기서 직장인들이 월요일에 열정을 가지고 모여들기 시작하였다.

교회라는 부담 없이 초교파적으로 말씀만 강론하기 때문에, 형식이나 예식이 필요하지 않고 오직 하나님의 말씀에 초점을 맞추었기 때문이다.

〈중앙일보〉 신문에서 직장선교를 기사로 다루었다. 좋은 시도라며 긍정적인 평가가 쏟아졌다. 3개월이 지나자 공간이 비좁아지기 시작했다. 결국 직장선교회는 〈중앙일보〉 강당을 사용하게 되었다. 직장선교회는 우리 교회보다 빠르게 성장하고 있었다.

그러던 어느 날 나이 많으신 목사님이 나를 보자며 찾으셨다.

목사님은 큰 교회 담임이며, 지역사회에서 덕망이 높으신 분이었다. 그는 조심스럽게 말문을 여셨다.

"목사님이 인도하는 직장선교회를 잘 알고 있습니다. 우리 교회의 장로, 권사, 집사, 성가대장도 그 성경공부에 참석하고 있습니다. 담임목사로서 양은 자기가 돌보는 목자로부터 젖을 먹고 성장해야 하는데, 교단이 다른 목사가 가르치는 것이 마음에 부담이 됩니다"라고 하셨다.

목사님의 말씀이 틀리지 않고 지당하다는 생각이 들었다.

직장선교회가 점점 커지고 확장되어 가는 것에 부담이 되는 것은 비단 나이 드신 목사님뿐만이 아니었다. 처음 시작은 소그룹으로 시작하여 서로가 공감대를 가지고 은혜를 나누는 차원에서 오손도손 지내는 것이 목적이었는데, 너무 커지다 보니 이런 목적과는 달리 선교기업이 되어 가는 것에 우려가 된다는 분들이 여러 분 계셨다.

여러 날을 기도하면서 결정을 내리기에 이르렀다.

'그래, 처음으로 돌아가자.'

직장선교의 소박한 의지와 뜻에 따라가는 것이 중요하고, 점점 커지는 상황을 관리할 능력 부족과 개교회 목사님의 우려도 있고 해서 여기까지만 했으면 좋겠다고 선언했다.

그때 몇 분이 이런 제안을 해왔다.

"목사님이 시무하는 교회는 한인이 많지 않은 떨어진 곳이니 한인 타운 쪽으로 이전하면 어떻습니까?" 하는 제안이었다. 그리고 장소며, 교회에 필요한 모든 부분을 그들이 담당하겠다고 했다. 그들 가운데 많은 분들이 홍 목사께서 이쪽으로 오시면 자연스럽게 교회를 통해 성경공부를 할 수 있고 도울 수 있다고 했다.

"기도해 봅시다."

얼마 지나서 리더에게서 전화가 왔다.

한인 타운 인근 지역에 큰 몰이 있는데, 한국 모 그룹이 구입했다며 한쪽 빌딩이 비어 있으니 교회로 사용하는 것이 어떻겠느냐고 했다. 물론 모든 시설과 경비, 그리고 월세까지 자신들이 도맡아 하겠다는 제안이었다.

개척한 북쪽의 우리 교회는 아직 미자립 교회이고 성도가 많지 않았다. 그렇지만 알콩달콩 성장기에 있던 터라 망설였지만, 기회는 한 번 오는 것이라는 생각을 가지고 타운 아래로 이사하기로 결정하였다. 물론 기존 성도들의 반대 아닌 반대도 있었다.

위치는 웨스턴(Western Ave)과 피코(Pico Blvd) 사이라고 했다. 한인들의 상권이 점점 남쪽으로 이전하고 있으니, 곧 그곳도 한인 상점이 점거할 것이라고 했다. 어떤 이들은 그곳은 아직 흑인들이 많고 우범 지역이라 불리는 지역이므로 생각을 깊이 해야 할 것이라고 했다. 그러나 한인 타운에서 10분 거리이고, 큰 거리에는 백인들이 운영하는 곳들이 많으므로 부정적으로만 볼 수 없다고 하는 이들도 있었다.

흘러가는 물줄기를 막을 수는 없었다. 목회자에게는 성장이라는 욕심(?)의 미명 아래, 다들 주님의 뜻이라고 받아들이고 인정하기에 이르렀다. 방향이 그렇다면, 기도도 그렇고 말씀도 그렇고 모든 것이 그렇다고 인정하고 따르기 시작한다. 거저 얻는 기쁨이 컸다. 사무실, 주일학교 교실, 넓은 공간은 온통 우리가 사용할 수 있는 공간이었다. 헌신된 분들이 피아노, 의자, 앰프 등 모든 것들을 준비했다.

교회를 이전하여 바로 여름성경학교를 개설하고, 젊은 전도사 팀을 구성하여 화끈하게 사역에 임하였다. 성도도 늘어나고, 신명나게 목양에 전념하고 있는데, 얼마 후 먹구름이 끼기 시작했다. 그곳은 몰(Mall) 단지라 넓은 주차장이 제일 마음에 들었던 곳이다. 지금은 한인 타운에 거의 포함되었지만, 그때는 한인 가게나 주거지가 거의 없던 곳이었다.

교회 앞에는 큰 대로가 있어 교통도 그만이었다. 주일마다 한인이 북적거리자 지역의 흑인들이 묘한 눈초리로 쳐다보곤 했다. 교인들이 타고 오는 차들은 고급 벤츠 차가 많았다. 그러던 어느 주일에는 고급 카를 못으로 긁어 흠집을 내는 일이 많았다. 처음에는 대수롭지 않게 여겼지만, 주일이면 점점 염려의 분위기로 바뀌어 가고 있었다.

예배 중에 강도가 들어오다

어느 날 교인 약 8명 정도와 함께 금요 철야 기도를 하고 있었다. 밤새 기도하고 아침 여명이 밝아올 때쯤 새벽예배를 드리기 위해 강단에 올랐다.

> "이전에 나를 인도하신 주 장래에도
> 내 앞에 험산 준령 만날 때 도우소서
> 밤 지나고 저 밝은 아침에
> 기쁨으로 내 주를 만나리"

찬송을 마치고 하박국서를 읽는데, 갑자기 흑인 청년이 교회 안으로 들어왔다. 출입구가 뒤쪽이어서 강단에서만 볼 수 있었고 성도들은 알아채지 못했다. '이 새벽에 흑인 청년도 함께 예배를 드리나' 하고 대수롭지 않게 여겼다.

그런데 갑자기 맨 뒤에 앉아 있던 사모에게 왼손으로 입을 틀어막고, 오른손으로 시퍼런 칼을 목에 들이대며 "머니, 머니"(money)를 외쳐댔다.

성도들이 깜짝 놀라 뒤를 돌아보았다.

이런 황당한 순간에 나는 강대상에서 설교를 마친 다음에 이야기하자고 했다. 그러나 아랑곳하지 않고 더 크게 외치는 소리에 성도들은 당황하지 않고 침착하게 핸드백을 열어 돈을 뒤로 던졌다.

강도는 칼을 목에 댄 채 돈과 핸드백을 모두 뒤로 던지라고 외쳤다. 나는 그 상황에서 태연스럽게 "오케이! 잠깐 예배 마치고 줄게" 하자 더 큰 소리로 머니를 외쳤다.

이곳 사정을 잘 알고 있는 집사님 한 분이 돈 뭉치를 바닥으로 던졌다.

알고 보니 여집사님들은 비상시를 대비하여 고무줄로 돈을 둘둘 말아 지니고 다녔다. 로스앤젤레스에 거주하는 젊은 여성들 가운데 겉에는 20불, 안에는 1불 다발을 둘둘 말아 밴드로 묶어 핸드백에 지니고 다니는 것은, 돈을 목적으로 하는 강도들에 대한 대비책이었다.

흑인 청년은 돈을 줍고 천연덕스럽게 세어 보기까지 했다. 그런 다음 성도들의 핸드백을 일일이 쏟고 돈만 챙긴 후 줄행랑을 쳤다. 경찰이 급히 왔지만 상황은 이미 끝난 뒤였다.

아찔한 순간이었다. 사모는 다른 방에서 아이들이 잠을 자고 있었는데, 순간적으로 온몸에 소름이 끼쳤다고 한다. '만약 아이들에게 무슨 일이 있으면 어떻게 하나' 하는 불안감이 엄습한 것이다. 만약에 무슨 일이 벌어졌다면 어떠했을까?

교회 안에서 상상할 수 없는 일이 일어나고, 그 일이 다른 교인들에게 알려지자, 그렇지 않아도 참고 교회에 출석했는데 어쩌나 하는 마음들로 술렁거렸다. 이방인들의 도시, 그리고 무법자들이 거주하는 곳에 한인교회의 존재 가치에 대한 의문도 있었다.

흑인 지역에서는 주로 한인들이 그라서리(grocery)와 잡화상을 하고 있다. 그들은 매일 흑인들과 대면하면서 살지만 우리는 그런 상황과 달랐다. 한인 가운데 흑인 지역에서 마켓을 운영하고 있는 분이 있었다. 한인 주인은 주위에 어렵고 가난한 흑인들에게 선물도 주고 장학금도 주어 칭찬이 자자했다.

그 한인은 흑인 사회에서 기부천사로 알려졌는데, 농담으로 당신이 주지사(governor)에 나가도 당선될 것이라고 했다. 그만큼 신뢰와 사랑으로 맺어진 관계이다.

그러나 어떤 분은 고급 자동차를 가난한 흑인 지역에 주차하고 돈 벌이에 급급한 경우도 있다. 사귐과 소통이 있어야 하고, 나눔을 통해 사랑을 실천하는 일이 우선일 텐데….

교단 총무 박 목사님께서 이런 상황을 보고받고 다음 주일 예배에 참석하셨다. 예배를 드리고 교회 밖으로 성도들이 우르르 나가는데, 길 건너편 뱅크 오브 아메리카(Bank of America) 캐쉬 머신(ATM)에서 한 흑인이 망치로 백인의 머리를 치면서 돈을 빼앗는 장면을 온 성도가 목격하게 되었다. 백인은 피를 흘리며 쓰러졌고, 경찰차들이 순식간에 달려왔다.

설상가상 불길한 일들이 연달아 터지고 있었다.

총무 박 목사님은 나에게 넌지시 말을 건넸다.

"홍 목사님, 아무래도 여기는 아닌 듯싶소. 차라리 다우니(Downey)에 있는 안전한 총회 강당을 사용하도록 하는 것이 어떻소?"라고 제안을 했다.

다음 주 긴급회의를 통해, 그간에 있었던 일들을 종합해 보니 교회를 안전한 곳으로 이전하는 것이 낫겠다는 의견으로 모아졌다.

이민 목회의 현주소

이민교회는 도시 중심으로 성장했다. 소도시는 주로 군부대 중심이었다. 1965년 케네디 대통령의 이민정책의 문호가 열리면서부터, 한국인들도 서서히 외국에 대한 관심을 갖게 되었고 브라질을 중심으로 농업 이민이 시작되었다.

언어와 문화가 다른 나라에 정착하여 산다는 것은 그리 쉽지 않은 일이었다. 그러나 한인들은 열정과 끈기로 사업을 확장하고 성공의 반열에 올라섰다. 그리고 한인들은 교회를 중심으로 뭉쳤고, 공동체의 힘을 바탕으로 서로 의지하고 도우며 성장하였다.

중국인들은 식당을 열어 돈 벌기에 열을 올렸다. 하지만 소규모의 한인이 모인 곳에는 어디나 교회가 세워졌다.

그런데 이민교회의 특징은 뿌리가 약하다는 약점이 있다. 이민을 올 때에는 각기 야망과 청운의 꿈을 가지고 왔지만 현실은 그렇지 않았다. 현실은 매우 냉혹하고 참담한 일로 좌절되기도 했다. 언어의 장벽과 문화 차이로 말미암아 많은 갈등이 빚어지는데, 시간이 가면서 서서히 정착의 뿌리가 단단해지게 되는 것이다.

그러나 자녀와의 소통이 원활하지 못하고, 이민의 삶에서 지친 심신을 해결하지 못하여 많은 가정들이 어려움을 겪고 있었다.

그래서 세상의 그 어떤 곳보다 마음의 안식을 얻을 수 있는 곳이 교회였던 것이다. 교회 안에서도 혈연, 학연, 지연의 모임이 드러나면서 보이지 않는 위화감이 존재하기도 한다.

때론 교회 안에서 우위권을 주장하는 사람들로 인하여 분열이 발생하기도 한다. 그래서 이민교회가 어렵다고 하는 것이다. 이민 3대가 지나면 언어와 문화가 거의 사라지게 된다. 어떤 부모는 아이들이 한국어 배우는 것에 부정적으로 반응하기도 한다. 어차피 미국에서 사는데 한국어가 왜 필요하느냐며 자녀들에게 한국어를 가르치지 않는 분들도 있다.

유대인들은 나라를 잃어버린 지 2천 년이 되었어도 그들의 언어와 문화를 이어왔고, 그 결과 지금의 이스라엘 나라를 세울 수 있었다. 지금도 그들은 자녀들에게 철저히 히브리 언어와 문화, 그리고 성경 말씀을 가르치고 있다.

그래도 우리 민족이 희망이 있는 것은 대한민국 외교부 산하 재외동포재단에서 한인 2세들을 위해 맞춤 한국어 책을 공급하고 있다는 것이다. 그리고 740만 재외동포들에게 희망이 있는 것은 복음으로 무장하고 있다는 것이다.

어디를 가나 한인이 있는 곳에는 교회가 있기 때문이다. 앞으로 한인 2세들이 세계의 주역이 될 것이 분명한 것은, 한국이 세계를 이끄는 선교국가이며 그 백성이 되기 때문이다.

교회의 부작용도 존재하고 있다. 신학교를 통해 과잉된 목회자 양성도 한몫을 하고 있기 때문이다. 세상에서 사업하던 분들이 은혜를 받고 신학교로 직행하여 목사가 되는 경우도 적지 않다.

교단마다 교세 확장이라는 차원에서 신학교를 운영하기 때문에 빚어진 일들이다.

문제는 이민 1세들의 고령화와 이민 인구가 줄어들고 있고, 2세들의 현지 동화로 인해 연결고리가 잘 안 되는 것도 적지 않은 원인이 되고 있다. 2세들은 1세들과 다르다. 사고나 생각, 가치관이 다르므로 적지 않은 갈등을 일으키고 있다.

이민 온 1세들은 문화의 뿌리가 깊고 신앙도 금식하며 부르짖는 믿음으로 형성되었다면, 2세들은 전혀 다른 신앙적 가치관을 가지고 있다. 그로 인해 갈등이 발생하고 있다. 또한 1세 교인들이 세상을 떠나면서 교회가 쇠약해지고 문을 닫는 일이 일어나고 있다.

1970년대에 이르러 한국교회는 빌리 그레이엄 목사님의 성회를 기점으로 급성장하였다. 그런데 현재 교회가 점점 침체에 이르는 것은 영적 갈망이 식어지고 있을 뿐 아니라 교회의 본질이 약해지고 있다는 증거이다. 지금 그 성령의 역사가 한국을 떠나 중남미에 불고 있다고 어느 신학자는 말한다.

시대가 갈수록 더욱 세상이 악해지는 것을 보면, 성경에서 말씀하는 마지막 때가 가까움이 현실로 증거되고 있음이다. 그 현상으로 도처에 기근과 재난, 분쟁, 그리고 인간의 타락상을 들 수 있다.

오늘의 이 세대가 라오디게아 교회처럼 뜨겁지도 차갑지도 않은 미지근한 신앙으로 전락된 것은, 세상에 마음을 빼앗기고 사탄의 유혹이 있기 때문이다. 그들은 교회는 안 나오면서 비판은 잘하는 자들이다.

세상이 타락할수록 유일한 희망은 교회이다. 세상이 무너져 내려도 교회만이 든든하게 존재하기를 원하는 것은 아직 우리에게 희망이 있기 때문이다.

마음의 희망이 사라지면 어디서 찾을 수 있을까?

죽음을 넘어선 33일

1판 1쇄 인쇄 _ 2019년 2월 25일
1판 1쇄 발행 _ 2019년 3월 5일

지은이 _ 홍래기
펴낸이 _ 이형규
펴낸곳 _ 쿰란출판사

주소 _ 서울특별시 종로구 이화장길 6
편집부 _ 745-1007, 745-1301~2, 747-1212, 743-1300
영업부 _ 747-1004, FAX 745-8490
본사평생전화번호 _ 0502-756-1004
홈페이지 _ http://www.qumran.co.kr
E-mail _ qrbooks@gmail.com / qrbooks@daum.net
한글인터넷주소 _ 쿰란, 쿰란출판사
등록 _ 제1-670호(1988.2.27)
책임교열 _ 최진희·신영미

ⓒ 홍래기 2019 ISBN 979-11-6143-224-3 03230

책값은 뒤표지에 있습니다.
이 출판물은 저작권법에 의해 보호를 받는 저작물이므로 무단 복제할 수 없습니다.
파본(破本)은 구입처에서 교환해 드립니다.